Draíocht 1

DRAÍOCHT 1
Cúrsa Gaeilge don Chéad Bhliain den Teastas Sóisearach

Peadar Ó Ceallaigh

Elaine Mullins

Gill & Macmillan

Gill & Macmillan Ltd
Ascaill Hume
An Pháirc Thiar
Baile Átha Cliath 12
agus cuideachtaí comhlachta ar fud an domhain
www.gillmacmillan.ie

© Peadar Ó Ceallaigh agus Elaine Mullins 2001

0 7171 3137 8
Pictiúir le Kate Walsh
Clóchuradóireacht bhunaidh arna déanamh in Éirinn ag Design Image

Rinneadh an páipéar atá sa leabhar seo as laíon adhmaid ó fhoraoisí rialaithe. In aghaidh gach crann a leagtar cuirtear crann amháin eile ar a laghad, agus ar an gcaoi sin déantar athnuachan ar acmhainní nádúrtha.

Gach ceart ar cosaint. Ní ceadmhach aon chuid den fhoilseachán seo a atáirgeadh, a chóipeáil ná a tharchur i gcruth ar bith ná ar dhóigh ar bith gan cead scríofa a fháil ó na foilsitheoirí ach amháin de réir coinníollacha ceadúnas ar bith a cheadaíonn cóipeáil theoranta arna eisiúint ag Gníomhaireacht Cheadúnaithe Cóipchirt na hÉireann, Lárionad Scríbhneoirí na hÉireann, Cearnóg Parnell, Baile Átha Cliath 1.

CLÁR

1. Mé féin agus mo theaghlach — 1

    a. uimhreacha
    b. aois
    c. clann
    d. áit chónaithe
    e. poist
    f. an teach
    g. troscán

2. Mo Cheantar — 44

    a. contaetha
    b. siopaí agus siopadóireacht
    c. treoracha

3. An Scoil — 80

    a. ábhar scoile
    b. an t-am
    c. fearas scoile
    d. áras na scoile
    e. éadaí

4. An Aimsir — 112

    a. séasúr
    b. míonna
    c. réamhaisnéis na haimsire
    d. laethanta saoire
    e. tíortha
    f. áiseanna saoire
    g. lóistín

5. Sláinte — 146

    a. codanna an choirp
    b. galair
    c. timpistí
    d. ospidéal
    e. tinneas

6. Caitheamh Aimsire — 179

    a. teilifís
    b. raidió
    c. ceol
    d. spórt
    e. ceolchoirm
    f. comórtais

7. Féilte — 217

    a. Lá Fhéile Bríde
    b. Lá Fhéile Vailintín
    c. Lá Fhéile Pádraig
    d. Saoire na Cásca
    e. Oíche Shamhna
    f. An Nollaig

8. Gramadach — 246

Réamhrá

Cúrsa iomlán is ea Draíocht 1 don chéad bhliain den Teastas Sóisearach a bheadh oiriúnach do ranganna measctha. Tá Draíocht 1 bunaithe ar shiollabas an Roinn Oideachais agus Scrúdú an Teastais Shóisearaigh. Déantar tréaniarracht sa leabhar, leagan amach na scrúdpháipéar a úsáid chomh fada agus is féidir, ar leibhéal cuí don dalta. Ar an dóigh seo, tá *fógraí*, *nóta*, *cárta poist*, *litir*, *comhrá*, *dán* agus *scéal* nó *dialann* i ngach aon chaibidil. Tá neart cleachtaí ar na tascanna éagsúla thuas atá sodhéanta, taitneamhach don dalta féin agus cabhrach don mhúinteoir. Tá cluastriail iomlán ag dul le gach aon chaibidil chomh maith. Tagann dhá shraith ceisteanna le gach triail, ceann amháin laistigh den chaibidil agus an ceann eile ag an deireadh. Is féidir do rogha sraith a úsáid, nó triail a bhaint as an dá cheann, mar chleachtadh. Tá lámhleabhar an mhúinteora ag dul leis an leabhar agus tá na freagraí don chluastriail agus na cleachtaí ann. Bheadh an leabhar seo agus Leabhar a Dó oiriúnach don ghnáthleibhéal, agus Leabhar a hAon agus Leabhar a Trí oiriúnach don Ardleibhéal.

Caibidil 1
Mé féin agus mo theaghlach

An duine

• **na súile**

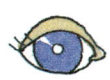 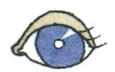	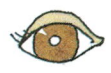 	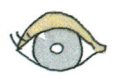 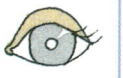	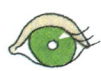
Tá súile gorma agam	Tá súile donna agam.	Tá súile liatha agam.	Tá súile glasa agam.

• **an ghruaig**

	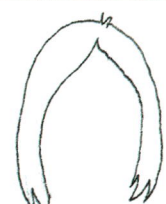	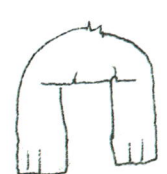		
Tá gruaig ghearr ormsa	Tá gruaig fhada ormsa	Tá gruaig dhíreach ormsa	Tá gruaig chatach ormsa	Tá gruaig dhonn ormsa

Tá gruaig dhubh ormsa	Tá gruaig fhionn ormsa	Tá gruaig rua ormsa	Tá gruaig liath ormsa

Orm	Tá gruaig dhonn orm	Agam	Tá súile gorma agam
Ort	Tá gruaig dhonn ort	Agat	Tá súile liatha agat
Air	Tá gruaig dhonn air	Aige	Tá súile glasa aige
Uirthi	Tá gruaig dhubh uirthi	Aici	Tá súile donna aici
Orainn	Tá gruaig fhionn orainn	Againn	Tá súile liatha againn
Oraibh	Tá gruaig rua oraibh	Agaibh	Tá súile gorma agaibh
Orthu	Tá gruaig fhionn orthu	Acu	Tá súile glasa acu

● **Cleachtadh**

1	[súile; gorm]	Is mise Áine.	Tá <u>súile gorma agam</u>.
2	[súile;]	Is tusa Antaine.	Tá ____ ____ ____.
3	[súile;]	Is tusa Póilín.	Tá ____ ____ ____.
4	[gruaig;]	Sin í Nicola.	Tá ____ ____ ____.
5	[gruaig;]	Sin é Seán.	Tá ____ ____ ____.
6	[gruaig;]	Sin í Orla.	Tá ____ ____ ____.
7	[gruaig;]	Sin é Marc.	Tá ____ ____ ____.
8	[súile;]	Is mise Liam.	Tá ____ ____ ____.
9	[gruaig;]	Is iad sin muintir Uí Shé.	Tá ____ ____ ____.
10	[gruaig;]	Is tusa Medhb.	Tá ____ ____ ____.
11	[gruaig;]	Is muidne muintir Uí Néill.	Tá ____ ____ ____.
12	[gruaig;]	Is sibhse muintir Uí Riain.	Tá ____ ____ ____.
13	[gruaig;]	Is mise Síle.	Tá ____ ____ ____.
14	[gruaig;]	Is mise Sonia.	Tá ____ ____ ____.
15	[gruaig;]	Sin í Máire.	Tá ____ ____ ____.
16	[gruaig;]	Is muidne muintir Uí Bhroin.	Tá ____ ____ ____.

Uimhreacha

Ceann amháin		21	ceann is fiche
Dhá cheann		30	tríocha ceann
Trí cinn		32	dhá cheann is tríocha
Ceithre cinn		40	daichead ceann
Cúig cinn		44	ceithre cinn is daichead
Sé cinn		50	caoga ceann
Seacht gcinn		55	cúig cinn is caoga
Ocht gcinn		60	seasca ceann
Naoi gcinn		66	sé cinn is seasca
Deich gcinn		70	seachtó ceann
Aon cheann déag		77	seacht gcinn is seachtó
Dhá cheann déag		80	ochtó ceann
Trí cinn déag		88	ocht gcinn is ochtó
Ceithre cinn déag		90	nócha ceann
Cúig cinn déag		99	naoi gcinn is nócha
Sé cinn déag		100	céad ceann
Seacht gcinn déag		1000	míle ceann
Ocht gcinn déag			
Naoi gcinn déag			
Fiche ceann			

● **Obair**

Cé mhéad rudaí sna pictiúir seo a leanas?

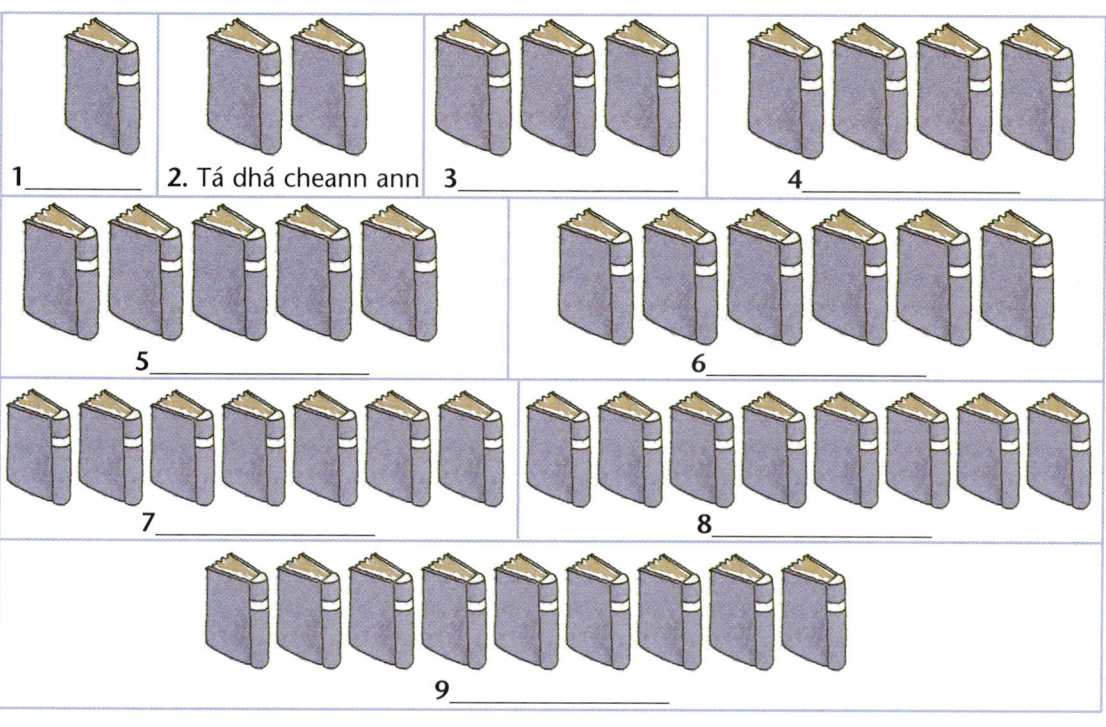

1_____ 2. Tá dhá cheann ann 3_____ 4_____

5_____ 6_____

7_____ 8_____

9_____

Cat amháin Dhá chat Trí chat Ceithre chat

Cúig chat Sé chat Seacht gcat Ocht gcat

Naoi gcat Deich gcat

Aon chat déag
Dhá chat déag
Trí chat déag
Ceithre chat déag
Cúig chat déag
Sé chat déag
Seacht gcat déag
Ocht gcat déag
Naoi gcat déag
Fiche cat

● **Obair duitse**

Samplaí

Úna

Tá sé pheata ag Úna. Tá trí chat, dhá chapall agus éan amháin ag Úna.

Síle

Tá ocht bpeata ag Síle. Tá cat amháin, trí mhadra, coinín amháin, dhá éan agus capall amháin aici.

Cé mhéad peataí atá ag na daoine seo a leanas?

Uimhreacha pearsanta

Gluais

Duine	(1)		aon duine dhéag	(11)
beirt	(2)		dáréag	(12)
triúr	(3)		trí dhuine dhéag	(13)
ceathrar	(4)		ceithre dhuine dhéag	(14)
cúigear	(5)		cúig dhuine dhéag	(15)
seisear	(6)		sé dhuine dhéag	(16)
seachtar	(7)		seacht nduine dhéag	(17)
ochtar	(8)		ocht nduine dhéag	(18)
naonúr	(9)		naoi nduine dhéag	(19)
deichniúr	(10)		fiche duine	(20)
duine is fiche	(21)			
tríocha duine	(30)		daichead duine	(40)
caoga duine	(50)		seasca duine	(60)
seachtó duine	(70)		ochtó duine	(80)
nócha duine	(90)		céad duine	(100)
dhá chéad duine	(200)		míle duine	(1000)

● **Obair**

Cé mhéad daoine sna pictiúir seo a leanas?

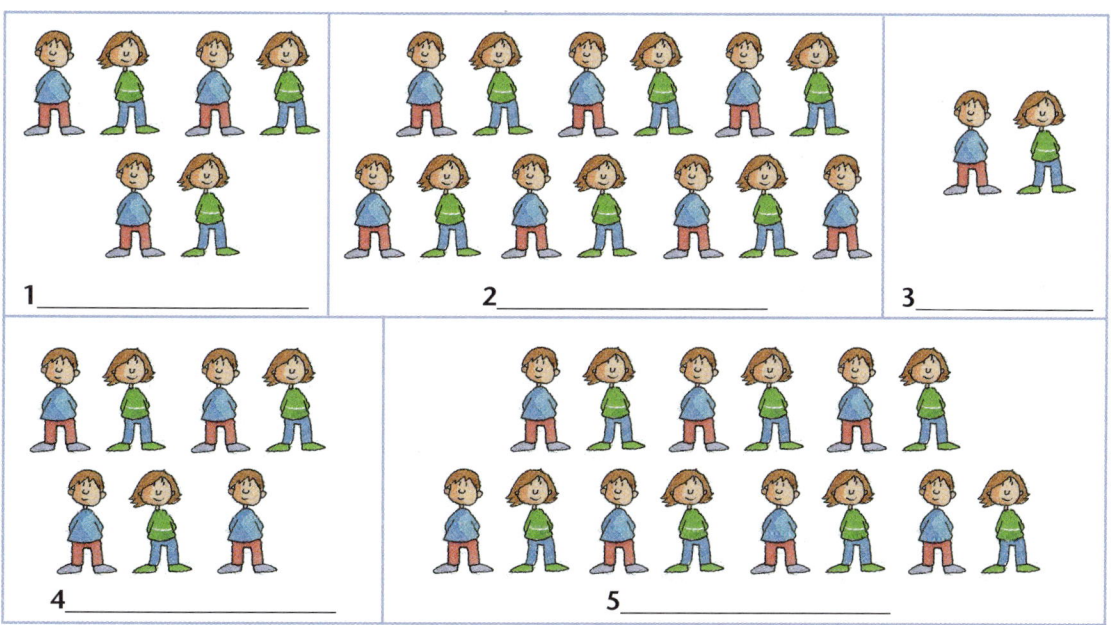

1_____ 2_____ 3_____

4_____ 5_____

Gluais	
deartháir	brother
deirfiúr	sister
Tá deirfiúr amháin agam.	I have one sister.
Tá deartháir amháin agam.	I have one brother.
Tá triúr deartháireacha agam.	I have three brothers.
Tá ceathrar deirfiúracha agam.	I have four sisters.
Is mise an duine is óige sa chlann.	I am the youngest in the family.
Is mise an duine is sine sa chlann.	I am the oldest in the family.
Síle an duine is óige sa chlann.	Sile is the youngest in the family.
Is é Marc an duine is sine sa chlann.	Mark is the oldest in the family.
Is leathchúpla mé.	I'm a twin.
nia	nephew
neacht	niece
col ceathrair	cousin

● **Cleachtadh**

1. Is mise Póilín. Tá [5] _cúigear_____ i mo chlann.
2. Is mise Pól [4] _____ atá i mo chlann.
3. Is mise Síle [3] _____ atá i mo chlann.
4. Is mise Rian [8] _____ atá i mo chlann.
5. Is mise Medhb Tá _____ [30] _____ i mo rang ar scoil.
6. Is mise Seán. Tá [3 deirfiúr] _____ _____ agam.
7. Is mise Cáit. Tá [2 deartháir] _____ _____ agam.
8. Is mise Brian. Tá [6] _____ i mo chlann, [1 deirfiúr] _____ _____, [2 deartháir] _____ _____.
9. Is mise Niall. [3 deirfiúr][2 deartháir] _____ _____ _____ _____ chlann, _____ _____, _____ _____.
10. Is mise Éadaoin. [1 deirfiúr][1 deartháir] _____ _____ _____ _____ chlann, _____ _____, _____ _____.
11. Is mise Liam. [4 deirfiúr][1 deartháir] _____ _____ _____ _____ chlann, _____ _____, _____ _____.
12. Is mise Eimear. [5 deirfiúr][1 deartháir] _____ _____ _____ _____ chlann, _____ _____, _____ _____.
13. Is mise Nollaig. [6 deirfiúr][3 deartháir] _____ _____ _____ _____ chlann, _____ _____, _____ _____.
14. Is mise Aisling. [7 deirfiúr][1 deartháir] _____ _____ _____ _____ chlann, _____ _____, _____ _____.
15. Is mise Pól. [1 deirfiúr][8 deartháir] _____ _____ _____ _____ chlann, _____ _____.

Aois

1	bliain d'aois	11	aon bhliain déag d'aois	21	bliain is fiche
2	dhá bhliain d'aois	12	dhá bhliain déag d'aois	23	trí bliana is fiche
3	trí bliana d'aois	13	trí bliana déag d'aois	30	tríocha bliain
4	ceithre bliana d'aois	14	ceithre bliana déag d'aois	40	daichead bliain
5	cúig bliana d'aois	15	cúig bliana déag d'aois	50	caoga (leathchéad) bliain
6	sé bliana d'aois	16	sé bliana déag d'aois	60	seasca bliain
7	seacht mbliana d'aois	17	seacht mbliana déag d'aois	70	seachtó bliain
8	ocht mbliana d'aois	18	ocht mbliana déag d'aois	100	céad bliain
9	naoi mbliana d'aois	19	naoi mbliana déag d'aois	$1\frac{1}{2}$	bliain go leith
10	deich mbliana d'aois	20	fiche bliain		

● **Obair**

Sampla

1 Is mise Póilín. Tá mé [5].

   Is mise Póilín. Tá mé **cúig bliana d'aois**.

2 Is mise Pól. Tá mé [7].
3 Is mise Rian. Tá mé [10].
4 Is mise Medhb Tá mé [11].
5 Is mise Seán. Tá mé [3].
6 Is mise Cáit Tá mé [2].
7 Is mise Niall. Tá mé [14]
8 Is mise Éadaoin. Tá mé [1].
9 Is mise Liam. Tá mé [24].
10 Is mise Eimear. Tá mé [15].

● **Obair duitse**

Sampla

A Cé hé an duine is sine sa ghrúpa seo?
B Cé hé an duine is óige sa ghrúpa seo?
C Cé hé an dara duine is sine sa ghrúpa seo?
D Cé hé an dara duine is óige sa ghrúpa seo?

Is mise Úna. Tá mé [9]

Is mise Nóra. Tá mé [44]

Is mise Aoife. Tá mé [61]

Is mise Treasa. Tá mé [52]

Is mise Conán. Tá mé [$11\frac{1}{2}$]

Freagra

Is í Aoife an duine is sine. Is í Úna an duine is óige.

Is í Treasa an dara duine is sine.

Is é Conán an dara duine is óige.

A Cé hé an duine is sine agus is óige sa ghrúpa seo?

   Is mise Póilín. Tá mé [5].

   Is mise Pól. Tá mé [7].

   Is mise Síle. Tá mé [9].

B Cé hé an duine is sine agus is óige sa ghrúpa seo?

   Cé hé an dara duine is sine agus an dara duine is óige sa ghrúpa seo?

   Is mise Síle. Tá mé [9]

   Is mise Rian. Tá mé [10]

   Is mise Medhb Tá mé [11]

   Is mise Seán. Tá mé [3]

	Gluais			
	Comhaireamh	**Uimhir rudaí**	**Bliain ar scoil**	**Daoine**
1	A haon	Ceann amháin	An chéad bhliain	Duine
2	A dó	Dhá cheann	An dara bliain	beirt
3	A trí	Trí cinn	An tríú bliain	triúr
4	A ceathair	Ceithre cinn	An ceathrú bliain	ceathrar
5	A cúig	Cúig cinn	An cúigiú bliain	cúigear
6	A sé	Sé cinn	An séú bliain	seisear
7	A seacht	Seacht gcinn		seachtar
8	A hocht	Ocht gcinn		ochtar
9	A naoi	Naoi gcinn		naonúr
10	A deich	Deich gcinn		deichniúr

● **Muintir Phóil**

Daid
Múinteoir

Maim
Dochtúir

Síle 4
sa naíonra

Siobhán 7
sa bhunscoil

Cian 12
sa mheánscoil
sa chéad bhliain

Brian 15
sa mheánscoil sa tríú bliain

Pól 18
san ollscoil
sa dara bliain

Líon isteach na bearnaí

Seo muintir Phóil; __1__ atá sa teaghlach. Tá beirt __2__ agus beirt __3__ aige. Is é Pól an __4__ sa chlann. Tá Pól __5__. Freastalaíonn sé ar an ollscoil i Luimneach. Is mac léinn ceoil é. Tá Síle __6__. Is í Síle an __7__ sa chlann. Téann sí go dtí an __8__ gach lá. Tá Cian dhá bhliain déag d'aois. Thosaigh sé sa mheánscoil i mbliana. Is aoibhinn leis an scoil nua. Tá Siobhán __9__. Téann sí go __10__ na Trócaire agus tá sí i rang a haon. Tá Brian __11__ Tá sé sa mheánscoil chéanna le Cian. Beidh sé ag déanamh scrúduithe móra i mbliana. Oibríonn an t-athair mar __12__. Is __13__ í a mháthair, oibríonn sí san ospidéal sa chathair.

> mhúinteoir
> seachtar
> deartháireacha
> deirfiúracha
> ceithre bliana d'aois
> duine is óige
> naíonra (*nursery school*)
> seacht mbliana d'aois
> cúig bliana déag d'aois
> dochtúir
> duine is sine
> clochar (*convent*)
> ocht mbliana déag d'aois

● **Muintir Shíle**

Daid   Maim   Ben 2   Síle 17   Sorcha 13   Cáit 6   Seosamh 3

Scríobh alt ar mhuintir Shíle ag tosú mar seo:
Seo muintir Shíle; _____ atá sa teaghlach

● **Do mhuintir féin**

Scríobh alt ar do mhuintir féin ag tosú mar seo:
Seo mhuintir _____; _____ atá sa teaghlach

Craobh Ghinealaigh

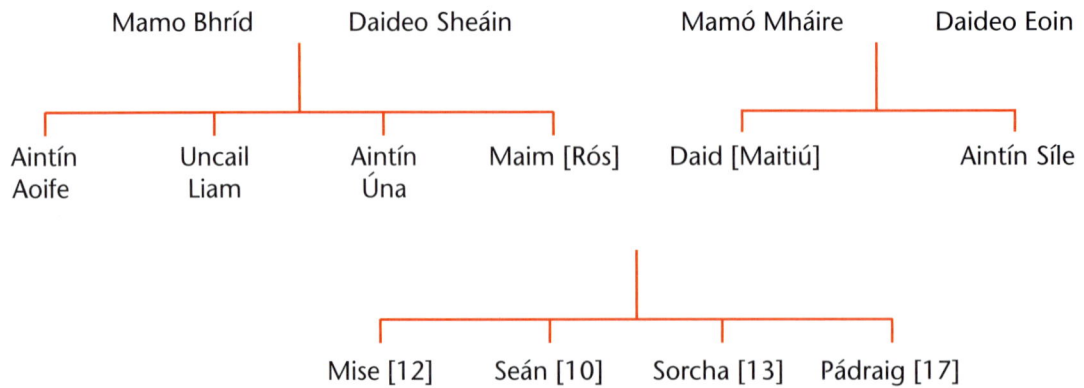

Líon isteach na bearnaí

1. Tá Sorcha _____ _____ _____ d'aois.
2. Tá Seán _____ _____ _____ d'aois.
3. Tá Pádraig _____ _____ _____ d'aois.
4. Is é _____ an duine is óige sa chlann.
5. Is é Pádraig _____ _____ _____ _____ sa chlann.
6. Tá _____ amháin ag Daid. Is í _____ _____.
7. Tá beirt _____ ag Maim agus _____ amháin.
8. Tá neacht_____ ag aintín Aoife agus Síle.
9. Tá _____ nia ag Uncail Liam.

Obair duitse:

Déan amach do chraobh ghinealaigh féin.

Abair amach é!

Freagair na ceisteanna seo sa rang agus scríobh na freagraí sa ghreille thíos:

1	Cad is ainm duit?	
2	Cén aois tú?	
3	Cé mhéad atá i do theaghlach?	
4	Cé mhéad deartháir atá agat?	
5	Cé mhéad deirfiúr atá agat?	
6	Cé hé/hí an duine is sine sa chlann?	
7	Cé hé/hí an duine is óige sa chlann?	
8	Cén dath atá ar do chuid gruaige?	
9	Cén dath atá ar do shúile?	

● **Obair bheirte:**

Cuir na ceisteanna thíos ar do chara agus scríobh na freagraí sa ghreille.

1 Cad is ainm duit?	_____
2 Cén aois tú?	_____
3 Cé mhéad atá i do theaghlach?	_____
4 Cé mhéad deartháir atá agat?	_____
5 Cé mhéad deirfiúr atá agat?	_____
6 Cé hé/hí an duine is sine sa chlann?	_____
7 Cé hé/hí an duine is óige sa chlann?	_____
8 Cén dath atá ar do chuid gruaige?	_____
9 Cén dath atá ar do shúile?	_____

● **Bain triail as!**

Obair duitse

Scríobh alt dár teideal: 'Mé féin agus mo theaghlach' ag tosú mar seo:

Is mise _____. Tá mé _____ [bliain] déag d'aois....

● **Triail tuisceana**

Is mise Colm. Tá mé seacht mbliana déag d'aois. Tá súile donna agam agus tá gruaig dhíreach fhionn orm. Tá ceathrar i mo theaghlach. Tá deirfiúr amháin agam, Máire. Tá Máire dhá bhliain déag d'aois, mar sin is mise an duine is sine sa chlann.

Ceisteanna

1. Cad is ainm don bhuachaill seo?
2. Cén aois é?
3. Cén dath atá ar a chuid gruaige?
4. Cé mhéad atá sa chlann?
5. Cé hé an duine is sine sa chlann?

Triail tuisceana

Is mise Éadaoin. Cónaím sa Bhruiséil. Is bainisteoir mé san Aontas Eorpach. Thosaigh mé ag obair ann anuraidh. Tá mé tríocha bliain d'aois. Tá súile glasa agam agus tá gruaig ghearr dhubh orm. Tá seachtar i mo theaghlach. Tá triúr deirfiúracha agam, agus deartháir amháin. Is í Mairéad an duine is sine sa chlann. Tá sí dhá bhliain is tríocha d'aois. Cónaíonn sí i Meiriceá. Is í Tríona an duine is óige sa chlann. Níl sí ach sé bliana d'aois. Tá sí ina peata ag gach duine.

1. Cén aois í?
2. Cén dath atá ar a cuid gruaige?
3. Cé mhéad atá sa teaghlach?
4. Cé hí an duine is óige sa chlann?
5. Cé hí an duine is sine sa chlann?
6. Luaigh dhá phointe faoi Mhairéad.

Triail tuisceana

Is mise Sorcha Ní Néill. Tá mé trí bliana déag d'aois. Tá súile gorma agam agus tá gruaig dhonn orm. Tá seisear i mo theaghlach. Tá beirt deartháireacha agam agus tá deirfiúr amháin agam. Is í Síle an duine is óige sa teaghlach. Tá sí cúig bliana d'aois. Is é Seán an duine is sine sa chlann. Tá sé seacht mbliana déag d'aois. Is tréidlia é m'athair. Cabhraíonn sé le hainmhithe an t-am go léir. Is múinteoir í mo mháthair.

Tá a lán gaolta agam. Cónaíonn cuid acu in Éirinn agus cuid eile thar lear. Cónaíonn m'uncail Ruairí i Nua-Eabhrac. Chonaic mé é anuraidh nuair a tháinig sé abhaile lena chlann. Tá ceathrar sa teaghlach, é féin, a bhean chéile, a mhac Stiofán agus a iníon Tríona. Bhí an-spórt againn le chéile. Cheannaigh sé teach tabhairne i Nua-Eabhrac deich mbliana ó shin. Oibríonn sé ann. Cónaíonn m'aintín Sorcha sa Bhruiséil. Is bainisteoir í san Aontas Eorpach. D'fhan mé léi dhá bhliain ó shin. Bhí am iontach agam. Is é Liam an deartháir is sine atá ag m'athair. Is é an duine is fearr liom mar tá post aige san Astráil ag obair mar mheicneoir. Is duine an-chliste é mar deisíonn sé gluaisteáin an t-am go léir. Tá carr iontach aige féin. Ní raibh mé san Astráil ach ba mhaith liom dul ann lá éigin.

Ceisteanna

1. Cén aois í Sorcha?
2. Cén dath atá ar a súile?
3. Cé mhéad deirfiúr atá aici?
4. Cé hí an duine is óige sa chlann?
5. Cén aois é Seán?

Gluais	
tréidlia	a vet
gaolta	relations
anuraidh	last year

6 Cén post atá ag a tuismitheoirí?
7 Luaigh beirt ghaolta atá aici.
8 Cén duine acu is fearr léi?
9 Tabhair cúis le do fhreagra.
10 Luaigh dhá phointe faoi.

Cluastuiscint

Éist go cúramach leis an téip seo. Cloisfidh tú gach duine den triúr seo faoi thrí.

● **An chéad chainteoir**   **Seán de Paor**

1 Cé hé an duine is sine sa chlann?
2 Cén dath gruaige atá acu?
3 Méid deartháireacha atá aige?
4 Post a mháthar?

● **An dara cainteoir**   **Síle Ní Neachtain**

1 Méid deartháireacha atá aici?
2 Cén dath gruaige atá ag a máthair?
3 Post a hathar?
4 Conas a théann sí ar scoil?

● **An tríú cainteoir**   **Seosamh de Rís**

1 Cé hé an duine is óige sa chlann?
2 Post a mháthar?
3 Sórt tí atá aige?

Cá bhfuil tú i do chónaí?		Cá bhfuil cónaí ort?
Táim i mo chónaí i dTrá Lí	*I live in Tralee*	Tá cónaí orm i dTrá Lí
Tá tú i do chónaí i gCiarraí	*You live in Kerry*	Tá cónaí ort i gCiarraí
Tá sé ina chónaí i nGaillimh	*He lives in Galway*	Tá cónaí air i nGaillimh
Tá sí ina cónaí i nDún na nGall	*She lives in Donegal*	Tá cónaí uirthi i nDún na nGall
Táimid inár gcónaí i gCorcaigh	*We live in Cork*	Tá cónaí orainn i gCorcaigh
Tá sibh i bhur gcónaí i Luimneach	*You live in Limerick*	Tá cónaí oraibh i Luimneach
Tá siad ina gcónaí i mBaile Átha Cliath	*They live in Dublin*	Tá cónaí orthu i mBaile Átha Cliath

● **Líon isteach na bearnaí**

1 [Úna; Trá Lí] Tá Úna ina cónaí i dTrá Lí.
2 [Íde; Cill Airne] Tá ____ ____ ____ ____ ____ ____.
3 [Liam; Dún na nGall] ____ ____ ____ ____ ____ ____ ____ ____.
4 [Tomás; Gaillimh] ____ ____ ____ ____ ____ ____.
5 [Mo rang féin; Sligeach] ____ ____ ____ ____ ____ ____ ____ ____.

6 [Do rang féin; Árainn] ____ ____ ____ ____ ____ ____ ____ .
7 [Muintir Uí Néill; Biorra] ____ ____ ____ ____ ____ ____ .
8 [Mo mhuintir; Ciarraí] ____ ____ ____ ____ ____ ____ .
9 [Aoibhe; Corcaigh] ____ ____ ____ ____ ____ .
10 [tusa; ?] ____ ____ ____ ____ ____ ____ .
11 [Úna; Trá Lí] Tá cónaí uirthi i dTrá Lí.
12 [Íde; Cill Airne] Tá ____ ____ ____ ____ ____ ____ .
13 [Liam; Dún na nGall] ____ ____ ____ ____ ____ ____ .
14 [Tomás; Gaillimh] ____ ____ ____ ____ ____ ____ .
15 [Mo rang féin; Sligeach] ____ ____ ____ ____ ____ ____ ____ .
16 [Do rang féin; Árainn] ____ ____ ____ ____ ____ ____ ____ .
17 [Muintir Uí Néill; Biorra] ____ ____ ____ ____ ____ ____ .
18 [Mo mhuintir; Ciarraí] ____ ____ ____ ____ ____ ____ .
19 [Aoibhe; Corcaigh] ____ ____ ____ ____ ____ .
20 [tusa ; ?] ____ ____ ____ ____ ____ ____ .

Airde

- **Cén airde tú?**

Troigh amháin	1 foot	Orlach amháin	1 inch
Dhá troithe	2	Dhá horlaí	
Trí troithe	3	Trí horlaí	
Ceithre troithe	4	Ceithre horlaí	
Cúig troithe	5	Cúig horlaí	
Sé troithe	6	Sé horlaí	
		Seacht n-orlaí	
		Ocht n-orlaí	
		Naoi n-orlaí	
		Deich n-orlaí	
		Aon orlach déag	

- **Líon isteach na bearnaí**

1 Tá Síle [4'2"] ceithre troithe dhá horlaí ar airde.
2 Tá Seán [5'2"] ____ ____ ____ ____ ____ ____
3 Tá Michelle [4'5"] ____ ____ ____ ____ ____
4 Tá Íde [6'0"] ____ ____ ____
5 Tá Pól [5'9"] ____ ____ ____ ____ ____
6 Tá Liam [6'2"] ____ ____ ____ ____ ____
7 Tá Ruadhán [6'1"] ____ ____ ____ ____ ____
8 Tá Neasa [5'8"] ____ ____ ____ ____ ____
9 Tá mise [??] ____ ____ ____ ____
10 Tá Aonghus [4'3"] ____ ____ ____ ____

● Is maith liom / Ní maith liom

Is maith liom	I like	Is maith liom	I like
Is maith leat	You like	Ní maith liom	I don't like
Is maith leis	He likes	Is fuath liom	I hate
Is maith léi	She likes	Is breá liom	I really like
Is maith linn	We like	Is aoibhinn liom	I love
Is maith libh	You like	Is fearr liom	I prefer
Is maith leo	They like	Is gráin liom	I hate

Gluais

Toise bróige	Shoe size
Uimhir theileafóin	Phone number

● Líon isteach an cárta eolais seo

- Ainm
- Cá bhfuil cónaí ort?
- Aois
- Airde
- Toise bróige
- Uimhir theileafóin
- Cé mhéad duine atá sa chlann?
- An duine is sine?
- An duine is óige?
- Dath na súl?
- Dath gruaige?
- Is maith liom
- Ní maith liom
- Is fuath liom
- Is breá liom
- Is aoibhinn liom

● **Abair amach é!**

Obair bheirte

Líon isteach an cárta eolais seo don duine atá ina suí /ina shuí in aice leat.
Bain úsáid as ceisteanna, mar shampla 'Cén toise bróige a thógann tú?

Ainm	
Cá bhfuil cónaí ort?	
Aois	
Airde	
Toise bróige	
Uimhir theileafóin	
Cé mhéad duine atá sa chlann?	
An duine is sine?	
An duine is óige?	
Dath na súl?	
Dath gruaige?	
Is maith liom	
Ní maith liom	
Is fuath liom	
Is breá liom	
Is aoibhinn liom	

An Litir

Bí réidh roimh ré!

Tá na focail thíos sa litir. Déan an mheaitseáil ar dtús agus beidh tú réidh.

1	ag lorg	A	What about you?	1 =
2	Bhuel	B	Penpal	2 =
3	Céard fútsa?	C	I like	3 =
4	Céard fúmsa?	D	Bye for now	4 =
5	peannchara	E	Write back soon	5 =
6	Is maith liom	F	What about me?	6 =
7	Is aoibhinn liom	G	Well	7 =
8	Beatha agus sláinte	H	Looking for	8 =
9	lán go fóill	I	I love	9 =
10	Scríobh ar ais chugam go luath	J	Your good health	10 =

Litir

5 An Corrán
Mullach Íde

15 Samhain

A Bhríd, a chara,

Beatha agus sláinte! Is mise Pól de Bhál. Léigh mé sa nuachtán 'Saol' go bhfuil tú ag lorg peannchara. Bhuel céard fúmsa? Táim cúig bliana déag d'aois. Tá súile glasa agam agus tá gruaig ghearr dhubh orm. Táim cúig troithe, ocht n-orlaí ar airde. Tá seisear againn sa teaghlach, mise, m'athair Seán, mo mháthair Úna, beirt deirfiúracha, Síle agus Póilín agus deartháir amháin, Colm. Is mise an duine is sine sa chlann. Is í Póilín an duine is óige. Tá sí trí bliana d'aois. Táim i mo chónaí i Mullach Íde agus téim ar scoil i lár na cathrach. Is maith liom peil agus rugbaí. Is aoibhinn liom ceol. Céard fútsa? Scríobh ar ais chugam go luath.

Slán go fóill
Pól

Ceisteanna

1. Cé a scríobh an litir seo?
2. Cá bhfuil sé ina chónaí?
3. Cén aois é?
4. Cén dath atá ar a shúile?
5. Cén dath atá ar a chuid gruaige?
6. Cé mhéad atá sa chlann?
7. Cé hé an duine is sine sa teaghlach?
8. Cé hé an duine is óige sa teaghlach?
9. Cá dtéann sé ar scoil?
10. Is maith leis..........
11. Cén fáth ar scríobh sé an litir?
12. Luaigh dhá chaitheamh aimsire atá aige.
13. Luaigh rud éigin faoina theaghlach?

Líon isteach na bearnaí leis na focail sa bhosca thíos.

maith	ceathrar	trí bliana déag	gruaig dhubh
Seán	mise	Slán	mo thuismitheoirí
Peadar	gorma	an áit	chugam
cúig troithe go leith	a chara	agus sláinte	
litir	deartháir amháin	mo	
Loch Garman	deich mbliana	4ú Eanáir	

10 Bóthar na Trá
Inis Córthaidh

___1___

A Phóil,__2__,
Beatha _____3_____! Is mise _____4_____. Fuair mé do __5__ ar maidin. Go raibh __6___ agat. Táim _____7_____ d'aois. Tá súile __8__ agam agus tá _____9____ orm. Táim _____10_____ ar airde. Tá ___11__ againn sa teaghlach, mise ____12_____ agus ___13__. Is __14__ an duine is sine sa chlann. Is é_____15_____ an duine is óige sa chlann. Tá sé_____16_____d'aois. Táim i ___17___ chónaí i __18_____. Is aoibhinn liom _____19____. Scríobh ar ais ___20__ go luath.

___21__ go fóill
Peadar

● **Bain triail as!**

Obair duitse

Scríobh litir ag lorg peanncharad. Bain úsáid as na nathanna agus as an litir shamplach.

Comhrá

Tá Peadar ag dul go dtí an Ghaeltacht an Samhradh seo chugainn. Bhí agallamh aige roimh ré.

Múinteoir: Cad is ainm duit?
Peadar: Peadar Ó Laoire is ainm dom
Múinteoir: Cá bhfuil tú i do chónaí?
Peadar: Tá cónaí orm i Rath Éanaigh
Múinteoir: Cén aois tú?
Peadar: Táim cúig bliana déag d'aois
Múinteoir: Cé mhéad atá sa teaghlach?
Peadar: Tá cúigear againn ann.
Múinteoir: Ainmnigh iad
Peadar: Is é Risteard m'athair, mo mháthair Úna, mo dheartháir Colm agus mo dheirfiúr Sorcha.
Múinteoir: Cé hé nó hí an duine is sine sa chlann?
Peadar: Is mise an duine is sine sa chlann.
Múinteoir: Cé hé nó hí an duine is óige sa chlann?
Peadar: Is í Sorcha an duine is óige sa chlann
Múinteoir: Cad iad na rudaí a thaitníonn leat?
Peadar: Is maith liom peil, ceol agus a bheith ag féachaint ar an teilifís.
Múinteoir: Tá go maith. Slán.
Peadar: Go raibh maith agat. Slán agat.

Léigh an comhrá thuas agus líon isteach an t-eolas sna boscaí

Ainm	Peadar Ó Laoire
Áit chónaithe	
Aois	
Teaghlach	
Athair	
Máthair	
Deartháir	
Deirfiúr	
An duine is sine	
An duine is óige	
Caitheamh aimsire	

Líon isteach na freagraí *duit féin* **anois**

Múinteoir: Cad is ainm duit?
Mise: _____

Múinteoir: Cá bhfuil tú i do chónaí?
Mise: _____

Múinteoir: Cén aois tú?
Mise: _____

Múinteoir: Cé mhéad atá sa teaghlach?
Mise: _____

Múinteoir: Ainmnigh iad.
Mise: _____

Múinteoir: Cé hé nó hí an duine is sine sa chlann?
Mise: _____

Múinteoir: Cé hé nó hí an duine is óige sa chlann?
Mise: _____

Múinteoir: Cad iad na rudaí a thaitníonn leat?
Mise: _____

Múinteoir: Tá go maith. Slán.
Mise: _____

- **Bain triail as !**

Obair duitse:
Scríobh amach do chomhrá féin idir múinteoir agus an dalta atá ag iarraidh dul chuig coláiste samhraidh. Bain úsáid as an gcomhrá samplach.

- **Rólaithris:**

Léigh amach do chomhrá le do chara don rang.

Poist

- **Meaitseáil an post/duine leis an áit cheart**

A	Bóthar	L	Siopa gruagaire
B	Nuachtán	M	Páirc imeartha
C	Páirc Iomána	N	Stáitse
D	Stábla	O	Raon reatha
E	Saotharlann ghrianghrafadóireachta	P	Feirm
F	Siopa	Q	Rothar
G	Iris	R	Galfchúrsa
H	Stáisiún na ngardaí	S	Uachtarlann
I	Óstán	T	Scoil
J	Monarcha	U	Cró dornálaíochta
K	Siopa seodra	V	Sa stiúideo

1 Marcach
2 Iománaí
3 Grianghrafadóir
4 Iriseoir
5 Tiománaí
6 Gruagaire
7 Seodóir
8 Bainisteoir
9 Freastalaí
10 Garda
11 Clódóir
12 Siopadóir
13 Feirmeoir
14 Ceoltóir
15 Reathaí
16 Peileadóir
17 Fear bainne
18 Péintéir
19 Rothaí
20 Galfaire
21 Dornálaí
22 Dalta

Caibidil 1

● **Meaitseáil an post leis an áit cheart**

1 Imreoir
2 Fear an phoist
3 Meicneoir
4 Poitigéir
5 Banaltra
6 Tréidlia
7 Cuntasóir
8 Cléireach
9 Siúinéir
10 Leictreoir
11 Tógálaí
12 Gréasaí
13 Dochtúir
14 Ealaíontóir
15 Innealtóir
16 Ailtire
17 Feighlí linbh
18 Cócaire
19 Báicéir
20 Búistéir
21 Iascaire

A	Ospidéal	H	Garáiste	O	Siopa búistéara
B	Ceardlann	I	Teach go teach	P	Bácús
C	Ionad tógála	J	Páirc imeartha	Q	Teaghlach
D	Oifig	K	Bord soláthar leictreachais	R	Oifig ailtireachta
E	Feirm	L	Oifig gnó	S	Amuigh faoin spéir
F	Otharlann	M	Siopa bróg	T	Saotharlann Ealaíne
G	Cógaslann	N	Farraige	U	Bialann

● **Obair duitse:**

Cé hé an duine seo?

Sampla

Bearrann sé gruaig

Freagra

Is gruagaire é. Oibríonn sé mar g<u>h</u>ruagaire

1. Déanann sé leighis
2. Díolann sé feoil
3. Déanann sé arán
4. Tugann sé bia do dhaoine
5. Tiomáineann sí bus
6. Scríobhann sí sa nuachtán
7. Múineann sí sa scoil
8. Imríonn sé peil
9. Ritheann sí
10. Téann sí ag iascaireacht

● **An cuimhin leat?**

Féach ar na pictiúir agus déan an dréimire

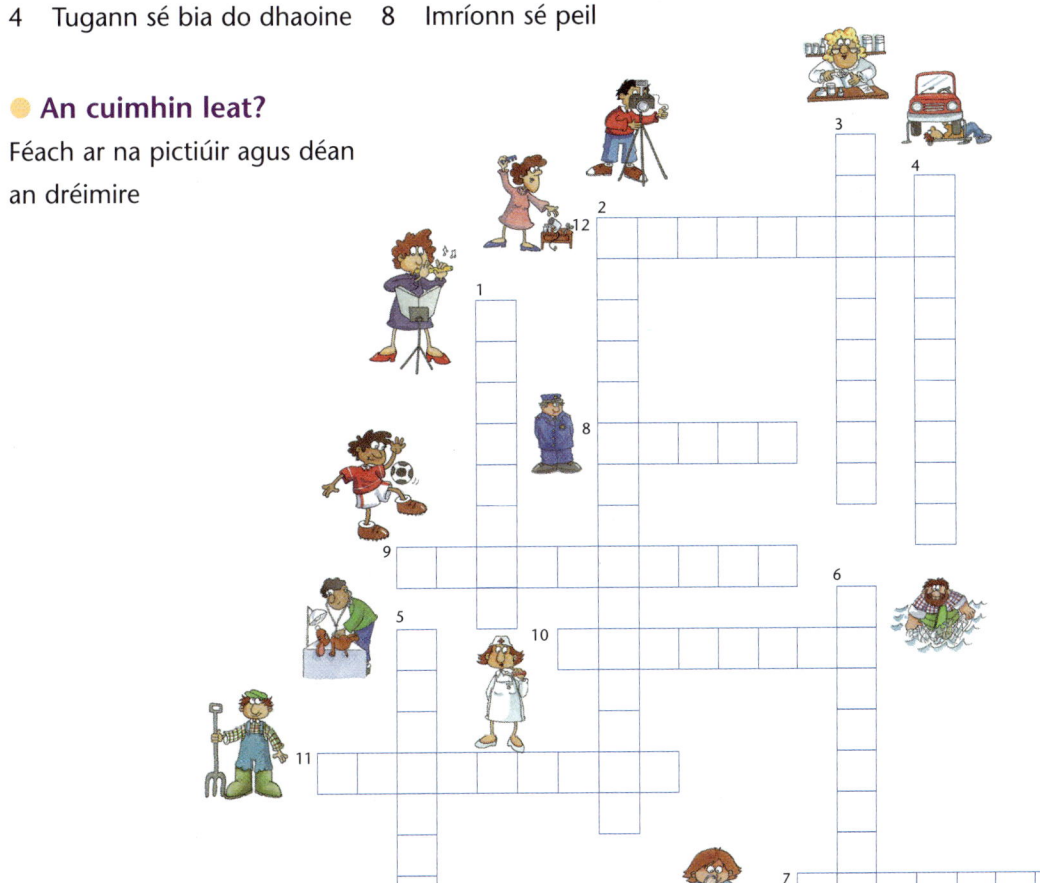

AN TEACH

teach leathscoite

teach scoite

árasán

bungaló

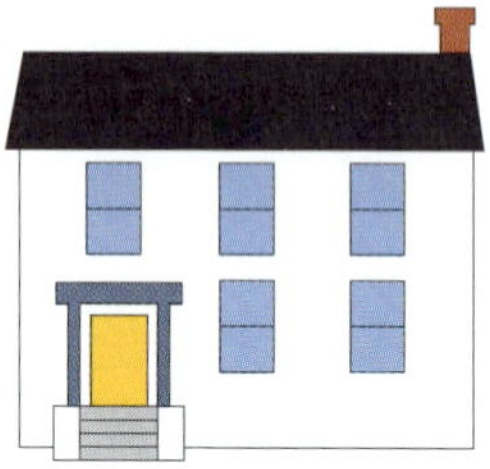

teach dhá urlár

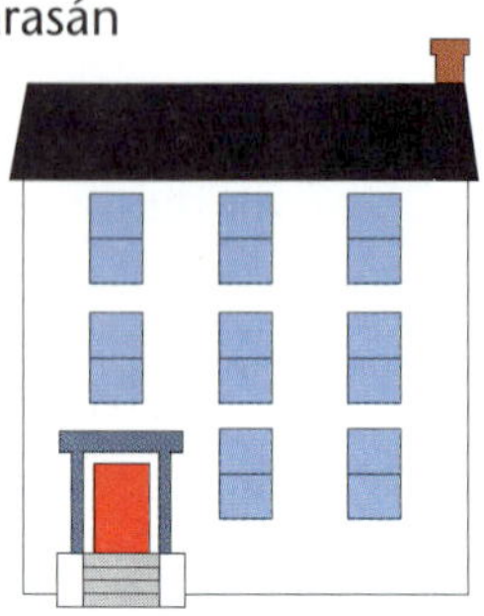

teach trí urlár

seanteach

teach galánta

teach sraithe

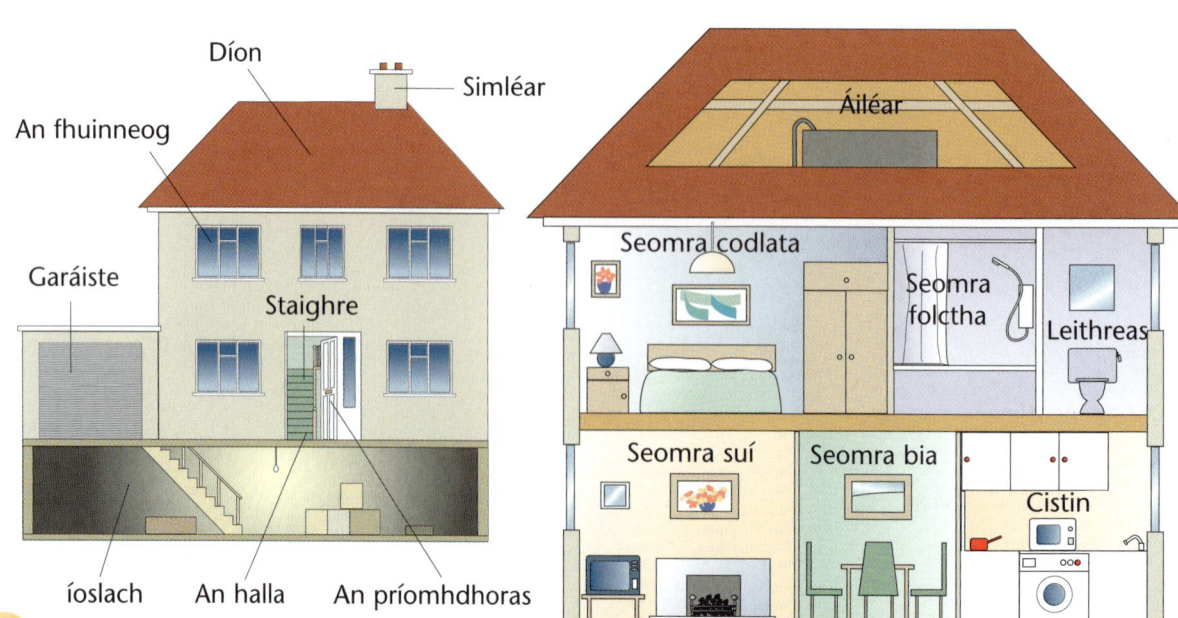

Díon
Simléar
An fhuinneog
Áiléar
Garáiste
Seomra codlata
Staighre
Seomra folctha
Leithreas
Seomra suí
Seomra bia
Cistin
íoslach
An halla
An príomhdhoras

● **Triail tuisceana**

Haigh, Áine anseo. Táim i mo chónaí i lár na cathrach. Cónaím in árasán. Tá sé sheomra san árasán: an chistin, an seomra suí, an seomra folctha, agus trí sheomra codlata. Níl aon ghairdín againn, áfach. Is mór an trua é. Cónaím le mo mhuintir ar an tríú stór. Tá balcóin bheag againn ach b'fhearr liom gairdín.

● **Ceisteanna**

1 Cé atá ag caint?
2 Cén sórt áit chónaithe atá aici?
3 Cá bhfuil cónaí uirthi?
4 An bhfuil gairdín aici?
5 An bhfuil sí sásta?

Gluais			
i lár na cathrach	*In the city centre*	áfach	*however*
balcóin	*balcony*	b'fhearr liom	*I would prefer*
Is mór an trua é	*It's a great pity*		

● **Triail tuisceana**

Haigh, Sorcha is ainm dom. Tá mé trí bliana déag d'aois. Cónaím i bPort Láirge. Cathair álainn is ea í. Tá mé i mo chónaí i dteach ard leathscoite. Thuas staighre tá trí sheomra codlata agus seomra folctha. Is liomsa ceann amháin díobh. Codlaíonn mo bheirt deartháireacha i gceann eile. Codlaíonn mo thuismitheoirí sa cheann deireanach. Thíos staighre tá an chistin, an seomra suí, an seomra bia agus an halla. Tá gairdín os comhair an tí agus ar chúl an tí. Ithim mo dhinnéar sa chistin agus féachaim ar an teilifís sa seomra suí. Bíonn m'athair agus mo mháthair ag obair sa ghairdín.

Gluais	
Féachaim	*I look*
Ithim	*I eat*
Ainmnigh	*Name*

- **Ceisteanna**

1. Cá bhfuil Sorcha ina cónaí?
2. Cén sórt tí atá aici?
3. Ainmnigh na seomraí atá thuas staighre.
4. Ainmnigh na seomraí atá thíos staighre.
5. Cé a bhíonn ag obair sa ghairdín?
6. Luaigh dhá phointe faoina háit chónaithe.
7. Luaigh dhá phointe eolais faoin gclann.
8. Dar leat, an maith léi a háit chónaithe?
9. Tabhair dhá chuis le do fhreagra.

- **Triail tuisceana**

Is mise Pól. Táim deich mbliana d'aois. Cónaím i mbungaló beag le mo mhuintir. Tá ceathrar sa teaghlach. Is mise an duine is óige. Tá Fearghus dhá bhliain níos sine ná mé. Tá cúig sheomra sa teach, dhá sheomra codlata, an chistin, seomra bia agus seomra folctha. Tá gairdín mór timpeall an tí. Bíonn orm a bheith ag obair sa ghairdín anois is arís.

- **Ceisteanna**

1. Cén sórt tí atá aige?
2. Ainmnigh na seomraí sa teach.
3. Cén sórt gairdín atá aige?
4. An mbíonn sé ag obair sa ghairdín?
5. Luaigh dhá phointe faoina áit chónaithe.
6. Luaigh dhá phointe eolais faoin teaghlach.
7. Dar leat, an maith leis a áit chónaithe?
8. Tabhair dhá chuis le do fhreagra.

Gluais	
Anois is arís	Now and then
Mo mhuintir	My family

- **Líon isteach na bearnaí**

Ithim mo bhricfeasta sa __1__.
Féachaim ar an teilifís sa _____2_____.
Ním m'aghaidh agus mo lámha sa _____3_____.
Téim a chodladh sa _____4_____.
Siúlaim síos _____5_____ gach maidin.
Féachaim amach _____6_____ gach maidin.
Tagaim isteach an ___7___ gach lá ag filleadh abhaile ón scoil.
Tá __8___ ar dhíon an tí.
Cuirimid an carr sa __9___.
Tá __10___ mór againn ar chúl an tí.

A	an fhuinneog	F	príomhdhoras
B	an gairdín	G	seomra codlata
C	cistin	H	seomra folctha
D	cúlghairdín	I	seomra suí
E	garáiste	J	simléar

An chistin

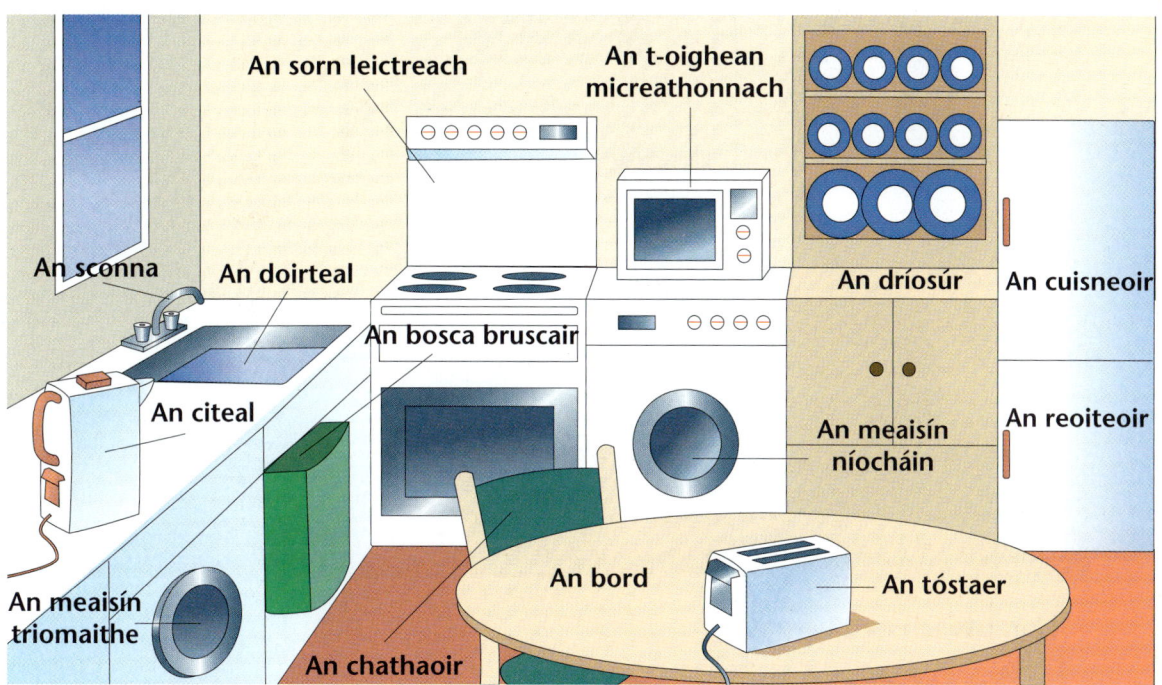

- **Líon isteach na bearnaí**

  1. Cuirim an bainne sa _____.
  2. Ním m'éadaí sa _____.
  3. Tagann an t-uisce as an _____.
  4. Ním na gréithe sa _____.
  5. Cuirim an bruscar sa _____ _____.
  6. Suím ar _____.
  7. Cuirim na plátaí ar an _____ nuair atáim ag leagan an bhoird.
  8. Beirím an t-uisce sa _____.
  9. Coimeádaim na gréithe sa _____.
  10. Cuirim na cácaí san _____ nuair atá mé ag bácáil.
  11. Úsáidim an _____ _____ nuair atá mé ag cócaireacht.
  12. Cuirim mo dhinnéar san _____ _____ nuair atá mé réidh le hithe.
  13. Cuirim an t-uachtar reoite sa _____.

Gluais	
Ním	I wash
Beirím	I boil
cócaireacht	cooking
Coimeádaim	I keep
ag leagan	setting
ag bácáil	baking

An seomra suí

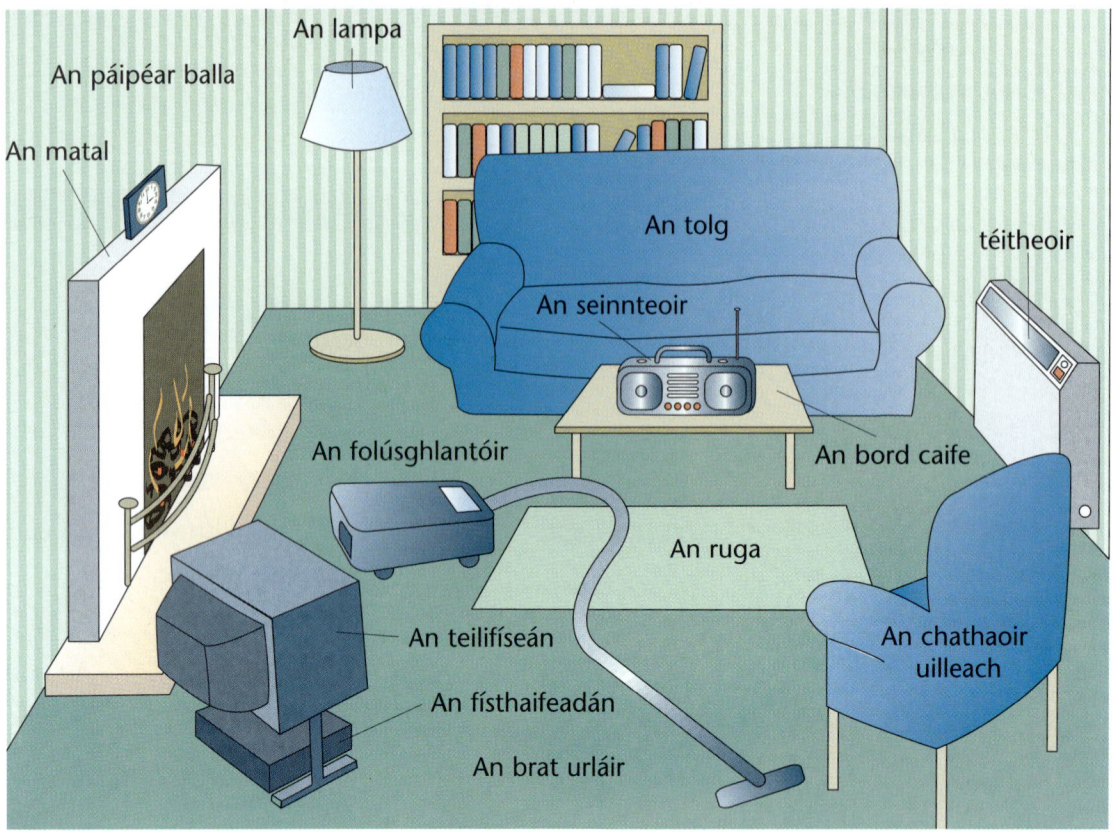

- **Líon isteach na bearnaí**

1. Tá _____ ar an urlár sa seomra suí.
2. Suím ar _____ nó _____ sa seomra suí.
3. Tá _____ _____ ar na ballaí sa seomra suí.
4. Féachaim ar an _____ sa seomra suí.
5. Cuirim mo leabhar sa _____.
6. Cuirim mo chupán ar an _____ sa seomra suí.
7. Cuirim físeán san _____.
8. Luíonn an cat ar an _____ in aice na tine.
9. Lasaim an _____ sa seomra suí istoíche.
10. Tá clog ar an _____ sa seomra suí.

- **Abair amach é!**

Freagair na ceisteanna seo sa rang agus ansin líon isteach an ghreille thíos.

1. Cén sórt tí atá agat?
2. An bhfuil gairdín agat?
3. Cé mhéad seomra codlata atá sa teach?
4. Ainmnigh na seomraí atá thíos staighre.
5. Ainmnigh na seomraí atá thuas staighre.

● **Obair bheirte**

Cuir na ceisteanna thíos ar do chara agus líon isteach an gréille thíos:

1. Cén sórt tí atá agat?
2. An bhfuil gairdín agat?
3. Cé mhéad seomra codlata atá sa teach?
4. Ainmnigh na seomraí atá thíos staighre.
5. Ainmnigh na seomraí atá thuas staighre.

● **An cuimhin leat?**

Meaitseáil an pictiúr leis an lipeád.

An chistin, seomra suí, halla, garáiste, seomra folctha, seomra codlata, áiléar, seomra ilghnóthach.

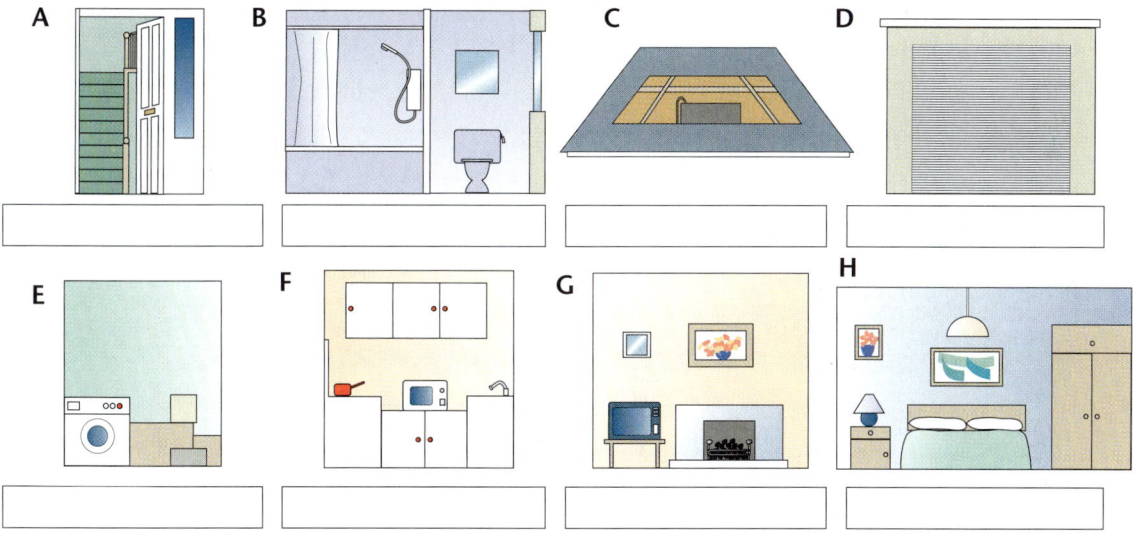

Cluastuiscint

Éist go cúramach leis an téip seo. Cloisfidh tú gach fógra faoi dhó.

● **Fógra 1**
1. Cá bhfuil siopa Uí Néill?
2. Cén praghas atá ar an sorn leictreach?

● **Fógra 2**
1. Cad is ainm don cheantálaí?
2. Cén praghas atá ar an teach sraithe?

● **Fógra 3**
1. Sórt tí atá i gceist?
2. Cén praghas atá ar an teach?

● **Cárta poist**

Bí réidh roimh ré!

Tá na focail thíos sa chárta poist a leanann an mheaitseáil. Déan an mheaitseáil ar dtús agus beidh tú réidh.

● **Meaitseáil**

1	laethanta saoire	A	I'll see you soon	1 =
2	Corcaigh	B	computer	2 =
3	teach dhá stór	C	modern	3 =
4	seomra codlata	D	holidays	4 =
5	seomra suí	E	I must go	5 =
6	trealamh	F	two-storey house	6 =
7	nua-aimseartha	G	Cork	7 =
8	ríomhaire	H	bedroom	8 =
9	caithfidh mé imeacht	I	equipment	9 =
10	feicfidh mé go luath tú	J	sitting room	10 =

● **Cárta Poist**

Haigh, a Sheáin,

Bríd anseo. Táim ar mo laethanta saoire anseo i gCorcaigh. Táimid ag fanacht i dteach mór galánta. Teach dhá stór atá ann. Cúig sheomra codlata atá ann, cistin bhreá mhór agus seomra suí. Tá sé lán de threalamh nua-aimseartha cosúil le meaisín nite gréithe, físthaifeadán agus ríomhaire fiú. Is aoibhinn liom an ríomhaire mar imrím cluichí leis chuile lá. Tá sé go hiontach. Caithfidh mé imeacht.

Feicfidh mé go luath tú.

Le grá,

Bríd

Seán Ó Néill
3 Bóthar na Trá
Loch Garman

● Ceisteanna

1. Cé a scríobh an cárta seo?
2. Cé dó é?
3. Cá bhfuil an cailín ag fanacht?
4. Cé mhéad seomra codlata atá ann?
5. An maith léi an teach?
6. Luaigh na háiseanna atá ann.
7. An gceapann tú gur mhaith leatsa dul ann?
8. Luaigh dhá chúis.

Gluais			
galánta	*posh/ fine*	ag fanacht	*staying*
chuile lá	*every day*	cúis	*reason*
cluichí	*Games*	an gceapann tú	*do you think*
imrím	*I play*	luaigh	*mention*
laethanta saoire	*holidays*	cé dó é	*who is it to*
na háiseanna	*appliances*	cé atá in éineacht leat	*who is with you*

Líon isteach na bearnaí leis na focail sa bhosca thíos.

laethanta	háiseanna
fearr	cistin
sheomra	thar cionn
Haigh	Feicfidh mé
suí	dteach

● Cárta Poist

__1__ a Shíle,

Bríd anseo. Táim ar mo ___2__ saoire anseo i gCiarraí. Táimid ag fanacht i __3___ beag galánta. Teach aon stór atá ann. Dhá __4___ codlata atá ann, ___5__ bheag agus seomra__6___. Tá sé lán le _____7_____ cosúil le teilifíseán, sorn leictreach agus oigheann micreathonnach. Is __8___ liom an teilifíseán mar féachaim air chuile lá. Tá sé_____9_____. Caithfidh mé imeacht.

_____ 10 _____ go luath tú.

Le grá

Bríd

Seán de Búrca
3 Bóthar Buí
Port Láirge

Bain triail as!

Obair duitse:

Tá tú ar do laethanta saoire i gCiarraí. Tá tú ag fanacht i dteach beag. Scríobh cárta poist chuig do chara.

Luaigh –

A   An teach
B   Na seomraí
C   Na háiseanna
D   Cé atá in éineacht leat
E   An áit

Cluastuiscint

Éist go cúramach leis an téip seo. Cloisfidh tú gach comhrá faoi thrí.

Comhrá 1

1   Cén dath atá ar an troscán?
2   Cén dath atá ag teastáil ó Bhríd?
3   Cad a bheidh ar siúl sa siopa an tseachtain seo chugainn?

Comhrá 2

1   Cá raibh Séamas ag dul?
2   Cad ba mhaith le Seán a dhéanamh?
3   Cá bhfuil Seán ina chónaí?

Comhrá 3

1   Cé atá ag caint?
2   Conas atá Laoise?
3   Cén dath atá ar ghruaig Nóra?

Nóta

Bí réidh roimh ré!

Tá na focail thíos sa nóta a leanann an mheaitseáil. Déan an mheaitseáil ar dtús agus beidh tú réidh.

1	bainne	A	if I can	1 =
2	cuisneoir	B	soon	2 =
3	sicín	C	I will return	3 =
4	oigheann	D	milk	4 =
5	go luath	E	fridge	5 =
6	fillfidh mé	F	chicken	6 =
7	más féidir	G	oven	7 =

● **Nóta**

A Bhríd,

Tá sé ceathrú tar éis a dó. Níl bainne ar bith sa teach. Tá mé imithe go dtí na siopaí sa charr le Tomás. Tá do dhinnéar sa chuisneoir. Is é an pláta é leis an sicín agus na prátaí. Cuir isteach san oigheann micreathonnach é. Tógann sé seacht nóiméad. Beidh mé ar ais go luath. Fillfidh mé i gceann dhá uair an chloig más féidir.

Maim

● **Ceisteanna**

1. Cé a scríobh an nóta?
2. Cé dó é?
3. Cá bhfuil sí ag dul?
4. Cé atá in éineacht léi?
5. Cén fáth?
6. Cá bhfuil an dinnéar?
7. Cathain a bheidh sí ar ais?
8. Luaigh na háiseanna sa chistin seo?

● **Nóta**

Líon isteach na bearnaí leis na focail sa bhosca thíos.

A Mháire,

Tá sé ceathrú tar ___1___ a sé. Níl arán ar ___2___ sa teach. Tá mé ___3___ go dtí an t-ollmhargadh ar an mbus le Síle. ___4___ do lón sa reoiteoir. ___5___ é an pacáiste leis an gcaoireoil agus tornapaí. Cuir isteach san oigheann ___6___ é. Tógann sé deich ___7___. Beidh mé ar ___8___ níos déanaí. Tá cóc sa chuisneoir. Fillfidh mé ___9___ uair go leith más féidir.

___10___

Daid
Tá
Is
i gceann
bith
nóiméad
imithe
ais
éis
micreathonnach

● **Bain triail as!**

Obair duitse:

Is tusa Bríd. Bhí do mham imithe nuair a tháinig tú abhaile ar a trí a chlog. Tá tú ag dul amach go dtí an leabharlann le Máire ar an mbus. D'ith tú an dinnéar. Scríobh nóta chuig do mham. Beidh tú ar ais ar a sé a chlog.

Luaigh –

A Cá bhfuil tú ag dul
B Cén t-am a d'fhág tú
C Cathain a bheidh tú ar ais
D Cé atá in éineacht leat
E Conas a chuaigh tú ann

Gluais			
ar ais	*back*	leabharlann	*library*
cathain	*when*	imithe	*gone*

● **Fógraí**

Árasáin ar díol – A
Árasáin nua ar díol. Gach áis nua-aimseartha iontu. Tógtha sa bhliain 1999. Tá seomra suí, seomra bia, seomra ilghnóthach, cistin, leithreas agus seomra folctha, seomra leapa le leithreas is cithfholcadh iontu. Tá teas lárnach ola iontu. Tá siad cóngarach don chathair. Freastalaíonn bus gach deich nóiméad.

Teach ar díol – B
Teach leathscoite, aon stór atá ar díol. Gach áis nua-aimseartha ann. Tógadh é sa bhliain 1950. Tá seomra suí, seomra bia, cistin, leithreas agus seomra folctha, dhá sheomra leapa ann. Tá teas lárnach ola ann. Tá sé cóngarach don ollmhargadh. Tá gáirdín beag ar chúl an tí. Freastalaíonn bus ar an gceantar seo gach cúig nóiméad.

Teach ar díol – C
Teach scoite atá ar díol. Gach áis nua-aimseartha ann. Tá seomra suí, seomra bia, cistin, leithreas agus seomra folctha, ceithre sheomra leapa le leithreas is cithfholcadh an ceann acu. Tá teas lárnach ola ann. Tá garáiste ann. Tá gairdín os comhair agus ar chúl an tí. Freastalaíonn bus agus traein ar an gceantar seo gach tríocha nóiméad.

Meaitseáil an duine leis an teach:

1 Rós agus Seán. Tá an bheirt acu ar pinsean anois. ☐
2 Eibhlín, Diarmuid agus na páistí; Ben, Niall agus Lily. ☐
3 Michelle. Oibríonn sí sa chathair. ☐

• **Meaitseáil**

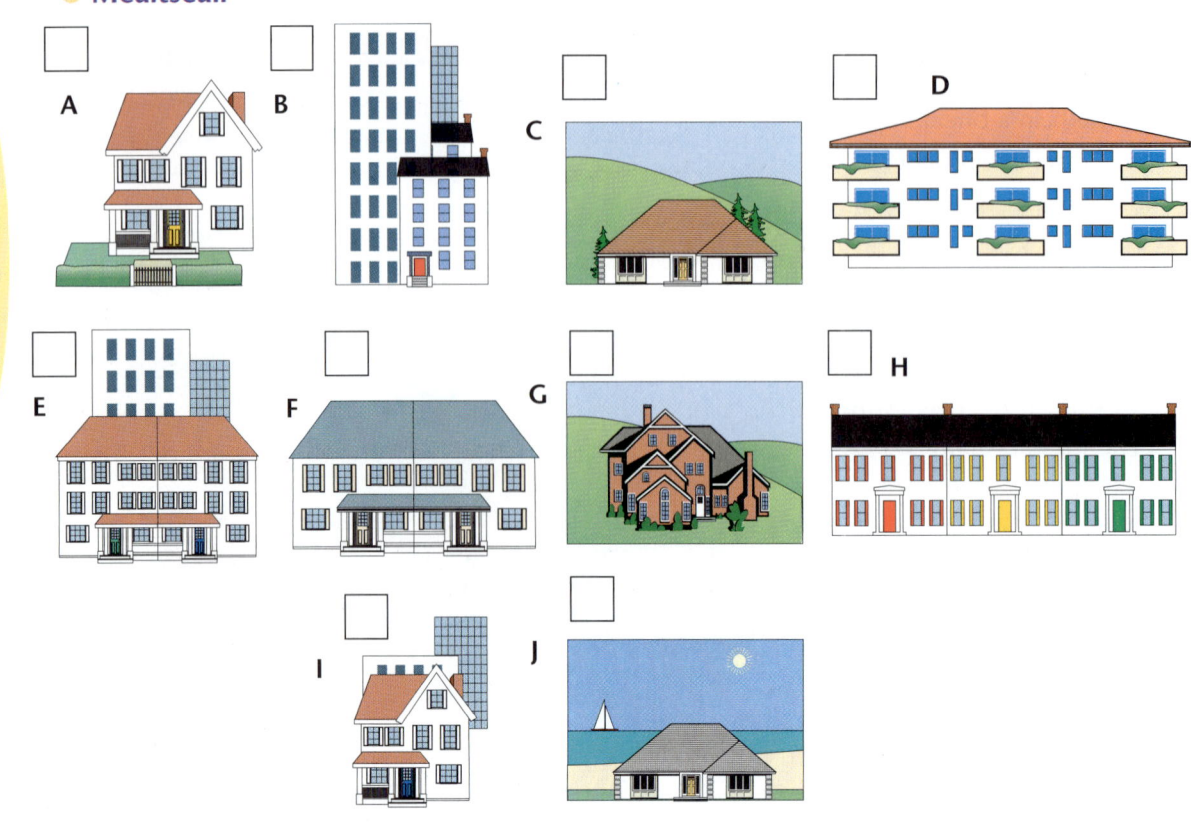

1. Teach ar díol, teach leathscoite, dhá urlár.
2. Árasán beag ar díol, i lár na cathrach.
3. Bungaló ar díol faoin tuath.
4. Teach sraithe, dhá urlár ar díol.
5. Teach mór galánta faoin tuath ar díol.
6. Teach leathscoite, trí urlár, i lár na cathrach, ar cíos.
7. Árasán breá galánta ar cíos ar imeall an bhaile.
8. Teach scoite, trí urlár, i lár na cathrach, ar díol.
9. Teach scoite, trí urlár, gairdín os comhair an tí, ar díol.
10. Bungaló ar cíos, cois farraige.

Cluastuiscint

Éist go cúramach leis an téip seo. Cloisfidh tú gach píosa faoi dhó.

• **Píosa 1**

1. Cé mhéad teach atá ann?
2. Cá bhfuil na tithe seo?

• **Píosa 2**

1. Cathain a tháinig an troscán?
2. Cén fáth a bhfuil Seán ar buile?

• **Píosa 3**

1. Cad a tharla aréir?
2. Cé mhéad teilifíseán a ghoid siad?

Dán *Mo theachín beag deas*

● **Bí réidh roimh ré!**

Tá na focail thíos sa dán a leanann an mheaitseáil. Déan an mheaitseáil ar dtús agus beidh tú réidh.

1	úd	A	*broad*	1 =
2	theas	B	*palace*	2 =
3	fothain	C	*that*	3 =
4	teas	D	*south*	4 =
5	domhain	E	*heat*	5 =
6	arbh fhearr liom	F	*shelter*	6 =
7	cluthar	G	*spacious*	7 =
8	ansiúd	H	*world*	8 =
9	fairsing	I	*I would prefer*	9 =
10	measc	J	*comfortable*	10 =
11	leathan	K	*there*	11 =
12	pálás	L	*amongst*	12 =

Filíocht *Mo theachín beag deas*

(M. Ó Donnchadha)

Tá teachín beag deas
Ar an mbóthar úd theas,
Agus crainn ina thimpeall
Is fothain is teas,
Is níl áit ins an domhan
Arbh fhearr liom bheith ann,
Ná sa teachín beag cluthar
Ansiúd 'measc na gcrann.
Ní mór é le rá
Mar níl sé róbhreá,
Ná fairsing istigh ann
Ná leathan ná ard,
Leis sin go léir
Níl pálás sa saol
A b'fhearr liom ná tusa
Mo theachín beag féin.

● **Ceisteanna**

Fíor nó bréagach

		Fíor	Bréagach
1	Is teach mór é.	☐	☐
2	Tá crann timpeall air.	☐	☐
3	Is teach breá é.	☐	☐
4	Is teach leathan é.	☐	☐
5	Is breá leis an mbuachaill a theach féin.	☐	☐
6	Is fearr leis a theach féin ná pálás.	☐	☐
7	Tá sé sásta leis an teach.	☐	☐

8 Cá bhfuil an teach seo suite?
9 Cé leis an teach?
10 Cé acu ab fhearr leis an bhfile, pálás nó an teach beag seo?
11 Tabhair cúis le do fhreagra.
12 Luaigh dhá rud maith faoin teach seo.
13 Luaigh dhá rud dona faoin teach seo.
14 An maith leatsa an teach seo?
15 Cén fáth? Tabhair dhá chúis le do fhreagra.

Scéal: Mo Theaghlach

Bí réidh roimh ré!

Tá na focail thíos sa scéal a leanann an mheaitseáil. Déan an mheaitseáil ar dtús agus beidh tú réidh.

1	ar siúl.	A	as usual	1 =
2	cheana	B	reluctant	2 =
3	réidh	C	a cold windy day	3 =
4	mar is gnáth	D	down	4 =
5	spéir dhorcha	E	dark sky	5 =
6	fuacht	F	taking place	6 =
7	go deifreach	G	hurriedly	7 =
8	le fonn.	H	ready	8 =
9	Ní fhaca mé --------riamh.	I	coldness	9 =
10	romham	J	before me	10 =
11	leisce	K	already	11 =
12	Lá fuar gaofar	L	I never saw	12 =
13	thíos	M	eagerly	13 =

Mo theaghlach

An 3ú Márta a bhí ann. Dhúisigh mé ar a hocht ar maidin mar is gnáth. Lá scoile a bhí ann. Bhí idir thuirse agus leisce orm. D'fhéach mé amach an fhuinneog. Lá fuar gaofar a bhí ann. Bhí an ghrian thíos sa spéir dhorcha agus scamaill gach áit. Chuir mé an cithfholcadh ar siúl. Léim mé go deifreach as nuair a tháinig uisce fuar anuas orm. Bhí fearg agus fuacht orm. Thriomaigh mé mé féin agus chuir mé mo chuid éadaigh orm; léine bhán, gúna agus geansaí dubh. Síos staighre liom go tapa agus isteach sa chistin liom. Bhí mo sheanathair romham le mo sheanmháthair agus bricfeasta mór réidh aige. Bhí mearbhall orm. Cén fáth a raibh siad ann? Cá raibh mo mham is mo dhaid? Mhothaigh mé buartha. Dúirt siad liom go raibh deartháir nua agam. Ansin shuigh mé síos. I rith na hoíche rugadh leanbh nua do mo mham. Thairg mo dhaideo cupán tae agus tósta dom. D'ith mé é le fonn. 'Cad is ainm dó?' a d'fhiafraigh mé de? 'Cathain a fheicfidh mé é?' Dúirt siad liom gur Liam an t-ainm a bhí air agus go mbeadh cead agam dul chuig an ospidéal ar maidin.

Shroicheamar an t-ospidéal ar a deich. Bhí mé ar bís cheana ag smaoineamh ar an leanbh óg. Chonaic mé mo thuismitheoirí agus rug siad barróg mhór orm. D'fhéach mé ar mo dheartháir beag. Bhí sé cúig uaire d'aois. Bhí súile glasa aige agus bhí gruaig ghearr dhubh air. Bhí sé troigh, dhá horlaí ar airde agus seacht bpunt. Ní fhaca mé leanbh chomh dathúil riamh. Shuigh mé in aice leis. 'N'fheadar, an bhfuil sé cosúil leatsa?' a d'fhiafraigh mo mhamó díom. Bhí mé an sásta leis. 'Deich nóiméad fágtha' a dúirt an bhanaltra. D'imíomar ansin. D'imíomar ag siopadóireacht ar dtús. Bhí am iontach agam ag lorg éadaí dó. D'imigh mé abhaile tuirseach traochta ach, nuair a d'oscail mé an doras, bhí ionadh orm. Bhí sé lán le mo ghaolta. Bhí suas le fiche duine ann. Thug m'Aintín Nóra béile dom. Chroith gach duine lámh le mo dhaid. D'fhan siad ann ar feadh an lae. Faoi dheireadh ag meán oíche d'imigh siad. Bhí mé lán sásta leis an lá agus le mo dheartháir nua.

● **Ceisteanna**

Fíor nó bréagach

		Fíor	Bréagach
A	An Samhradh a bhí ann.	☐	☐
B	Bhí an aimsir go maith.	☐	☐
C	Bhí a seanathair sa chistin.	☐	☐
D	Bhí sí buartha.	☐	☐
E	Rugadh leanbh dá máthair.	☐	☐

1. Cén dáta a bhí ann?
2. Cén t-am a dhúisigh sí?
3. Cá raibh a máthair?
4. Déan cur síos ar an aimsir.
5. Déan cur síos ar éadach an chailín.
6. Déan cur síos ar a dheartháir nua.
7. Cad a rinne siad tar éis an ospidéil?
8. An dóigh leat go raibh sí sásta leis an dheartháir nua? Cuir cúis le do fhreagra.
9. Cad a rinne sí sula ndeachaigh sí abhaile?

● **Meaitseáil**

1	fágtha	A	as	1 =
2	N'fheadar	B	I wonder	2 =
3	iontach	C	like you	3 =
4	tuirseach traochta	D	left	4 =
5	chomh	E	looking for	5 =
6	ag lorg	F	exhausted	6 =
7	cosúil leatsa	G	wonderful	7 =

● **Meaitseáil an pictiúr agus an lipeád:**

A   B   C   D   E

F   G   H   I   J

1	uaireadóir	6	léine bhán
2	leanbh	7	gúna
3	tósta	8	geansaí dubh
4	ospidéal	9	staighre
5	cithfholcadh	10	banaltra

● **Meaitseáil**

1	ar dtús	A	néalta	1 =
2	dathúil	B	traochta	2 =
3	mo sheanmháthair	C	mo dhaideo	3 =
4	mo ghaolta	D	neirbhíseach	4 =
5	tuirse	E	álainn	5 =
6	mo sheanathair	F	mo mhamó	6 =

7	scamaill	G	i dtosach	7 =
8	ar bís	H	m'aintín, m'uncail, col ceathar	8 =
9	meán oíche	I	bia mar dhinnéar	9 =
10	Faoi dheireadh	J	don lá ar fad	10 =
11	ar feadh an lae	K	ag an deireadh	11 =
12	béile	L	12 a'chlog san oíche	12 =

Cá bhfuil na focail seo a leanas sa sceál? Cuir líne fúthu.

Gluais	
mearbhall	*confusion*
buartha	*worried*
I rith na hoíche	*during the night*
rugadh	*was born*
barróg mhór	*big hug*
súile glasa	*green eyes*
gruaig ghearr dhubh	*black short hair*
troigh	*foot*
dhá horlaí	*two inches*
ar airde	*in height*

● **Bain triail as!**

Obair duitse:

Scríobh scéal ag tosú leis an abairt seo:

"Dhúisigh mé ar a hocht ar maidin mar is gnáth. Ní raibh mo thuismitheoirí sa bhaile…………"

Gluais			
Dhúisigh mé	*I woke*	Shroicheamar	*We reached*
D'fhéach mé	*I looked*	Chonaic mé	*I saw*
Chuir mé	*I put*	Thug siad	*They gave*
Léim mé	*I jumped*	D'fhéach mé	*I looked*
Thriomaigh mé	*I dried*	Ní fhaca mé	*I didn't see*
Mhothaigh mé	*I felt*	N'fheadar	*I wonder*
Dúirt siad	*They said*	Shocraíomar	*We decided*
Shuigh mé	*I sat*	D'imíomar	*We went*
Rugadh leanbh	*A child was born*	D'imigh mé	*I went*
Thairg sé	*He offered*	Shroich mé	*I reached*
D'ith mé	*I ate*	Chroith siad	*They shook*
D'fhiafraigh mé	*I asked*	D'fhan siad	*They waited*
Feicfidh mé	*I will see*		
Dúirt siad	*They said*		

Cluastriail

Éist go cúramach leis an téip seo. Cloisfidh tú gach duine den triúr seo faoi thrí.

● An chéad chainteoir   Seán de Paor
1   Cé mhéad duine atá sa teaghlach?
2   Dath na súl?
3   Cén sórt tí atá aige?
4   Conas a théann sé ar scoil?

● An dara cainteoir   Síle Ní Neachtain
1   Cé mhéad duine atá sa teaghlach?
2   Dath gruaige?
3   Dhá phointe eolais faoina deirfiúracha?
4   Dhá phointe eolais faoin teach?

● An tríú cainteoir   Seosamh de Rís
1   Cé mhéad duine atá sa teaghlach
2   Post a athar?
3   An rud is fuath leis sa chistin?

Éist go cúramach leis an téip seo. Cloisfidh tú gach fógra faoi dhó.

● Fógra 1
1   Cén t-am a bheidh an díolachán saothair ar oscailt?
2   Cad iad na háiseanna nua-aimseartha atá ar díol sa siopa?

● Fógra 2
1   Ainmnigh dhá chineál tí atá ar díol ag an gceantálaí.
2   Ainmnigh teach amháin eile atá ar díol aige.

● Fógra 3
1   Cé mhéad seomra ar fad atá sa teach seo?
2   Cathain a tógadh an teach seo?

Éist go cúramach leis an téip seo. Cloisfidh tú gach comhrá faoi thrí.

● Comhrá 1
1   Cén troscán atá á lorg ag Bríd sa siopa?
2   Cén dath atá ar an tolg sa siopa?
3   Cén fáth nach bhfuil sí sásta leis an gcathaoir?

Comhrá 2
1. Cathain a cheannaigh sé teach nua?
2. Cén plean atá ag Seán?
3. Cén leithscéal atá ag Séamas?
4. Cád a bheidh acu i mbungaló Sheáin?

Comhrá 3
1. Cé mhéad deartháir atá ag Laoise?
2. Cé mhéad deirfiúr atá ag Úna?
3. Cén dath atá ar ghruaig Úna?
4. Cén dath atá ar shúile Úna?

Éist go cúramach leis an téip seo. Cloisfidh tú gach píosa faoi dhó.

Píosa 1
1. Cad é an áit chonaithe nua seo?
2. Ainmnigh áis amháin a bheidh sa chistin.

Píosa 2
1. Ainmnigh an troscán atá sa seomra suí.
2. Cathain a bheidh an troscán don chistin ag teacht?

Píosa 3
1. Cá bhfuil an físthaifeadán?
2. Ainmnigh trealamh amháin a ghoid an gadaí.

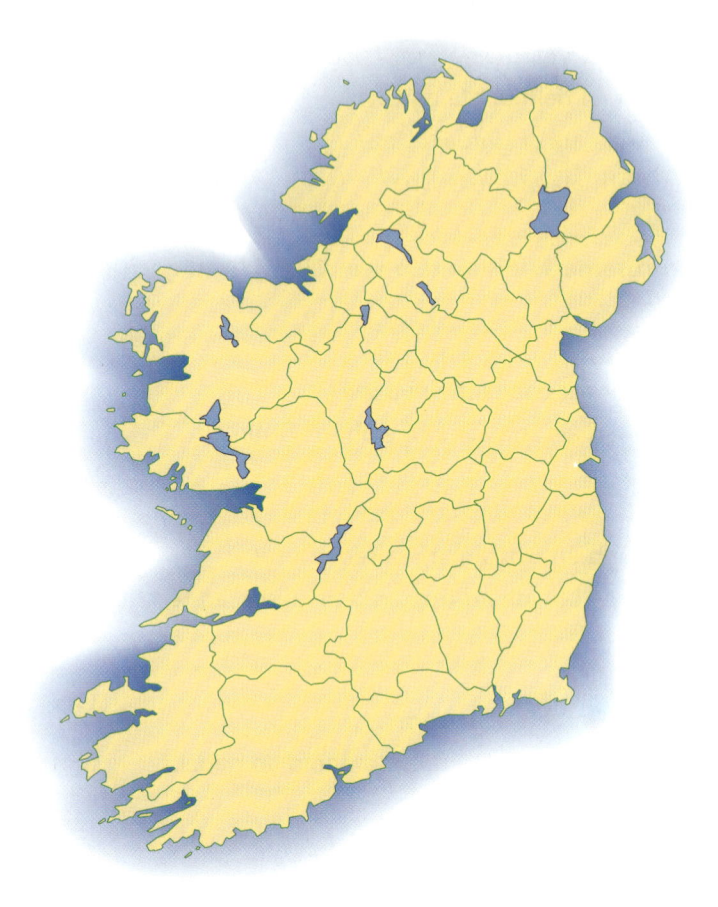

Caibidil 2

Mo Cheantar

● **Éire**
Cúige Laighean / Chonnacht / Mumhan / Uladh
Líon isteach gach contae sa learscáil.

● **Cúige Uladh**
Aontroim
Ard Mhacha
An Cabhán
Doire
An Dún
Dún na nGall
Fear Manach
Muineachán
Tír Eoghain

● **Cúige Chonnacht**
Gaillimh
Liatroim
Maigh Eo
Ros Comáin
Sligeach

● **Cúige Laighean**
Baile Átha Cliath
Ceatharlach
Cill Chainnigh
Cill Mhantáin
An Iarmhí
Laois
Loch Garman
An Longfort
Lú
An Mhí
Uíbh Fhailí

● **Cúige Mumhan**
Ciarraí
An Clár
Corcaigh
Luimneach
Port Láirge
Tiobraid Árann

Cá bhfuil tú i do chónaí?

- **Sampla –**

Cá bhfuil tú i do chónaí?

Ainm:	Aoife
Cúige:	Laighean
Contae:	An Mhí
Baile:	An Uaimh
Bóthar:	16 Bóthar Mór

Tá mé i mo chónaí i gcontae na Mí. An Uaimh is ainm don bhaile. Tá cónaí orm ag uimhir 16, An Bóthar Mór.

Ainm:	Conán
Cúige:	Ulaidh
Contae:	Dún na nGall
Baile:	Cealla Beaga
Bóthar:	16 Sráid Mhór.

Ainm:	Seán
Cúige:	Connachta
Contae:	Gaillimh
Ceantar:	Ros Muc
	Snámh Bó.

- **Abair amach é!**

Céard fútsa? Freagair na ceisteanna thíos sa rang agus líon isteach an ghreille.

Ainm:	
Cúige:	
Contae:	
Baile:	
Bóthar:	

● **Obair bheirte**

Céard faoi do chara? Cuir na ceisteanna thíos ar do chara agus líon isteach na freagraí sa ghreille.

Cad is ainm duit? _____

Cén cúige in a bhfuil tú i do chónaí? _____

Cén contae ina gcónaíonn tú? _____

Cén baile ina bhfuil tú i do chónaí? _____

Cén bóthar ina bhfuil tú i do chónaí? _____

● **Cad atá i do cheantar?**

an t-ollmhargadh

teach

an teach tábhairne

an banc

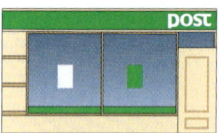

oifig an phoist

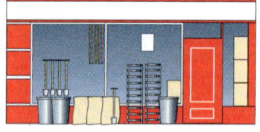

an siopa crua-earraí

an bhunscoil

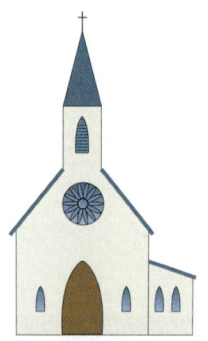

an séipéal

an scoil

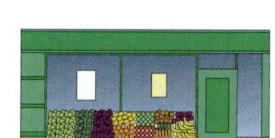

an siopa grósaera

an siopa nuachtán

an linn snámha

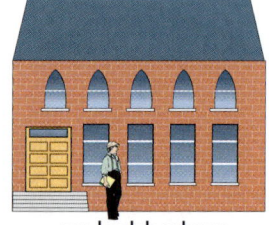

an leabharlann

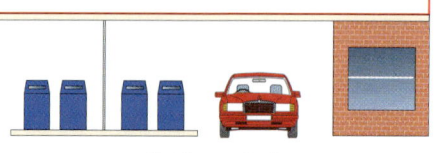

an stáisiún peitril

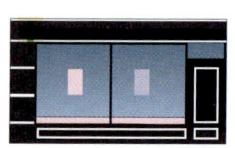

cógaslann/siopa an phoitigéara

Siopadóireacht

Meaitseáil na hearraí leis na siopaí

siopa grósaera

siopa nuachtán

siopa éadaí

ollmhargadh

siopa búistéara

siopa ilranna

siopa crua-earraí

siopa bréagán

Caibidil 2

calóga arbhair — prátaí — iris — oinniúin — stéig — ríomhairí
fíon — oráistí — sábh — slisíní — scuab — bábóg
sicín — tairní — leaba — péint — casúr — traein
anraith — gúna — cairéid — casóg — nuachtán — carbhat
arán — sciorta — léine — piorraí — brioscaí — bróga
milseáin — bainne — seacláid — geansaí — hata — stocaí
soilse — brat urláir — earraí leictreacha — forc scian spúnóg — cupáin — plátaí
málaí tae — iógart — caife — uibheacha — ispíní — im — putóg dhubh — bagún

47

- **Tuairimí Sheosaimh**

Is fuath liom cabáiste mar tá sé leadránach

Is gráin liom oinniúin mar tá siad róláidir

Is maith liom uachtar mar tá sé go haoibhinn

Is aoibhinn liom smeara dubha mar tá siad milis

Is fearr liom seacláid mar tá sé blasta

Is breá liom anraith mar bíonn sé blasta

Is maith liom uachtar mar tá sé go haoibhinn

- **Do thuairimí**

Líon isteach na bearnaí

1. Is maith liom _____ mar tá sé blasta.
2. Ní maith liom _____ mar tá sé leadránach.
3. Is breá liom _____ mar níl sé déisteanach.
4. Is fuath liom _____ mar cuireann sé fonn aisig orm.
5. Is aoibhinn liom _____ mar tá sé taitneamhach.
6. Is fearr liom _____ mar tá sé milis.
7. Is gráin liom _____ mar tá sé searbh.
8. Is maith liom _____ mar tá sé go deas.
9. Is fuath liom _____ mar tá sé te.
10. Is breá liom _____ mar tá sé ait.

Líon isteach na bearnaí

1. Is _____ liom ___sceallóga___ mar tá siad _____.
2. Is _ gráin _____ liom _____ mar _____.
3. Is _____ liom _____ mar _____.
4. Is _____ liom _____ mar _____.
5. Is ___ aoibhinn ___ liom _____ mar _____.
6. Is _____ liom _____ mar tá sé _____.
7. Is _____ liom _____ mar ___leadránach___.
8. Is _____ liom __calóga arbhair mar _____.
9. Is _____ liom _____ mar _____.
10. Is _____ liom _____ mar _____.

● Abair amach é!

Cén saghas bia a thaitníonn leat?

Freagair na ceisteanna thíos sa rang agus ansin líon isteach an ghreille.

Cad a itheann tú chun bricfeasta? _____

Cad a itheann tú am lóin? _____

Cén dinnéar is fearr leat? _____

Cén dinnéar is fuath leat? _____

● Obair bheirte

Cuir na ceisteanna thíos ar do chara agus scríobh na freagraí sa greille.

Cad a itheann tú don bhricfeasta? _____

Cad a itheann tú ag am lóin? _____

Cén dinnéar is fearr leat? _____

Cén dinnéar is fuath leat? _____

Cluastuiscint

Éist go cúramach leis an téip seo. Cloisfidh tú gach duine den triúr seo faoi thrí.

● An chéad chainteoir — Seán Ó Sé

1. Cé hé an duine is sine sa teaghlach?
2. Cé mhéad deirfiúr atá aige?
3. Post a athar?
4. Cá bhfuil an t-ollmhargadh?

● An dara cainteoir — Síle Ní Néill

1. Cé mhéad deirfiúr atá aici?
2. Post a máthar?
3. Post a hathar?
4. Conas a théann sí ar scoil?

● An tríú cainteoir — Sorcha de Rís

1. Cé mhéad duine atá sa teaghlach?
2. Post a hathar?
3. Áiseanna sa cheantar?
4. An rud is fuath léi sa cheantar?

Fógraí

● Sladmhargadh

Beidh sladmhargadh mór ar siúl san ollmhargadh Dé Céadaoin. Is iad na na hearraí seo a leanas a bheidh ar leathphraghas: na glasraí go léir, arán ón mbácús, mairteoil, uaineoil agus cáis. Cosnóidh fíon euro an buidéal. Díolfar im, bainne agus uachtar ar caoga cent an lítear. Osclóidh na doirse ar a deich. Críochnóidh sé ar a naoi. Tá bac ar mhadraí sa siopa. Díoltar ticéid sa siopa le haghaidh crannchuir mhóir ag deireadh an lae; is féidir iad a cheannach ar euro an ceann nó le gach deich euro a chaithfidh tú sa stór gheobhaidh tú ticéad saor in aisce. Is iad seo na duaiseanna: gluaisteán nua, don dara duine beidh laethanta saoire sa Spáinn agus don tríú duine beidh earraí de luach mhíle euro ón siopa.

Bíodh do chárta creidmheasa réidh agat.

● Ceisteanna

1. Cad a bheidh ar siúl?
2. Cathain a osclóidh na doirse?
3. Cad iad na hearraí a bheidh ar leathphraghas?
4. Cathain a chríochnóidh sé?
5. Cá bhfuil na ticéid ar díol?
6. Cén fáth a mbeadh cárta creidmheasa ag teastáil uait?
7. Luaigh rud amháin nach bhfuil ceadaithe ann.
8. Má tá deich euro caite agat cad a gheobhaidh tú?
9. An rachfá chuig an sladmhargadh seo?
10. Cén fáth?
11. Luaigh na duaiseanna.
12. An gceannófá ticéad?
13. Tabhair cúis le do fhreagra.

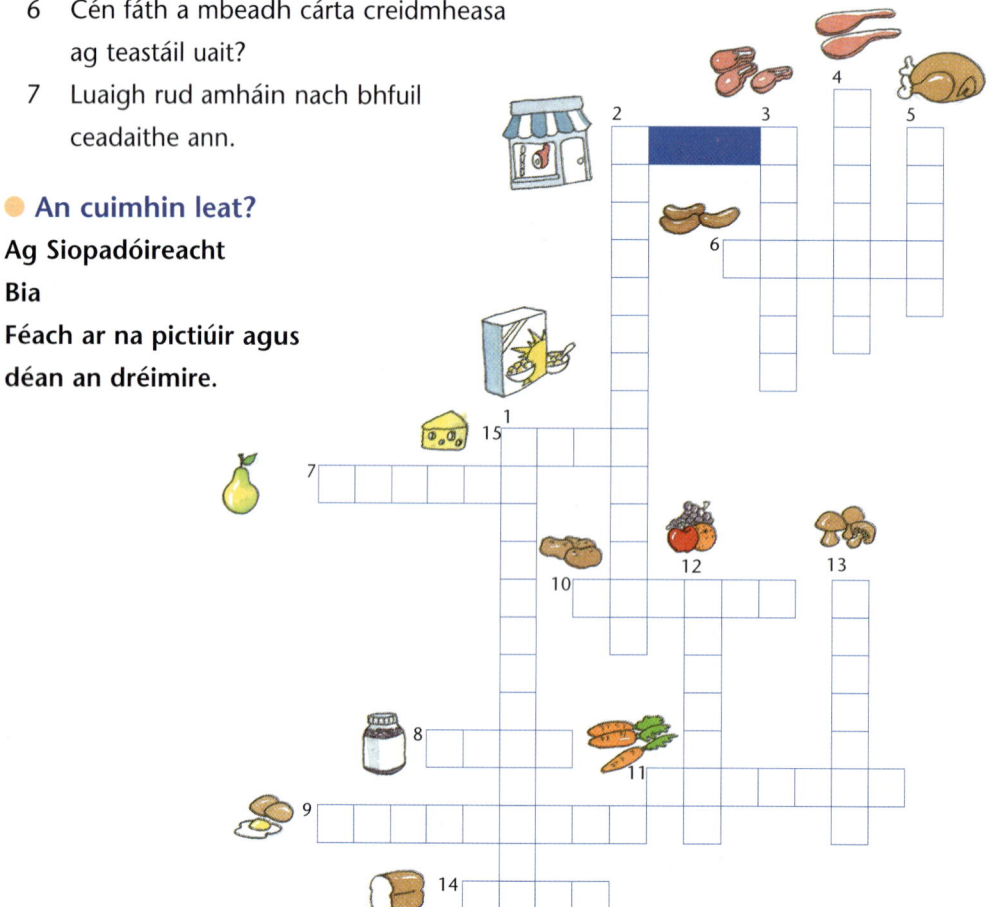

● An cuimhin leat?

Ag Siopadóireacht
Bia
Féach ar na pictiúir agus déan an dréimire.

● Sladmhargadh

Beidh siopa éadaí ar oscailt sa tSráid Mhór Dé Sathairn seo chugainn. Ar an gcéad lá beidh a lán de na hearraí ar leathphraghas: na cótaí go léir, sciortaí agus blúsanna. Cosnóidh scaifeanna euro an ceann. Díolfar carbhait, hataí agus casóga ar dhá euro caoga an ceann. Osclóidh na doirse ar a naoi. Críochnóidh sé ar a sé. Tá cosc ar phramanna sa siopa. Díolfar ticéid sa siopa le haghaidh crannchuir mhóir ag deireadh na seachtaine; is féidir iad a fháil le gach cúig euro a chaithfear sa siopa. Is í an chéad duais luach míle euro d'earraí an tsiopa. Bíodh do chárta creidmheasa réidh agat.

● Ceisteanna

1. Cad a bheidh ar siúl?
2. Cathain a osclóidh na doirse?
3. Cathain a chríochnóidh sé?
4. Conas is féidir ticéid a fháil?
5. Luaigh rud nach bhfuil ceadaithe ann.
6. An rachfá chuig an siopa seo?
7. Cén fáth?
8. Luaigh na duaiseanna.

Cluastuiscint

Éist go cúramach leis an téip seo. Cloisfidh tú gach fógra faoi dhó.

● Fógra 1
1. Cén siopa atá i gceist?
2. Cad a bheidh saor ag gach custaiméir?

● Fógra 2
1. Cén siopa atá i gceist?
2. Cé mhéad atá ar na bróga?

● Fógra 3
1. Cén siopa atá i gceist?
2. Cad a gheobhaidh an chéad chustaiméir?

Cárta Poist

● Bí réidh roimh ré!

Tá na focail thíos sa chárta poist a leanann an mheaitseail. Déan an mheaitseáil ar dtús agus beidh tú réidh.

1	Máire anseo	A	ship	1 =
2	Táim anseo in	B	Máire here	2 =
3	iarthuaisceart Shasana	C	accommodation	3 =
4	lóistín	D	nice view	4 =
5	radharc deas	E	north west of England	5 =
6	long	F	I'm here in the	6 =

● Cárta Poist

A Sheosaimh,

Máire anseo. Táim anseo in Chester ag siopadóireacht. Táim lán sásta anseo. Is cathair bheag é in iarthuaisceart Shasana. Tá an lóistín in aice an chaisleáin agus tá radharc deas uaidh. Tá an aimsir fuar. Inné tháinig mé ar an long ó Dhún Laoghaire. Fuair mé an traein ansin go Chester. Chuaigh mé ag siopadóireacht ar maidin. Fuaireamar cúpla rud i siopa éadaí ag bun an bhaile. Cheannaigh mé bróga arda, buataisí dearga, blús bándearg, seoid óir, fáinne airgid, sciorta gorm, geansaí corcra agus cóta donn dom féin. Chomh maith leis sin cheannaigh mé t-léine dhubh do mo dheartháir, seacéid bhán do mo mháthair agus brístí buí duitse. Bhí an lá go hiontach.

Slán go fóill!
Máire

Seosamh de Búrca
13 An Corrán
Baile Dhúil

● **Ceisteanna**

1. Cé a scríobh an cárta seo?
2. Cé dó é?
3. Conas atá an aimsir?
4. Cá bhfuil an cailín ag fanacht?
5. An maith léi an áit seo?
6. Cad a cheannaigh sí di féin?
7. Cad a cheannaigh sí dá máthair?
8. An gceapann tú go bhfuil sí sásta leis an áit?
9. Luaigh dhá chúis le do fhreagra.

Gluais	
seoid óir	gold jewelry
bróga arda	high heel shoes
go hiontach	wonderful

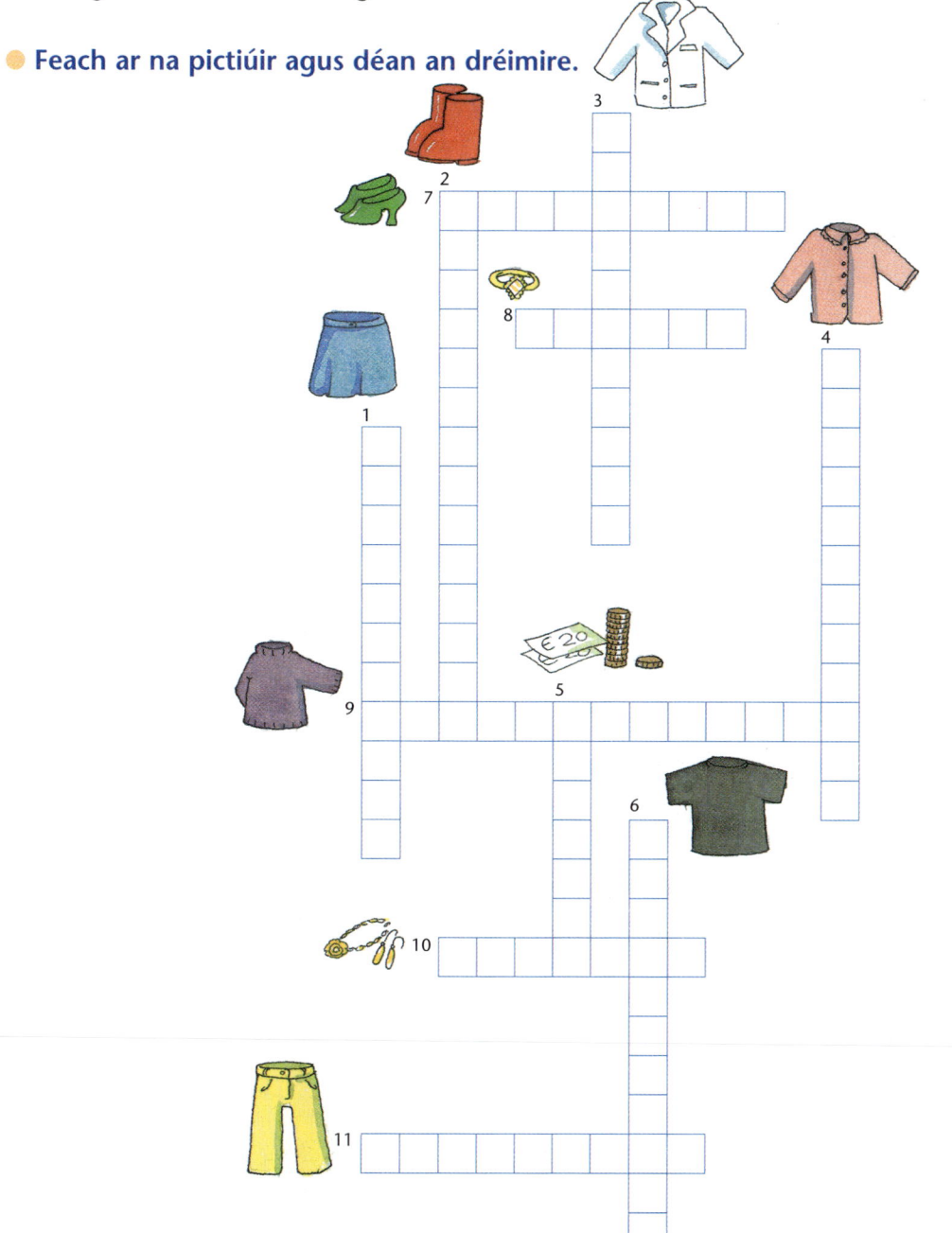

● **Feach ar na pictiúir agus déan an dréimire.**

● **Cárta Poist**

Líon isteach na bearnaí leis na focail sa bhosca thíos.

A Sheosaimh,

Máire anseo. Táim anseo i _____ 1 _____ ag siopadóireacht. Táim lán sásta anseo. Is cathair mhór é in iardheisceart na hÉireann. Tá an _____ 2 _____ in aice na habhann agus tá radharc deas uaidh. Tá an aimsir _____ 3 _____. Inné tháinig mé ar an traein. Fuair mé an traein ó Luimneach. D'imigh mé síos don _____ 4 _____ ar maidin. D'imigh mé go bialann agus bhí _____ 5 _____ agam. Ansin chuaigh mé le mo chairde ag siopadóireacht. Fuaireamar cúpla rud i siopa éadaí ar barr an _____ 6 _____. Thosaigh an siopadóireacht ar maidin arís. Cheannaigh mé _____ 7 _____, _____ 8 _____, _____ 9 _____ dom féin. Chomh maith leis sin cheannaigh mé _____ 10 _____ do mo dhearthair, _____ 11 _____ do mo mháthair agus _____ 12 _____ duitse. Bhí an lá go hiontach.

Slán go fóill!
Máire

casóg
bróga
chathair
go dona
léine
teach lóistín
bronntanas
brístí
sicín agus sceallóga
gCorcaigh
gúna
bhaile

● **Bain triail as!**

Obair duitse

Tá tú ag siopadóireacht i Londain. Déan cur síos ar na himeachtaí go léir. Scríobh cárta poist chuig do chara.

Luaigh –

A   An áit
B   Na háiseanna
C   An bhfuil tú sásta?
D   Rud faoi na siopaí
E   Na rudaí a cheannaigh tú

Treoracha

- Cas faoi chlé
- Cas faoi dheis 
- Díreach ar aghaidh 
- Tóg an chéad chasadh faoi chlé 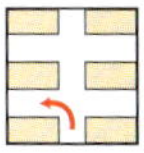
- Tóg an dara casadh faoi chlé 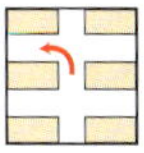
- Tóg an chéad chasadh faoi dheis 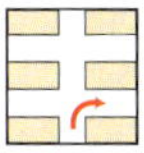
- Tóg an dara casadh faoi dheis 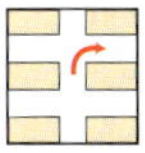
- os do chomhair amach 
- ar thaobh do láimhe clé 
- ar thaobh do láimhe deise 
- ar chúl 
- thar an droichead 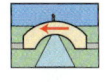
- trasna an bhóthair 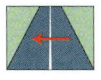

Caibidil 2

● **Cá bhfuil tú ag dul?**

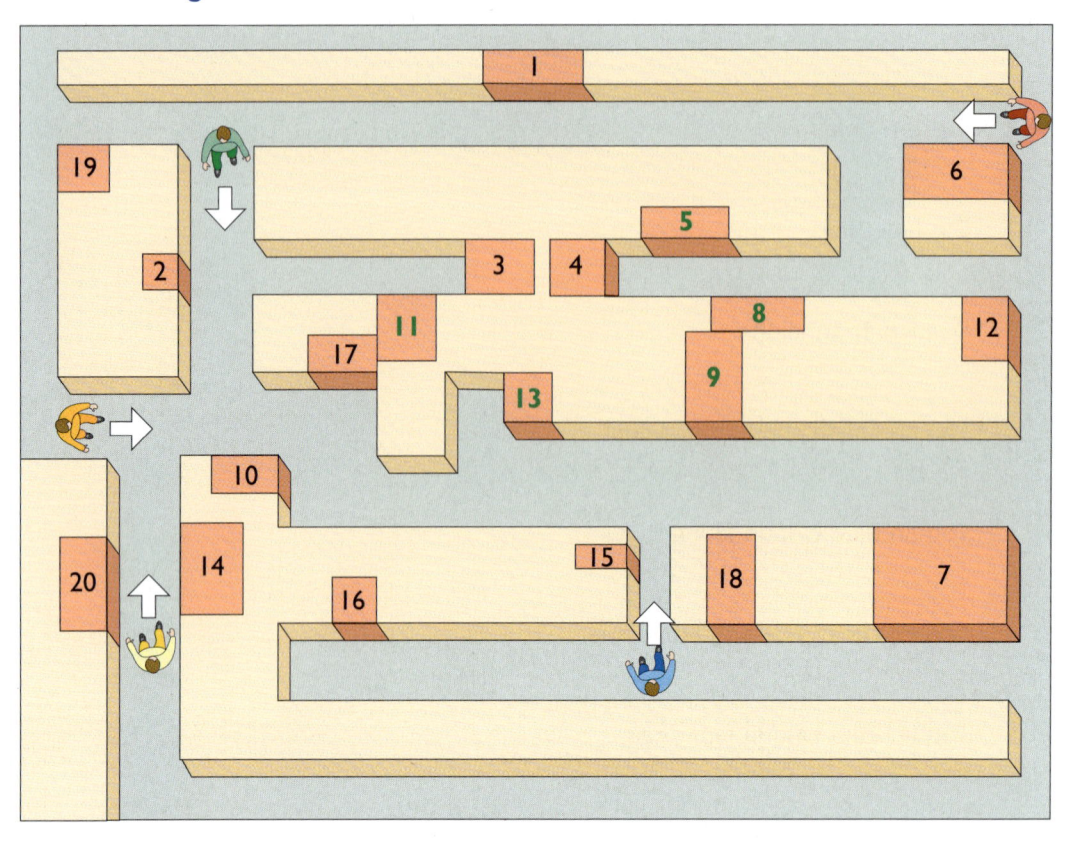

1. Tá tú ag an 🧒. Díreach ar aghaidh. Tóg an chéad casadh faoi dheis. Díreach ar aghaidh. Cas faoi dheis, téigh díreach ar aghaidh, cas faoi chlé, díreach ar aghaidh agus tá sé ar thaobh do láimhe clé. ☐

2. Tá tú ag an 🧒. Díreach ar aghaidh. Tóg an dara casadh faoi chlé. Díreach ar aghaidh. Cas faoi dheis, téigh díreach ar aghaidh, cas faoi chlé, díreach ar aghaidh, tá sé ar thaobh do láimhe clé i lár na sráide. ☐

3. Tá tú ag an 🧒. Díreach ar aghaidh. Tóg an chéad chasadh faoi chlé. Díreach ar aghaidh. Cas faoi dheis, téigh díreach ar aghaidh, agus tá sé ar thaobh do láimhe clé. ☐

4. Tá tú ag an 🧒. Díreach ar aghaidh. Tóg an chéad chasadh faoi dheis. Díreach ar aghaidh. Cas faoi chlé, téigh díreach ar aghaidh, cas faoi chlé, díreach ar aghaidh agus tá sé ar thaobh do láimhe deise. ☐

5. Tá tú ag an 🧒. Díreach ar aghaidh. Tóg an chéad chasadh faoi chlé. Díreach ar aghaidh. Cas faoi dheis, téigh díreach ar aghaidh, tá sé ar thaobh do láimhe deise. ☐

● **Obair**

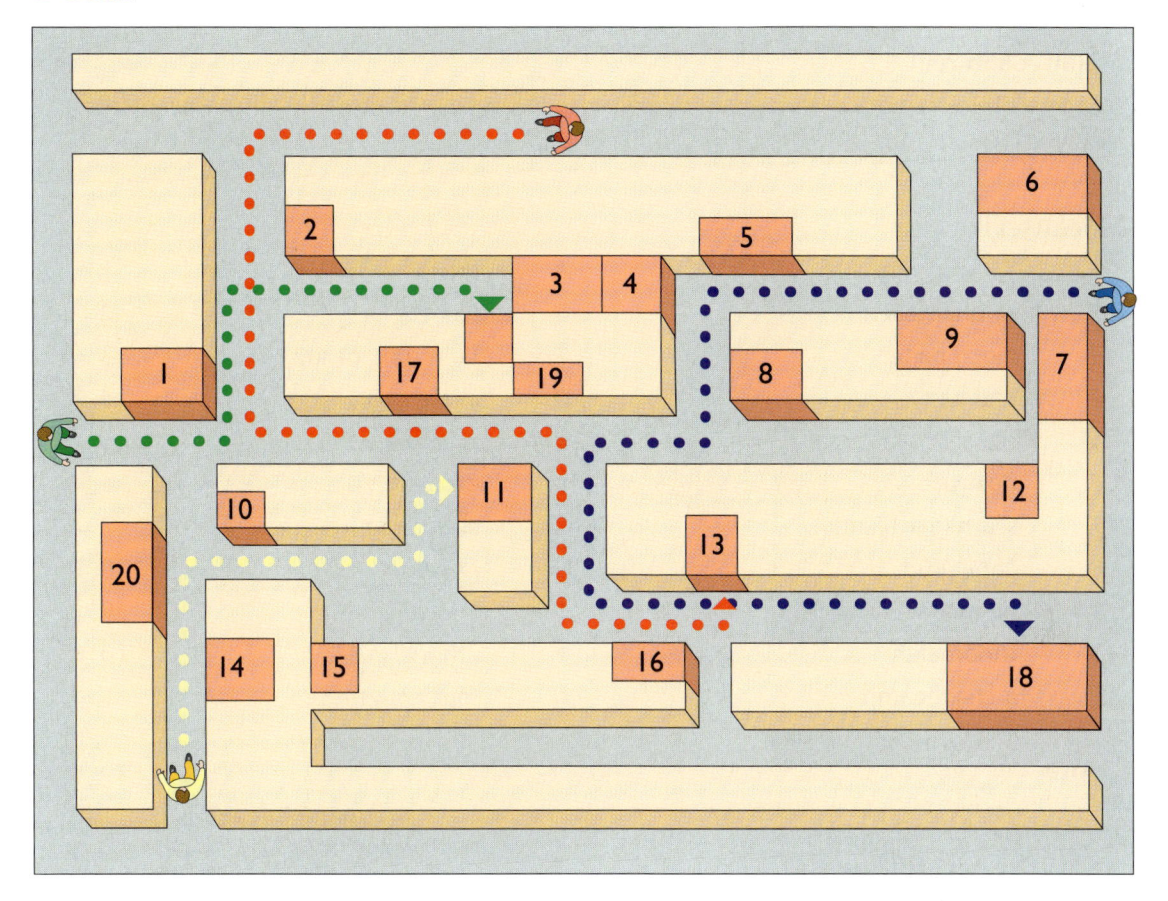

Déan cur síos ar thuras an duine seo.

Sampla

Téigh díreach ar aghaidh. Tóg an chéad chasadh faoi dheis agus tóg an chéad chasadh faoi chlé. Lean ar aghaidh agus tá sé ag barr na sráide ar thaobh do láimhe deise.

1 Déan cur síos ar thuras

2 Déan cur síos ar thuras

3 Déan cur síos ar thuras

Caibidil 2

Nóta

Bí réidh roimh ré!

Tá na focail thíos sa nóta a leanann an mheaitseáil. Déan an mheaitseáil ar dtús agus beidh tú réidh.

- **Meaitseáil**

1	Tá brón orm a rá	A	dry	1 =
2	sa bháisteach	B	to wear	2 =
3	fliuch báite	C	I am sorry to say	3 =
4	seachas	D	in the rain	4 =
5	seaicéad	E	even	5 =
6	dearmad	F	except	6 =
7	scáth fearthainne	G	everything	7 =
8	chuile rud	H	jacket	8 =
9	fiú amháin	I	forget	9 =
10	thriomaigh	J	umbrella	10 =
11	a chaitheamh	K	soaking wet	11 =

- **Nóta**

A Sheáin,

Daid anseo. Tá brón orm a rá nach bhfuil aon duine sa bhaile. Tá Mam agus mé féin imithe go teach Uí Shé. Tá cóisir mhór ar siúl ann. Más maith leat is féidir leat teacht freisin. Seo iad na treoracha. Tá sé fiche nóiméad ag siúl ón teach. Téigh síos go bun na sráide. Cas faoi dheis. Tá tú ag an siopa nuachtán. Díreach ar aghaidh thar an stáisiún peitril. Tóg an dara casadh faoi chlé thar oifig an phoist. Díreach ar aghaidh ansin thar an ollmhargadh. Cas faoi dheis ag an ionad spóirt agus téigh díreach ar aghaidh chomh fada leis an gclub haca, cas faoi chlé ansin, díreach ar aghaidh thar na hárasáin. Tá teach Uí Shé ar thaobh do láimhe clé i lár na sráide. Is é uimhir a sé Sráid na Mara. Más maith leat fanacht sa bhaile is féidir aon rud sa chuisneoir a ithe. Glaoigh orainn ar an nguthán soghluaiste má tá fadhb agat. Beimid ar ais roimh a haon déag.

Slán
Daid

Ceisteanna

1. Cé a scríobh an nóta?
2. Cén fáth ar scríobh sé an nóta?
3. Cad is ainm dá mhac?
4. Cá bhfuil tuismitheoirí Sheáin?
5. Cá fhad ón teach atá sé?
6. Cathain a thiocfaidh siad ar ais?
7. Cá bhfuil siad le fáil?
8. Cén rogha a thugann sé dó?
9. Cad a dhéanfá sa chás seo, dul don chóisir nó fanacht sa bhaile?
10. Cén fáth?

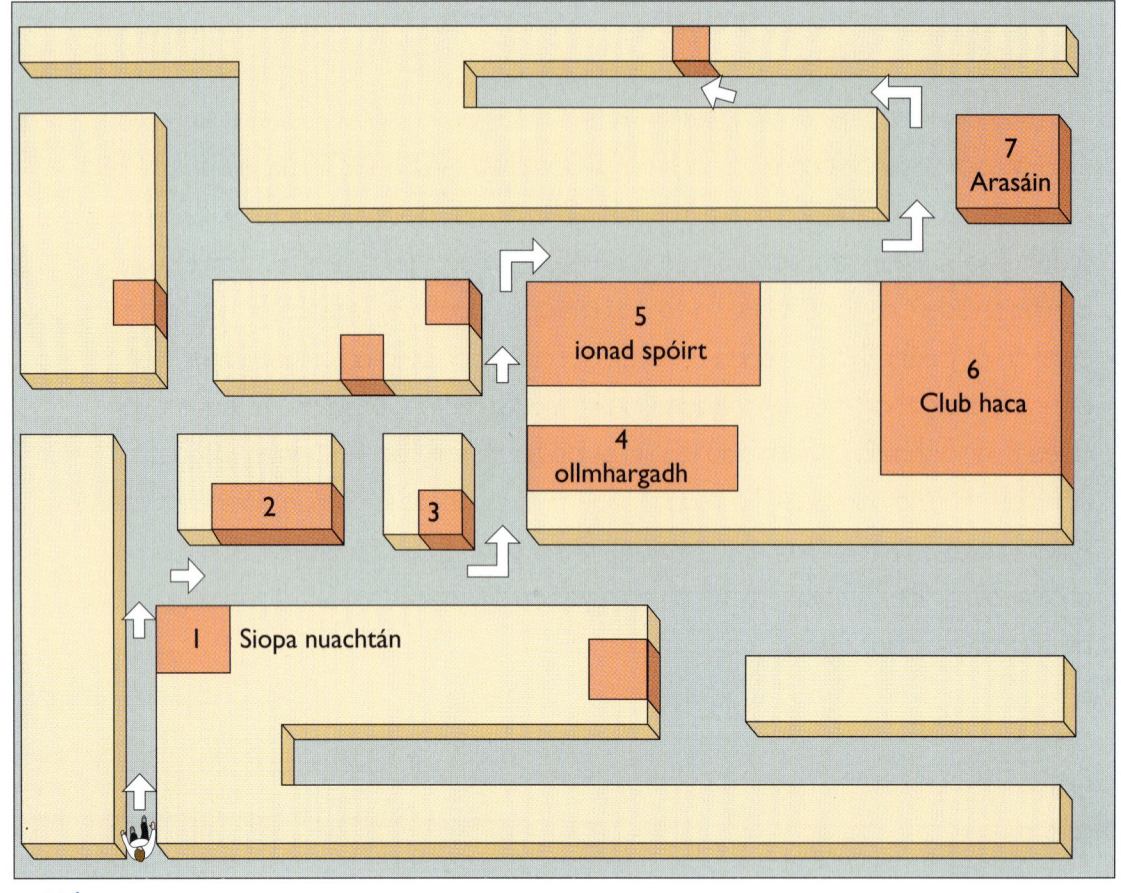

● **Nóta**

Líon isteach na bearnaí leis na focail sa bhosca thíos.

A __1__,

Daid anseo. Tá ___2__ orm a rá nach bhfuil aon duine sa bhaile. Tá Mam agus mé féin imithe go teach Uí Shé. Tá cruinniú ar ___3__ ann. Más ___4__ leat is féidir leat teacht freisin. Seo iad na __5___. Tá sé deich __6___ ag siúl ón teach. Téigh suas go barr na sráide. Cas faoi __7___. Tá tú ag an siopa nuachtán. __8__ ar aghaidh thar an stáisiún peitril. Tóg an ___9__ casadh faoi chlé thar oifig an phoist. Díreach ar aghaidh ansin thar an ollmhargadh. Cas faoi __10_ ag an ionad spóirt agus téigh díreach ar aghaidh chomh fada leis an gclub haca, cas __11_ chlé, díreach ar aghaidh thar na hárasáin. Tá teach Uí Shé ar thaobh do láimhe __12___ i lár na sráide. Is é uimhir a sé Sráid na Mara é. Más maith leat fanacht sa bhaile is féidir aon rud sa chófra a ithe. Cuir ___13__ orainn ar an nguthán soghluaiste má tá fadhb agat. Beimid ar ais roimh a haon déag.

Slán
14__

deise	dara
fios	dheis
Daid	faoi
Mháire	maith
brón	treoracha
siúl	nóiméad
Díreach	dheis

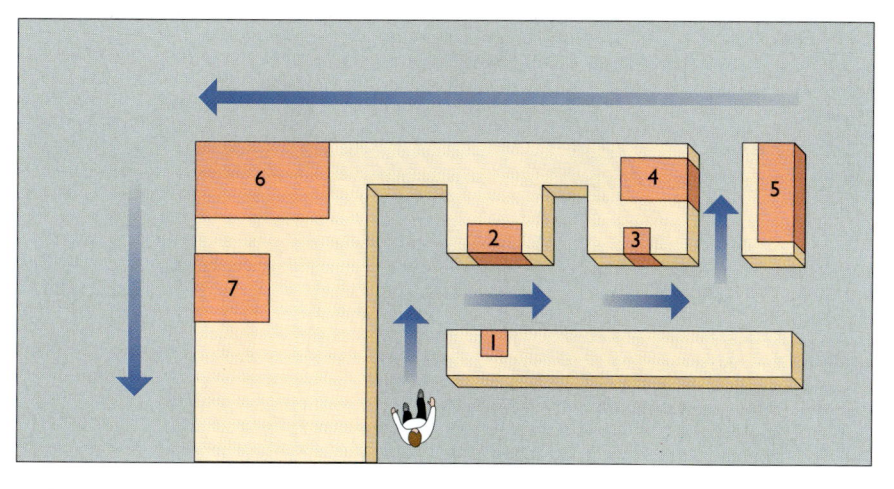

● **Bain triail as!**

Obair duitse

Is tusa athair / máthair Sheáin. Tá tú imithe go teach Uí Bhriain mar tá cruinniú ann. Scríobh nóta chuig do mhac.

Luaigh –

A Cá raibh tú ag dul?
B Cén t-am a tharla sé?
C Cathain a bheidh tú ar ais?
D Cé a bhí in éineacht leis?
E Cad iad na treoracha don áit?

Gluais			
ar ais	*back*	leabharlann	*library*
cathain	*when*	imithe	*gone*

Triail tuisceana

Dún an Óir

Teach ar díol

Ag Lorcán Ó Sé
Ceant ar an Luan seo chugainn. Áiseanna iontacha ar fáil, deich nóiméad ó lár an bhaile.
Sráidbhaile le siopa grósaera, teach tábhairne, siopa búistéara, siopa nuachtán, óstán, ionad spóirt, machaire gailf, bialann, banc, meánscoil, club leadóige, ospidéal, leabharlann, garáiste, séipéal. Tuilleadh eolais le fáil ó Lorcán ag 091 455993.

Tír an Fhia

Teach ar díol

Ag Nóirín Ní Cheallaigh
Áiseanna iontacha ar fáil
Sráidbhaile le siopa grósaera, teach tábhairne, siopa búistéara, siopa nuachtán, óstán, ionad spóirt, machaire gailf, bialann, banc, leabharlann, garáiste, séipéal, naoi nóiméad ó lár an bhaile. Tuilleadh eolais le fáil ó Nóirín ag 01 453783. Ceant ar an Luan seo chugainn.

Lios na Ríthe

Teach ar díol

Ag Liam Ó Ceallaigh
Áiseanna iontacha ar fáil
Sráidbhaile le siopa grósaera, teach tábhairne, siopa búistéara, siopa nuachtán, óstán, ionad spóirt, machaire gailf, bialann, banc, scoil náisiúnta. Trí nóiméad ó lár an bhaile. Ceant ar an Luan seo chugainn. Tuilleadh eolais le fáil ó Liam ag 091 456783.

Gleann na Smól

Teach ar díol

Ag Nuala Ní Shé
Áiseanna iontacha ar fáil, fiche nóiméad ó lár an bhaile. Ceant ar an Aoine seo chugainn
Sráidbhaile le siopa grósaera, teach tábhairne, siopa búistéara, siopa nuachtán, óstán, ionad spóirt, machaire gailf, bialann, banc, meánscoil, club leadóige, oispidéal, leabharlann, garáiste, séipéal. Tuilleadh eolais le fáil ó Nuala ag 091 453293.

Ceisteanna

1. Cé atá ag díol an tí i Lios na Ríthe?
2. Cad iad na háiseanna in aice leis an teach sa cheantar?
3. Cá fhad ó lár an bhaile atá an teach seo?
4. Cathain a bheidh an teach ar díol?
5. Cé atá ag díol an tí i dTír an Fhia?
6. Cad iad na háiseanna in aice leis an teach sa cheantar?
7. Cá fhad ó lár an bhaile atá an teach seo?
8. Cathain a bheidh an teach ar díol?
9. Cé atá ag díol an tí i nGleann na Smól?
10. Cad iad na háiseanna in aice leis an teach sa cheantar?
11. Cá fhad ó lár an bhaile atá an teach seo?
12. Cathain a bheidh an teach ar díol?
13. Cé atá ag díol an tí i nDún an Óir?
14. Cad iad na háiseanna in aice leis an teach sa cheantar?
15. Cá fhad ó lár an bhaile atá an teach seo?
16. Cathain a bheidh an teach ar díol?
17. Cén teach is fearr leatsa?
18. Cén fáth?
19. Cén teach is fuath leatsa?
20. Cén fáth?

An cuimhin leat?

Faigh na focail sa lúbra thíos.

- linn snámha
- leabharlann
- bunscoil
- ollmhargadh
- ollstór
- séipéal
- crua-earraí
- óstán
- banc
- siopaí
- bialann

C	R	U	A	E	A	R	R	A	Í	A
O	L	L	M	H	A	R	G	A	D	H
L	A	S	E	T	H	U	L	C	R	M
L	É	R	A	S	C	B	I	N	B	Á
S	P	L	E	U	I	E	O	A	N	N
T	I	E	U	I	O	L	C	B	I	S
Ó	É	E	U	I	O	Ó	S	T	Á	N
R	S	B	I	A	L	A	N	N	O	N
O	S	I	O	P	A	Í	U	E	P	I
N	N	A	L	R	A	H	B	A	E	L

Caibidil 2

An litir

Bí réidh roimh ré!

Tá na focail thíos sa litir a leanann an mheaitseáil. Déan an mheaitseáil ar dtús agus beidh tú réidh.

1	Cloisim mo mham	A	Goodbye for now	1 =
2	Caithfidh mé imeacht.	B	I have got to go	2 =
3	Ní féidir liom glao gutháin a chur ort.	C	I hear my mam	3 =
4	Scríobh ar ais chugam go luath	D	Write to me soon	4 =
5	Beatha agus sláinte	E	Good fortune	5 =
6	Slán go fóill	F	in the north of the city	6 =
7	i dtuaisceart na cathrach	G	thousands	7 =
8	mílte	H	young and old	8 =
9	idir óg agus aosta	I	facilities	9 =
10	na háiseanna	J	I can't ring you	10 =

● **Litir**

> 5 An Clochán
> Sord
> Contae Átha Cliath
>
> 15 Samhain
>
> A Sheáin, a chara,
>
> Beatha agus sláinte! Liam de Bhál anseo. Táim i mo chónaí i Sord anois. D'aistríomar ann seachtain ó shin. Ní féidir liom glao gutháin a chur ort mar níor tháinig an guthán go fóill. Is ceantar deas é i dtuaisceart na cathrach. Cónaíonn na mílte daoine ann idir óg agus aosta. Is aoibhinn liom an áit mar gheall ar na háiseanna atá ann. Is dóigh liom go bhfuil caoga siopa ann le hollmhargadh, siopa leictreach agus siopa crua-earraí. Tá ceithre bhanc agus dhá stáisiún peitril ann. Tá an-chuid bhialann ann, ocht gcinn ar a laghad. Is aoibhinn liom an ceann Síneach. Ithim ann gach cúpla seachtain. Freastalaím anois ar Scoil na mBráithre agus téann mo dheirfiúr Treasa go Clochar Loreto. Gach seachtain snámhaim sa linn snámha le mo mhuintir. Fuair mé post páirtaimseartha sa siopa grósaera agus oibríonn mo mham i siopa an phoitigéara mar fhreastalaí. Cheannaíomar cócaireán sa siopa leictreach arú inné. Cheannaigh mo dhaid carr nua ón ngaráiste coicís ó shin. Is iontach an leabharlann atá anseo. Tháinig mé ar an leabhar nua le Stephen King. Ar léigh tú é go fóill? Tá sé thar cionn. Oibríonn m'athair anois in oifigí an chontae i lár an chontae. Rothaíonn sé ann gach maidin. Tá mé mar bhall den chlub leadóige. Téim ann gach Satharn.
> Cloisim mo mham do mo lorg. Caithfidh mé imeacht. Scríobh ar ais chugam go luath.
>
> Slán go fóill,
> Liam

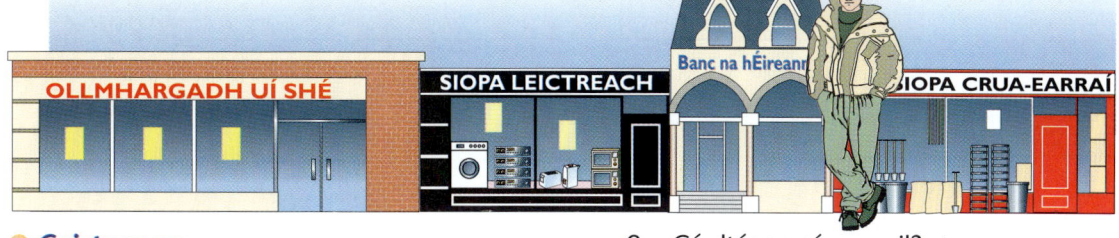

Ceisteanna

1. Cé a scríobh an litir seo?
2. Cá bhfuil sé ina chónaí?
3. Cén fáth nár chuir sé glao gutháin ar Sheán?
4. Cén sórt ceantair é Sord?
5. Cén sórt daoine a chónaíonn ann?
6. Cé mhéad duine a chónaíonn ann?
7. Cé atá sa teaghlach leis?
8. Cé mhéad siopa atá ann?
9. Cá dtéann sé ar scoil?
10. Is maith leis..........
11. Cad a rinne a dhaid?
12. Cá bhfuil a dheirfiúr ag dul ar scoil?
13. Cén fáth ar scríobh sé an litir?
14. Luaigh dhá áis atá ann.
15. Luaigh trí rud faoin teaghlach?
16. Luaigh rud faoin gceantar?
17. Cén fáth ar stop sé an litir.

Meascán Mearaí

Ceartaigh na botúin

Sampla

Ollmhargadh = supermarket

1	ollmh*rg*dh	A	supermarket	1 =	
2	siop* cru*-e*rr*í	B	hardware store	2 =	
3	bi*l*nn Síne*ch.	C	Chinese restaurant	3 =	
4	Scoil n* mBráithre	D	Brothers' School	4 =	
5	Cloch*r	E	convent	5 =	
6	linn snámh*	F	swimming pool	6 =	
7	post páirt*imse*rth*	G	part time job	7 =	
8	siop* *n phoitigé*r*	H	chemist's shop	8 =	
9	fre*st*l*í.	I	waiter	9 =	
10	cóc*ireán	J	cooker	10 =	
11	oifigí *n chont*e	K	county offices	11 =	
12	b*ll	L	member	12 =	

Gluais

Is ceantar deas é	It is a nice area	Is aoibhinn liom	I love
Freastalaím	I serve	Cónaíonn	Lives
snámhaim	I swim	D'aistríomar ann	We moved there
Is dóigh liom	I suppose	ar a laghad	at least
oibríonn	he works	thar cionn.	brilliant
léigh	read	seachtain ó shin	a week ago
Rothaíonn sé	He cycles	mar gheall ar	because of

Líon isteach na bearnaí leis na focail sa bhosca thíos.

17 Bóthar na Trá
Cathair na Gaillimhe
Gaillimh

16 Márta

A Sheáin,

Beatha ___1___! Liam de Bhál ___2___. Táim i mo ___3___ i gCathair na Gaillimhe anois. Is ___4___ deas é in iarthar na tíre. Cónaíonn na mílte daoine ann. Is ___5___ liom an áit mar gheall ar na ___6___ atá ann. Tá siopa nuachtán agus stáisiún ___7___ ann. Tá an chuid bhialann ann, ochtó ar a laghad. Is aoibhinn liom an ceann Síneach. Ithim ann gach cúpla seachtain. Freastalaím anois ar ___8___ agus téann mo dheirfiúr Treasa go Bunscoil Loreto. Gach seachtain ___9___ sa linn snámha le mo mhuintir. Fuair mé post páirtaimseartha sa ___10___ agus oibríonn mo mham i ___11___. Cheannaíomar cuisneoir sa siopa ___12___ arú inné. Cheannaigh mo dhaid carr nua ón ___13___ coicís ó shin. Is iontach an leabharlann atá anseo. Tháinig mé ar an ___14___ nua le Stephen King. Ar léigh tú é go fóill? Tá sé thar cionn. Oibríonn m'athair anois in ___15___. Tiomáineann sé ann gach maidin. Tá mé mar bhall den ___16___. Téim ann gach Satharn.

Cloisim mo mhaim do mo lorg. Caithfidh mé imeacht. Scríobh ar ais chugam go luath.

___17___ go fóill
___18___

háiseanna	áit
traenach	aoibhinn
mbialann	Phobalscoil Éanna
leictreach	snámhaim
ngaráiste	teach tábhairne
Slán	leabhar
Liam de Bhál	óstán
anseo	chlub peile
chónaí	agus sláinte

● **Bain triail as!**

Obair duitse

Scríobh litir ag insint do do chara faoi do cheantar nua. Bain úsáid as na nathanna agus as an litir shamplach.

● **Abair amach é!**

Obair Bheirte

Agallamh

Cuir na ceisteanna thíos ar do chara agus scríobh na freagraí sa ghreille.

An bhfuil ollmhargadh i do cheantar?

An bhfuil leabharlann i do cheantar?

An bhfuil óstán i do cheantar?

An bhfuil meánscoil i do cheantar?

An bhfuil linn snámha i do cheantar?

An ceantar mór nó beag é?

An bhfuil an trácht go dona i do cheantar?

An ceantar gnóthach é?

Gluais	
trácht	traffic
gnóthach	busy

Cluastuiscint

Éist go cúramach leis an téip seo. Cloisfidh tú gach comhrá faoi thrí.

● **Comhrá 1**

1. Cé atá ag caint?
2. Ar cheannaigh Bríd an cháis?
3. Cén fáth?

● **Comhrá 2**

1. Cé atá ag caint?
2. Cá bhfuil Seán ina chónaí?
3. Cad a bheidh acu i dteach Sheáin?

● **Comhrá 3**

1. Cé atá ag caint?
2. Conas tá Liam?
3. Cad tá in aice leis an bpictiúrlann?

● **Comhrá**

Bí réidh roimh ré!

Tá na focail thíos sa chomhrá a leanann an mheaitseáil. Déan an mheaitseáil ar dtús agus beidh tú réidh.

● **Meaitseáil**

1	Cen chaoi a bhfuil tú?	A	*A jacket for sixty euro*	1 =
2	Táim ar mhuin na muice	B	*I love*	2 =
3	Tá éadaí nua á gceannach agam	C	*A blouse for fifty euro*	3 =
4	Tá mé bréan de.	D	*You can*	4 =
5	Cóisir	E	*Tell me*	5 =
6	Nach ortsa atá an t-ádh.	F	*Aren't you lucky*	6 =
7	Is aoibhinn liom	G	*I am on top of the world*	7 =
8	Inis dom	H	*Party*	8 =
9	Gúna ar ochtó euro	I	*A dress for eighty euro*	9 =
10	Casóg ar sheasca euro	J	*How are you?*	10 =
11	Blús ar chaoga euro.	K	*I am buying new clothes*	11 =
12	Is féidir	L	*I am sick of it*	12 =

● **Comhrá**

Bhuail Eibhlín le Síle sa chathair. Tá Eibhlín ag fanacht ar an Dart.

Eibhlín: Dia duit, a Shíle. Cén chaoi a bhfuil tú?

Síle: Dia is Muire duit, táim ar mhuin na muice. Cén chaoi a bhfuil tú féin?

Eibhlín: Go dona.

Síle: Cén fáth?

Eibhlín: Táim ag siopadóireacht. Tá bróga nua á gceannach agam. Tá mé bréan de.

Síle: Tá éadaí nua ag teastáil uaim le haghaidh cóisire.

Eibhlín: Nach ortsa atá an t-ádh.

Síle: Is aoibhinn liom siopadóireacht.

Eibhlín: Inis dom cad a cheannaigh tú.

Síle: Bhuel cheannaigh mé gúna ar ochtó euro, casóg ar sheasca euro agus blús ar chaoga euro.

Eibhlín: Nach ortsa atá an t-ádh nuair is féidir dhá chéad euro a chaitheamh ar éadaí.

Síle: Is dócha é.

Eibhlín: Cá bhfuil tú ag dul anois?

Síle: Go dtí an t-ionad siopadóireachta. Tá gach sórt siopa san ionad siopadóireachta agus caithfidh mé bróga nua a fháil.

Eibhlín:	Cé mhéad a chosnóidh siad?	
Síle:	Bhuel tá dhá chéad euro fágtha agam.	
Eibhlín:	Céard faoi shiopa Uí Néill?	
Síle:	Tá an ceart agat.	
Eibhlín:	An bhféadfainn teacht leat?	
Síle:	Cinnte, an bhfuil bróga uaitse freisin?	
Eibhlín:	Ó tá bróga reatha uaim.	
Síle:	Ar aghaidh linn, tá an *Dart* ag teacht.	

● **Líon isteach na bearnaí**

Tá ___1___ agus ___2___ ag caint le chéile. Bhí Eibhlín ag ___3___. Teastaíonn na ___4___ uaithi chun dul chuig cóisir. Cheannaigh sí ___4___ ar ___5___ euro. Bhí an chasóg ___7___ euro. Tá bróga ag ___8___ uaithi. Tá dhá ___9___ euro fághta aici. Shocraigh siad dul go ___10___ Uí ___11___. Chuaigh Eibhlín léi. Tá sí chun ___12___ a cheannach.

Siopa	ochtó
Néill	seasca
bróga reatha	Eibhlín
siopadóireacht	Síle
héadaí	teastáil
gúna	chéad

● **Meascán Mearaí**

Críochnaigh na focail seo a leanas

Sampla a cha*th*amh = *Spend* = *a chaitheamh*

1	a cha*th*amh	A	Spend	
2	*adaí	B	Clothes	
3	* s d*cha	C	I suppose	
4	*onad s*opad**r*achta	D	A *shopping centre*	
5	ca*thf*dh m*	E	I have to	
6	C* mh*ad a chosn**dh s*ad?	F	How much will they cost?	
7	f*gtha	G	Left	
8	s*opa U* N**ll?	H	O'Neill's shop	
9	An bhf*adfa*nn t*acht l*at?	I	Could I come with you?	
10	C*nnt*	J	Certainly	
11	an bhfu*l br*ga ua*t?	K	Do you need shoes?	
12	br*ga r*atha	L	Runners	
13	ar agha*dh l*nn	M	Off we go	

Comhrá

Líon isteach na línte atá in easnamh

Bhuail Sorcha le Seán ar an tsráid. Tá Sorcha ag fanacht ar an mbus.

Sorcha: _____
Seán: Dia is Muire duit, táim ar mhuin na muice, cén chaoi a bhfuil tú féin?
Sorcha: _____
Seán: Cén fáth?
Sorcha: _____
Seán: Tá éadaí nua ag teastáil uaim le haghaidh cóisire.
Sorcha: _____
Seán: Is aoibhinn liom siopadóireacht.
Sorcha: _____
Seán: Bhuel, cheannaigh mé casóg ar ochtó euro agus geansaí ar nócha euro.
Sorcha: _____
Seán: Is dócha é.
Sorcha: _____
Seán: Don ionad siopadóireachta. Tá gach sórt siopa san ionad siopadóireachta agus caithfidh mé bríste nua a fháil.
Sorcha: _____
Seán: Bhuel, tá dhá chéad euro fágtha agam.
Sorcha: _____
Seán: Tá an ceart agat. Slán
Sorcha: _____

Dia duit, a Sheáin. Conas tá tú?
Cá bhfuil tú ag dul anois?
Cé mhéad atá fágtha agat?
Ar aghaidh leat. Táim ag dul abhaile.
Slán!
Is fuath liom siopadóireacht. Ní bhfuair mé dada inniu. Cad atá ar siúl agat sa chathair?
An maith leatsa é?
Cad a cheannaigh tú?
Tá sé costasach.
Go dona.

Bain triail as!

Obair duitse

Bhuail tú le do chara ar an tsráid. Bhí sibh ag caint faoi shiopadóireacht. Scríobh amach an comhrá.

An dán

Bí réidh roimh ré!

Tá na focail thíos sa dán a leanann an mheaitseáil. Déan an mheaitseáil ar dtús agus beidh tú réidh.

1	ollmhargadh	A	city	1 =	
2	tuaisceart	B	amongst	2 =	
3	cathair	C	walk	3 =	
4	Gheit mo chroí	D	noble	4 =	
5	áthas	E	elegant	5 =	
6	i measc	F	sun glasses	6 =	
7	plód	G	small bag	7 =	
8	cloigeann	H	shoulder	8 =	
9	óir	I	crowd	9 =	
10	d'aithin mé	J	head	10 =	
11	siúlóid	K	golden	11 =	
12	uasal	L	I recognised	12 =	
13	maorga	M	My heart jumped	13 =	
14	spéaclaí gréine	N	happiness	14 =	
15	máilín	O	supermarket	15 =	
16	gualainn	P	north	16 =	

Díomá

le *Pádraig Mac Suibhne*

San ollmhargadh i dtuaisceart cathrach
Gheit mo chroí le háthas
Nuair a chonaic uaim i measc na bplód
Cloigeann óir mo ghrása

Nár aithin mé in áit na mbonn
An tsiúlóid uasal mhaorga?
Bhí gloiní gréine i do lámh
Is máilín ar do ghualainn.

Le ruathar fiáin a lean mé thú
Mar iasc in éadan easa,
Gach siopadóir ag stánadh orm
Is ag cúbadh as mo bhealach.

Ach mo dhóigh ní raibh ar aon fhear riamh
Nuair a shroich mé fód mo dhíomá,
Ní tú bhí ann, a stór mo chroí,
Ach stráinséir fuar doilíosach.

Ceisteanna

Fíor nó Bréagach

		F	B
1	Tá an file sa bhaile	☐	☐
2	Tá sé ag siopadóireacht	☐	☐
3	Chonaic sé a ghrá geal	☐	☐
4	Bhí mála agus hata aici	☐	☐
5	Lean sé í	☐	☐
6	Níorbh í a bhí ann	☐	☐
7	Ní raibh sí sásta leis	☐	☐

8 Cá raibh an file?
9 Cad a chonaic sé?
10 Cad a mhothaigh sé?
11 Cén dath a bhí ar ghruaig an chailín?
12 Cá raibh sí?
13 Cad a bhí aici?
14 Cad a rinne an file?
15 Cad a rinne na siopadóirí?
16 Cén fáth?
17 Cad a tharla ag an deireadh, an dóigh leat?
18 Cén fáth a raibh díomá air?
19 Conas a mhothaigh an file i véarsa a haon?
20 Conas a mhothaigh an file i véarsa a ceathair?
21 Tá pictiúir dhifriúla sa dán seo; an file ag siopadóireacht, an cailín, an file ag rith ina diaidh agus díomá ar an bhfile. Cén ceann is fearr leat?

Meascán Mearaí

Críochnaigh na focail seo a leanas

Sampla L* rua*har fi*in = *With a mad rush* = Le ruathar fiáin

1	L* rua*har fi*in	A	With a mad rush	1 =
2	l*an mé *hú	B	I followed you	1 =
3	ia*c	C	Fish	3 =
4	in éa*an *a*a,	D	Up a waterfall	4 =
5	*iopa*óir	E	Shopper	5 =
6	ag st*na*h orm	F	Staring at me	6 =
7	ag cúba*h	G	Pulling back	7 =
8	a* mo bh*alach	H	Out of my way	8 =
9	*hroich mé	I	I reached	9 =
10	fó*	J	Place	10 =
11	*íom*	K	Disappointment	11 =
12	a **ór mo chroí,	L	My beloved	12 =
13	**r*in*éir	M	Stranger	13 =
14	*oilío*ach	N	Sad sorrowful	14 =

Cluastuiscint

Éist go cúramach leis an téip seo. Cloisfidh tú gach píosa faoi dhó.

● **Píosa 1**
1 Cén sórt siopa atá i gceist?
2 Ainmnigh rud ar bith ar leathphraghas.

● **Píosa 2**
1 Cé atá ag caint?
2 Cad a tharlóidh Dé Luain?

● **Píosa 3**
1 Cén sórt siopa atá i gceist?
2 Cathain a thosóidh an sladmhargadh?

An scéal

Bí réidh roimh ré!

Tá na focail thíos sa scéal a leanann an mheaitseáil. Déan an mheaitseáil ar dtús agus beidh tú réidh.

● **Meaitseáil**

1	luath	A	weakly	1 =
2	lár na cathrach	B	looking down on me	2 =
3	sceitimíní	C	before me	3 =
4	go lag	D	early	4 =
5	ocrasach	E	my destination	5 =
6	spéir gheal	F	quickly	6 =
7	mo cheann scríbe	G	hungry	7 =
8	ag féachaint anuas orm.	H	city centre	8 =
9	go tapa	I	a bright sky	9 =
10	romham	J	excited	10 =

Siopadóireacht

An 20ú Feabhra a bhí ann. Dhúisigh mé go luath ar a hocht ar maidin. Ba é mo lá siopadóireachta do mo bhreithlá é. Bhí idir sceitimíní agus ghliondar orm. D'fhéach mé amach an fhuinneog. Lá fuar earraigh a bhí ann. Bhí an ghrian ag taitneamh go lag sa spéir gheal agus scamaill anseo is ansiúd ag féachaint anuas orm. Nigh mé m'aghaidh agus mo lámha go deifreach agus chuir mé mo chuid éadaigh orm, léine bhán, bríste agus geansaí buí. Síos staighre liom go tapa agus isteach sa chistin. Bhí m'athair romham agus bricfeasta mór réidh aige. Mothaigh mé ocrasach. Dúirt mé leis go mbeadh lá fada os mo chomhair agus go raibh fonn ite orm. D'ól mé cupán tae agus bhí tósta, calóga arbhair agus ispíní agam. Ghabh mé slán leis agus ghuigh sé ádh orm. As go brách linn, mé féin is mo mháthair agus mé ar bís cheana ag smaoineamh ar na bronntanais go léir agus an bia a bheadh ag an gcóisir.

Bhí an trácht go tiubh agus ghluaiseamar go mall i dtreo na cathrach. Faoi dheireadh thángamar go dtí lár na cathrach ar a deich. D'fhágamar an carr sa charrchlós san ionad ILAC agus isteach linn sna siopaí. Chuamar ar dtús go hollstór de Róiste agus cheannaíomar an bia go léir: arán, ispíní beaga, pizza, sailéad, liamhás, trátaí, sceallóga, císte agus uachtar reoite. Cheannaíomar deoch freisin: buidéil chóc, oráiste agus liomanáide. Ar aghaidh linn go siopa an bháicéara. D'ordaigh mo mhaim an cáca cheana féin agus nach orm a bhí an gliondar nuair a chonaic mé é! Cáca mór milis agus é i gcruth geansaí na foirne is fearr liom. Ní fhaca mé a leithéid riamh. Chuir an freastalaí an cáca i mbosca agus chuamar ar aghaidh go dtí an chéad siopa eile, ollstór Arnotts. Bhí na sluaite sa chathair anois agus iad ag brostú timpeall. Bhogamar ar aghaidh go mall. Bhí Arnotts dubh le daoine ach faoi dheireadh shroicheamar an siopa spóirt. Bhí geansaí peile Manchester United uaim le fada an lá agus bhí mé ar bís. Fuair an freastalaí ceann i mo thoise féin agus thriail mé é. Iontach, a dúirt mé, lánsásta liom féin. Bhí gach rud againn ansin agus shiúlamar ar ais go dtí an carrchlós. Chuaigh mé abhaile sona sásta ag smaoineamh ar an gcóisir. Nach orm a bhí an t-ádh!

Ceisteanna

Fíor nó Bréagach

		Fíor	Bréagach
1	An Nollaig a bhí ann.	☐	☐
2	Bhí an ghrian ag taitneamh.	☐	☐
3	Níor bhuail sí lena cara.	☐	☐
4	Chuaigh siad don chathair	☐	☐
5	Bhí an trácht go tiubh.	☐	☐

6 Cén dáta a bhí ann?
7 Cén t-am a dhúisigh sí?
8 Cá raibh a hathair?
9 Déan cur síos ar an aimsir.
10 Déan cur síos ar éide an chailín.
11 Déan cur síos ar an mbricfeasta.
12 Déan cur síos ar an turas don chathair.
13 Cén t-am a shroich siad an chathair?
14 Cad a cheannaigh siad in ollstór de Róiste?
15 Déan cur síos ar an gcáca.
16 Cad a cheannaigh siad in ollstór Arnotts?
17 An dóigh leat go raibh an cailín sásta ag dul abhaile? Cuir cúis le do fhreagra.

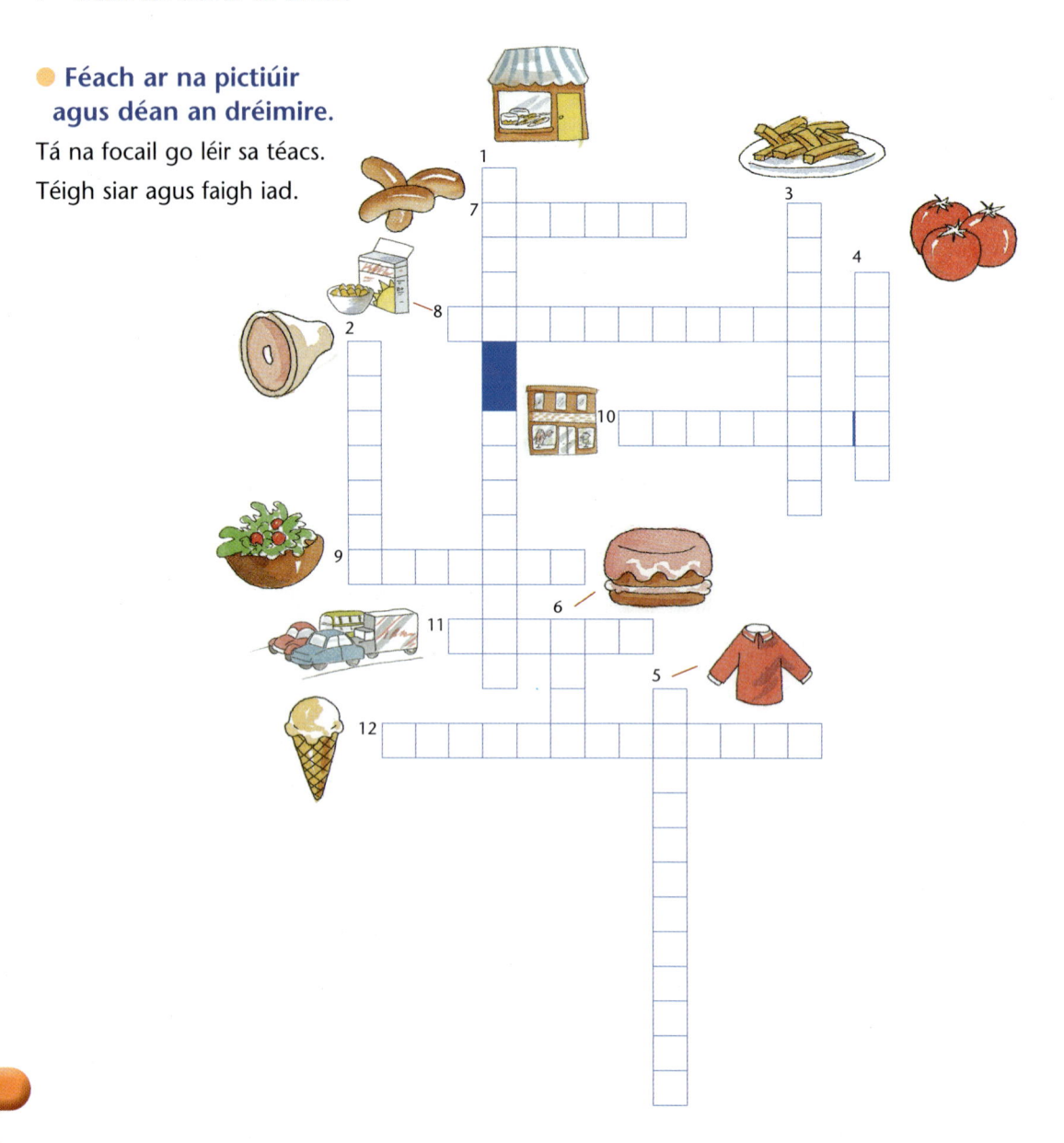

● **Féach ar na pictiúir agus déan an dréimire.**

Tá na focail go léir sa téacs.
Téigh siar agus faigh iad.

Meaitseáil

1	dubh le daoine	A	Ag dul timpeall go tapa	1 =
2	As go brách linn	B	áthas	2 =
3	ar bís	C	chuamar ar aghaidh	3 =
4	gliondar	D	cosúil le	4 =
5	i gcruth	E	slua mór daoine	5 =
6	Ag brostú timpeall	F	neirbhíseach	6 =

Gluais

Dhúisigh mé	I woke
D'fhéach mé	I looked
Nigh mé	I washed
Chuir mé	I put
Mhothaigh mé	I felt
d'ordaigh sí	she ordered
Ghabh mé slán	I said goodbye
ghuigh sé ádh orm.	she wished me luck
Shroich mé	I reached
Ghluaiseamar	we moved
Thángamar	we came
Cheannaíomar	we bought
Chonaic mé	I saw
Ní fhaca mé a leithéid riamh.	I never saw the likes
Bhí sé uaim	I had wanted one
le fada an lá	for a long time
Nach orm a bhí an t-ádh.	Wasn't I the lucky one.
i gcruth	in the shape of
cheana féin	beforehand

Bain triail as!

Obair duitse

Scríobh do scéal féin

Tosaigh mar seo.

'Lá breá earraigh a bhí ann. Bhí mé ag dul ag siopadóireacht le mo chara Úna………………….'

Cluastriail

Éist go cúramach leis an téip seo. Cloisfidh tú gach duine den triúr seo faoi thrí.

● An chéad chainteoir   Seán Ó Sé

1   Cá bhfuil sé ina chónaí?
2   An siopa in aice leis:
3   Cá bhfuil a chara Liam ina chónaí?
4   Conas a théann sé ar scoil?

● An dara cainteoir   Síle Ní Néill

1   Seoladh:
2   Cad iad na háiseanna in aice léi?
3   Cén t-am a thosaíonn a athair ag obair?
4   Cá n-oibríonn a hathair?

● An tríú cainteoir   Sorcha de Rís

1   Áit chónaithe:
2   Is maith léi an ceantar. Cén fáth?
3   Áit chónaithe a haintín:
4   An áis is fearr léi:

Éist go cúramach leis an téip seo. Cloisfidh tú gach fógra faoi dhó.

● Fógra 1

1   Cén t-am a bheidh siopa an phoitigéara ar oscailt?
2   Cá bhfuil an siopa suite?

● Fógra 2

1   Ainmnigh dhá chineál éadaí atá ar díol sa siopa.
2   Ainmnigh rud amháin eile atá ar díol sa siopa.

● Fógra 3

1   Cá bhfuil an sladmhargadh ar siúl?
2   Cathain a thosóidh sé?

Éist go cúramach leis an téip seo. Cloisfidh tú gach comhrá faoi thrí.

● Comhrá 1

1. Cad a bhí Bríd ag ceannach?
2. Cad a thug an siopadóir di?
3. Cad a dúirt Bríd faoin gcáis?

● Comhrá 2

1. Cá bhfuil Liam ag dul?
2. Cén t-am é?
3. Caithfidh sé rud éigin a fháil. Cad é?

● Comhrá 3

1. Cén dath atá ar an bpictiúrlann?
2. Cá bhfuil sí suite?
3. Cathain a thosóidh an scannán anocht?

Éist go cúramach leis an téip seo. Cloisfidh tú gach píosa faoi dhó.

● Píosa 1

1. Cá bhfuil an t-ollstór nua seo?
2. Ainmnigh earra amháin faoi chúig euro a bheidh san ollstór nua.

● Píosa 2

1. Ainm an tsiopa
2. Cathain a bheidh an siopa ag oscailt?

● Píosa 3

1. Cá bhfuil an sladmhargadh ar siúl?
2. Ainmnigh earra amháin a bheidh ar díol ar leathphraghas ann.

Caibidil 3

An Scoil

Na hÁbhair Scoile

Béarla	Gaeilge	Matamaitic
Stair	Tíreolaíocht	Ceol
Ealaín	Eolaíocht	Staidéar Gnó (eagrú gnó)
Eacnamaíocht Bhaile (Tíos)	Fraincis	Gearmáinis
Spáinnis	Iodáilis	Líníocht
Teicneolaíocht	Adhmadóireacht	Miotalóireacht
Corpoideachas	Teagasc Críostaí	Ríomhaireacht
Laidin	Innealtóireacht	

● **Tuairimí Sheáin**

- Is maith liom Eolaíocht mar tá sí suimiúil.
- Is fuath liom Béarla mar tá sé leadránach.
- Is gráin liom Fraincis mar tá sí leadránach.
- Is maith liom Corpoideachas mar tá sé sláintiúil.
- Is aoibhinn liom Eacnamaíocht Bhaile mar tá sí taitneamhnach.
- Is fearr liom Ealaín mar tá sí praiticiúil.

● **Do thuairimí féin**

Líon isteach na bearnaí

1. Is maith liom _____ mar tá sí an-phraiticiúil go deo.
2. Ní maith liom _____ mar tá sí leadránach.
3. Is breá liom _____ mar tá sí suimiúil.
4. Is fuath liom _____ mar níl sí taitneamhach.

5　Is aoibhinn liom _____ mar tá sí simplí go leor.
6　Is fearr liom _____ mar tá sí sláintiúil.
7　Is gráin liom _____ mar tá sí deacair.
8　Is maith liom _____ mar tá mé go maith ag cócaireacht.
9　Is maith liom _____ mar beidh mé ag dul ar laethanta saoire sa Spáinn.
10　Is breá liom _____ mar ní fhaighim obair bhaile sa rang sin.

Líon isteach na bearnaí

1　Is _____ liom _____ mar tá sí _____.
2　Is __ gráin _____ liom _____ mar _____.
3　Is _____ liom _____ mar _____.
4　Is _____ liom _____ mar _____.
5　Is ___ aoibhinn ___ liom _____ mar _____.
6　Is _____ liom _____ mar tá sí _____.
7　Is _____ liom _____ mar _____ deacair ___.
8　Is _____ liom _____ mar _____.
9　Is _____ liom _____ mar _____.
10　Is _____ liom _____ mar _____.

● Abair amach é!

Freagair na ceisteanna sa ghreille thíos.

1　Cén t-ábhar is maith leat? Cén fáth? _____
2　Cén t-ábhar nach maith leat? Cén fáth? _____
3　Cén t-ábhar is fearr leat? Cén fáth? _____

● Obair bheirte

Cuir na ceisteanna thíos ar do chara agus scríobh na freagraí sa ghreille thíos.

1　Cén t-ábhar is maith leat? Cén fáth? _____
2　Cén t-ábhar nach maith leat? Cén fáth? _____
3　Cén t-ábhar is fearr leat? Cén fáth? _____

● **Suirbhé**

Déan suirbhé sa rang. Tosaigh mar seo:

"Lámha suas na daoine a dtaitníonn Stair go mór leo . . . "

Cuir na freagraí ar ghraf nó déan graf ollmhór don seomra ranga.

An tAm

Meán lae
Meán oíche

a haon déag — a haon
a deich — a dó
a naoi — a trí
a hocht — a ceathair
a seacht — a cúig
a sé

Meán lae
Meán oíche

cúig chun — cúig tar éis
deich chun — deich tar éis
ceathrú chun — ceathrú tar éis
fiche chun — fiche tar éis
fiche cúig chun — fiche cúig tar éis
leathuair tar éis

● **Scríobh amach an t-am ceart in uimhreacha.**

1. a ceathair a chlog
2. a naoi a chlog
3. leathuair tar éis a hocht
4. ceathrú tar éis a cúig
5. fiche tar éis a haon
6. ceathrú chun a haon
7. fiche nóiméad tar éis a dó
8. cúig nóiméad is fiche chun a naoi
9. deich nóiméad chun a cúig
10. cúig nóiméad chun a seacht

● **Scríobh amach an t-am ceart i bhfocail**

1	6.05	6	3.40	11	7.45	16	9.15
2	3.15	7	10.20	12	5.55	17	8.55
3	6.20	8	11.50	13	2.15	18	11.15
4	7.35	9	1.10	14	3.30	19	12.05
5	5.00	10	12.30	15	4.25	20	2.25

Foclóir					
Tosaím	I start	Críochnaím	I finish	Sroichim	I reach (áit)
Éirím	I get up	Ithim	I eat	Fágaim	I leave
Téim	I go	Déanaim	I make / I do	Dúisím	I wake

● **Líon isteach na bearnaí**

1. Éirím gach maidin ar _____.
2. Ithim mo bhricfeasta ar _____.
3. Fágaim mo bhaile ar _____.
4. Sroichim an scoil ar _____.
5. Tosaíonn na ranganna ar_____.
6. Críochnaíonn an chéad rang ar_____.
7. Bíonn an sos againn ar_____.
8. Críochnaíonn an sos ar_____.
9. Ithim mo lón ar _____.
10. Tosaíonn na ranganna san iarnóin ar_____.
11. Téim abhaile ar _____.
12. Ithim mo dhinnéar ar_____.
13. Déanaim m'obair bhaile ar _____.
14. Dúisím ar an Satharn ar_____.
15. Téim ar Aifreann ar_____ ar an _____.

● **Abair amach é!**

Obair bheirte

Cuir na ceisteanna thíos ar do chara agus scríobh na freagraí sa ghreille thíos.

1. Cén t-am a éiríonn tú ar maidin? _____
2. Cén t-am a itheann tú do bhricfeasta? _____
3. Cén t-am a fhágann tú do bhaile ar maidin? _____
4. Cén t-am a itheann tú do lón? _____
5. Cén t-am a théann tú abhaile gach lá? _____
6. Cén t-am a dhéanann tú d'obair bhaile gach oíche? _____
7. Cén t-am a théann tú a chodladh gach oíche? _____

Foclóir

An chéad rang	*the first lesson*	An seachtú rang	*the seventh lesson*
An dara rang	*the second lesson*	An t-ochtú rang	*the eight lesson*
An tríú rang	*the third lesson*	An naoú rang	*the ninth lesson*
An ceathrú rang	*the fourth lesson*	Maireann	*it lasts*
An cúigiú rang	*the fifth lesson*	Sos	*break*
An séú rang	*the sixth lesson*	Teanga	*language*
Leathlá	*half day*		

An Clár Ama

Seo clár ama Sheáin

Lá	Dé Luain	Dé Máirt	Dé Céadaoin	Déardaoin	Dé hAoine
9.00-9.40	Eacnamaíocht Bhaile	Matamaitic	Corpoideachas	Eacnamaíocht Bhaile	Stair
9.40-10.20	Eacnamaíocht Bhaile	Tíreolaíocht	Corpoideachas	Eacnamaíocht Bhaile	Ríomhaireacht
10.20-11.00	Stair	Matamaitic	Gaeilge	Spáinnis	Gaeilge
11.00-11.10	Sos	Sos	Sos	Sos	Sos
11.10-11.45	Ealaín	Eolaíocht	Staidéar Gnó	Stair	Eolaíocht
11.45-12.35	Ealaín	Eolaíocht	Spáinnis	Gaeilge	Eolaíocht
12.35-1.10	Matamaitic	Gaeilge	Béarla	Teagasc Críostaí	Matamaitic
1.10-2.00	Lón	Lón	Lón	Lón	Lón
2.00-2.40	Gaeilge	Staidéar Gnó		Matamaitic	Béarla
2.40-3.20	Teagasc Críostaí	Ealaín		Staidéar Gnó	Tíreolaíocht
3.20-4.00	Béarla	Ealaín		Béarla	Ceol

Léigh an clár ama agus freagair na ceisteanna seo a leanas

1. Cén t-ábhar atá ag Seán ar a naoi ar an Luan?
2. Cén t-ábhar atá ag Seán ar a dó Dé Máirt?
3. Cén t-ábhar atá ag Seán ar a fiche tar éis a deich ar an Aoine?
4. Cén t-ábhar atá ag Seán ar a naoi ar an Déardaoin?
5. Cén t-ábhar atá ag Seán ar a naoi ar an gCéadaoin?
6. Cén t-ábhar atá ag Seán ar a haon déag ar an Luan?
7. Cén t-ábhar atá ag Seán ar a naoi Dé Máirt?
8. Cén t-ábhar atá ag Seán ar a haon déag ar an Aoine?
9. Cén t-ábhar atá ag Seán ar a fiche tar éis a deich ar an Déardaoin?
10. Cén t-ábhar atá ag Seán ag a fiche tar éis a trí ar an gCéadaoin?

● **Clár ama Úna**

Lá	Dé Luain	Dé Máirt	Dé Céadaoin	Déardaoin	Dé hAoine
9.00-9.40	Béarla	Matamaitic	Gaeilge	Teagasc Críostaí	Stair
9.40-10.20	Matamaitic	Stair	Fraincis	Matamaitic	Fraincis
10.20-11.00	Tíreolaíocht	Fraincis	Teagasc Críostaí	O.S.S.P.*	Béarla
11.00-11.10	Sos	Sos	Sos	Sos	Sos
11.10-11.45	Ealaín	Gaeilge	Tíreolaíocht	Gaeilge	Tíreolaíocht
11.45-12.35	Ealaín	Béarla	Matamaitic	Ealaín	Ceol
12.35-1.10	Fraincis	Ceol	Béarla	Ealaín	Gaeilge
1.10-2.00	Lón	Lón	Lón	Lón	Lón
2.00-2.40	Gaeilge	Teagasc Críostaí		Béarla	Matamaitic
2.40-3.20	Corpoideachas	Adhmadóireacht		Stair	Adhmadóireacht
3.20-4.00	Corpoideachas	Adhmadóireacht		Ceol	Adhmadóireacht

*Oideachas Saoránaíochta Sóisialta agus Polaitíochta

● **Líon isteach na bearnaí**

1 Tosaíonn na ranganna gach maidin ar_____.
2 Críochnaíonn na ranganna ar an Luan ar_____.
3 _____ na ranganna ar a deich tar éis a haon ar an gCéadaoin.
4 Bíonn an _____ ar siúl gach lá ar a haon déag.
5 Maireann na ranganna _____ nóiméad.
6 Bíonn an _____ agus _____ ar siúl tar éis lóin ar an Aoine.
7 Déanann Úna _____ roimh lón Dé Máirt.
8 An chéad rang Dé hAoine: _____.
9 An dara rang Dé Céadaoin: _____.
10 An tríú rang Dé Máirt: _____.
11 An ceathrú rang Dé Luain: _____.
12 An naoú rang Dé hAoine: _____.
13 An cúigiú rang Dé Luain: _____.
14 An seachtú rang Déardaoin: _____.
15 An t-ochtú rang Dé Máirt: _____.
16 An séú rang Dé Céadaoin: _____.
17 Maireann an sos _____ nóiméad.
18 Maireann an lón _____ nóiméad.
19 Bíonn leathlá acu Dé _____.
20 An teanga a dhéanann Úna: _____.

● **Líon isteach do chlár ama féin**

Lá	Dé Luain	Dé Máirt	Dé Céadaoin	Déardaoin	Dé hAoine

● **Abair amach é!**

Obair bheirte

Cuir na ceisteanna thíos ar do chara agus scríobh na freagraí sa ghreille thíos.

Cad iad na hábhair a bhíonn agat ar an Luan? _____

An mbíonn Eolaíocht agat ar an Aoine? _____

Cad a dhéanann tú ar a deich a chlog ar an Déardaoin? _____

Cén lá a dhéanann tú spórt? _____

An mbíonn Béarla agat ar an gCéadaoin? _____

Cad a dhéanann tú ar an Máirt ar a ceathrú tar éis a dó? _____

● **Triail tuisceana 1**

Is mise Úna Ní Bhroin. Tá mé ag freastal ar Scoil Mhuire i lár an bhaile. Meánscoil is ea í. Tá mé sa chéad bhliain. Is aoibhinn liom an scoil seo. Tá a lán cairde nua agam. Tá go leor ábhar nua agam freisin, Fraincis, Ceol, Ealaín agus Adhmadóireacht. Is breá liom Fraincis. Beidh mé ag dul go dtí an Fhrainc an samhradh seo chugainn.

● Ceisteanna

1 Cén bhliain ina bhfuil Úna?
2 Cén cineál scoile is ea í?
3 An maith léi an scoil nua? Cén fáth?
4 Cén t-ábhar is maith léi?
5 Ainmnigh na hábhair atá á ndéanamh aici.

● Triail tuisceana 2

Is mise Dónal. Tá mé sa tríú bliain i Scoil na mBráithre i Lios Tuathail. Táim cúig bliana déag d'aois. Ní maith liom an scoil seo. Bíonn go leor obair bhaile le déanamh agam gach oíche. Déanaim Gaeilge, Béarla, Matamaitic, Líníocht, Eolaíocht, Ealaín agus Adhmadóireacht. Is fuath liom Matamaitic mar tá sé an-deacair. Is aoibhinn liom corpoideachas mar ní fhaighim obair bhaile.

● Ceisteanna

1 Cén bhliain ina bhfuil Dónal?
2 Cén cineál scoile is ea í?
3 An maith leis an scoil nua? Cén fáth?
4 Cén aois é?
5 Cén t-ábhar nach maith leis? Cén fáth?
6 Cén t-ábhar is maith leis? Cén fáth?
7 Ainmnigh na hábhair atá á ndéanamh aige.

Cluastriail

Éist go cúramach leis an téip seo. Cloisfidh tú gach duine den triúr seo faoi thrí.

● An chéad chainteoir   Seán Ó Neachtain

1 Dath gruaige?
2 Cé mhéad deartháir atá aige?
3 Ábhar is fearr leis:
4 An bhliain ina bhfuil sé ar scoil?

● An dara cainteoir   Síle de Paor

1 Cé mhéad deartháir atá aici?
2 Dath na súl?
3 Dath gruaige?
4 Cén t-am a chríochnaíonnn na ranganna?
5 Ábhar is fuath léi:

● **An tríú cainteoir**   Sorcha de Rís

1 Post a hathar?
2 Am a thosaíonn an scoil?
3 Am a chríochnaíonn an scoil?
4 Cad is fuath léi?

● **Triail tuisceana 3**
Tuairisc scoile

Coláiste Pobail Naomh Eoin

Ainm: Cáit
Sloinne: Ní Bhroin

Ábhar	Toradh	Tuairim an mhúinteora
Béarla	B	Tá Cáit ag obair go dian
Gaeilge	A	Maith thú!
Matamaitic	D	Cainteach sa rang
Stair	B	Ag obair sa rang
Tíreolaíocht	C	Ceart go leor sa rang
Staidéar Gnó	D	Níl Cáit ag obair
Fraincis	E	Go dona, leisciúil sa rang
Ealaín	A	Maith thú, sárscoláire
Corpoideachas		Cailín an-deas

Gluais

Go dian	hard	cainteach	talkative
Maith thú	well done	leisciúil	lazy
Is measa	worst	sárscoláire	excellent student

● **Ceisteanna**

1 Cad is ainm don chailín?
2 Cén t-ábhar is fearr léi?
3 Cén teanga a dhéanann sí?
4 Cén múinteoir nach bhfuil sásta léi?
5 Cén rang ina mbíonn sí ag caint?
6 Cén t-ábhar is measa léi?

- **Líon isteach na bearnaí**

1 Dúirt an múinteoir _____ go bhfuil sí ag obair go dian sa rang.
2 Dúirt an múinteoir Matamaitice go bhfuil sí _____.
3 Dúirt an múinteoir Staire_____.
4 Dúirt an múinteoir Fraincise _____.

Cárta Poist

- **Bí réidh roimh ré!**

Tá na focail thíos sa chárta poist a leanann an mheaitseáil. Déan an mheaitseáil ar dtús agus beidh tú réidh.

- **Meaitseáil**

1	Sa Spáinn	A	except	1 =
2	laethanta saoire	B	I didn't like	2 =
3	sona sásta	C	wrong	3 =
4	ar fheabhas	D	in Spain	4 =
5	blasta	E	holidays	5 =
6	cearr	F	awful	6 =
7	uafásach	G	happy	7 =
8	theip orm	H	brilliant	8 =
9	níor thaitin…liom	I	I failed	9 =
10	seachas	J	tasty	10 =

A Mháire,

Eibhlín anseo. Táim sa Spáinn ar mo laethanta saoire. Nílim sona sásta anseo. Tá an aimsir ar fheabhas. Tá an áit go hálainn agus tá an bia blasta. Cad tá cearr liom, a deir tú? Bhuel, an lá a thángamar anseo ó Éirinn, fuair mé tuairisc scoile. Bhí sí uafásach.

Theip go dona orm sa Bhéarla. Fuair mé F. Níor thaitin an múinteoir sin riamh liom. Fuair mé E freisin i seacht n-ábhar seachas an Fhraincis. Fuair mé 40% ansin. Dúirt an múinteoir Tíreolaíochta go bhfuil mé leiscúil cainteach sa rang. Níl mo mháthair sásta. Tá m'athair ar buile liom. Níl cead agam dul amach. Tá orm staidéar a dhéanamh sa Spáinn!

Slán

Eibhlín

Máire de Búrca
12 Bóthar na Naomh
Dún Déalgan

● **Ceisteanna**

1. Cé a scríobh an cárta seo?
2. Cé dó é?
3. Cá bhfuil an cailín ag fanacht?
4. An maith léi an múinteoir Béarla?
5. Luaigh an grád a fuair sí in dhá ábhar eile seachas Béarla?
6. An gceapann tú go bhfuil a hathair sásta?
7. Luaigh dhá chúis le do fhreagra.

Gluais	
Leisciúil	Lazy
Cainteach	Talkative
Ar buile	Angry
Staidéar	Study
Gleoite	Lovely
Bródúil	Proud
Dícheallach	Hard working
Díograiseach	Fervent
Linn snámha	Swimming pool
I gcónaí	Always

● **Cárta Poist**

Líon isteach na bearnaí leis na focail sa bhosca thíos.

__1__ Mháire,

Nóra anseo. Táim ___2___ Fhrainc ar mo laethanta saoire. Táim sona sásta anseo. Tá an ___3___ ar fheabhas. Tá an ___4___ gleoite agus tá an bia blasta. An lá a ___5___ anseo ó Éirinn fuair mé ___6___ scoile. Bhí sé thar cionn. D'éirigh go maith liom sa Bhéarla. Fuair mé A. Thaitin an múinteoir sin liom i gcónaí. Fuair mé B freisin i seacht n-ábhar seachas an Fhraincis. Fuair mé 40% ansin. Dúirt an ___7___ Tíreolaíochta go bhfuil mé dícheallach díograiseach sa rang. Tá mo ___8___ sásta. Tá m' ___9___ bródúil asam. Táim ag imeacht anois. Táim ag dul ag snámh sa linn snámha!

___10___
Nóra

Máire Ní Riáin
14 An Grianán
Ros Cré

thángamar	thuismitheoirí
a	tuairisc
áit	athair
múinteoir	aimsir
slán	anseo sa

● **Bain triail as!**

Obair duitse

Tá tú ar do laethanta saoire. Fuair tú do thuairisc scoile. Scríobh cárta poist chuig do chara.

Luaigh –
1. An grád is fearr
2. An grád is ísle
3. An bhfuil tú sásta?
4. Cé atá in éineacht leat?
5. An áit

Fearas scoile

- Binse
- Cailc
- An peann luaidhe
- An glantóir
- An téipthaifeadán
- An bosca bruscair
- An léarscáil
- An rialóir
- An clár bán
- An bord
- An féilire
- An clár dubh
- An taisceadán
- An mála
- An bus scoile
- An bosca lóin
- Na seilfeanna
- An cóipleabhar
- An siosúr
- An rubar
- An leabhar
- An t-osteilgeoir
- An peann
- An chruinneog
- An clog
- Cófra an mhúinteora
- An ríomhaire

Caibidil 3

91

● **Líon isteach na bearnaí**

1. Suíonn na daltaí go léir ar _____.
2. Scríobhann an múinteoir ar _____ le _____.
3. Scríobhann an múinteoir ar _____ le _____.
4. Glanann an múinteoir an clár dubh le _____.
5. Cuireann na daltaí bruscar sa _____.
6. Sa rang Tíreolaíochta úsáideann an múinteoir an _____ agus an _____.
7. Sa rang Fraincise cuireann an múinteoir an téip sa _____.
8. Sa gheimhreadh bíonn an _____ ar siúl.
9. Nuair a bhíonn an ghrian ag taitneamh bíonn na _____ síos ar na fuinneoga.
10. Roimh lón bíonn gach duine ag féachaint ar an _____. Bíonn an lón ar a haon a chlog.

● **Ainmnigh na rudaí seo a leanas sa seomra ranga**

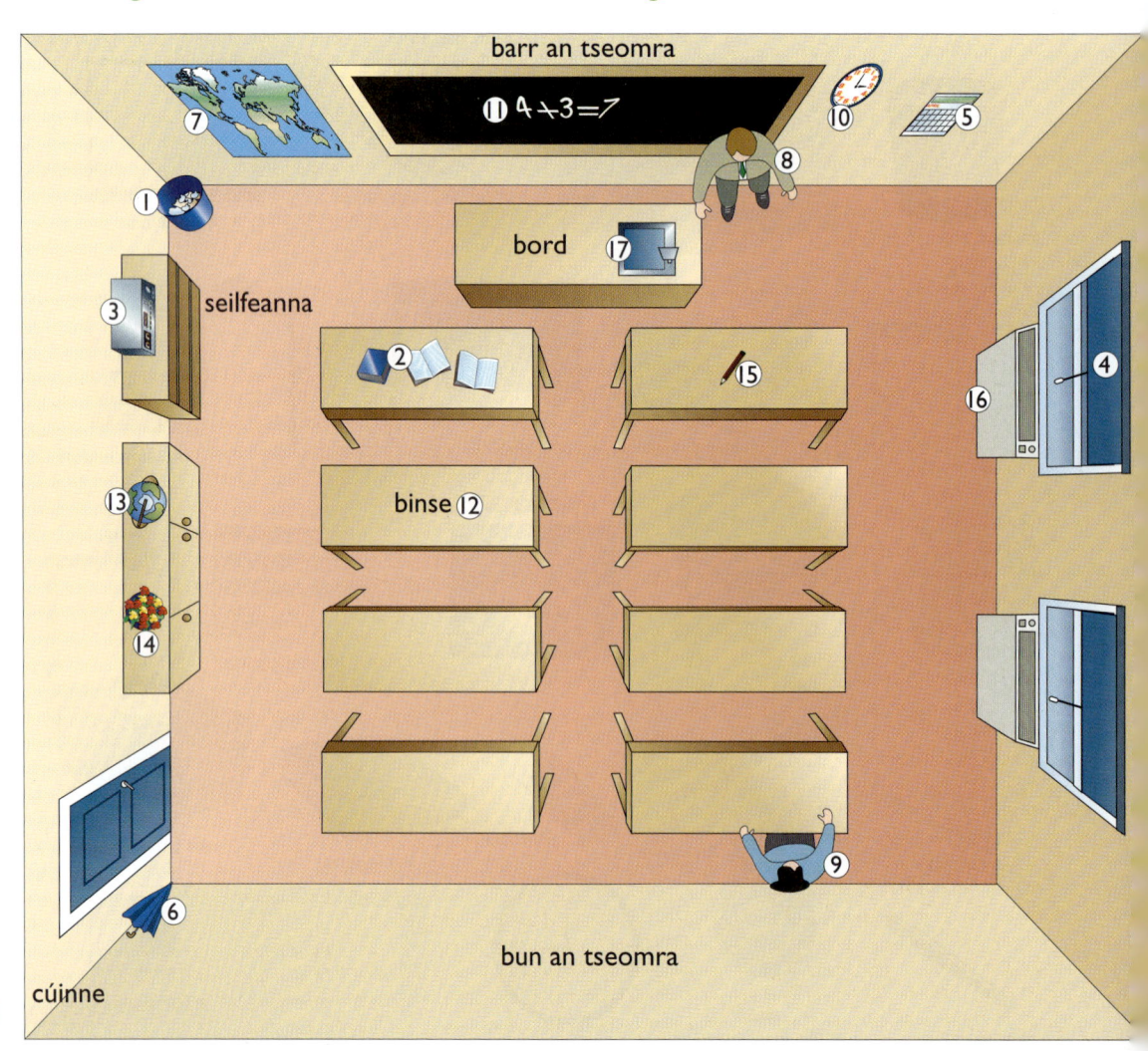

1	_____	7	_____	13	_____
2	_____	8	_____	14	_____
3	_____	9	_____	15	_____
4	_____	10	_____	16	_____
5	_____	11	_____	17	_____
6	_____	12	binse		

● **Meaitseáil**

1	Tá an bosca bruscair	a	ar an gcófra	1 =
2	Tá leabhair	b	ar an mbinse	2 =
3	Tá an téipthaifeadán	c	faoi na fuinneoga	3 =
4	Tá dallóga	d	ar na seilfeanna	4 =
5	Tá féilire	e	ar an mbinse	5 =
6	Tá scáth fearthainne	f	sa chúinne	6 =
7	Tá léarscáil	g	ag barr an tseomra	7 =
8	Tá an múinteoir	h	ar an gcófra	8 =
9	Tá dalta	i	ar an mballa	9 =
10	Tá clog	j	ar an mballa	10 =
11	Tá mata	k	ar an mbord	11 =
12	Tá an clár dubh	l	ag bun an tseomra	12 =
13	Tá cruinneog	m	ar an gclár dubh	13 =
14	Tá bláthanna	n	ar an mballa	14 =
15	Tá peann luaidhe	o	sa chúinne	15 =
16	Tá téitheoirí	p	ar na fuinneoga	16 =
17	Tá osteilgeoir	q	ar an mballa	17 =

● **Ceisteanna**

1. Cad tá sa chúinne?
2. Cad atá faoin bhfuinneog?
3. Cad tá os comhair binse an mhúinteora?
4. Cad tá ag barr an tseomra?
5. Cad tá ar thaobh clé den seomra?
6. Cad tá ar thaobh deas den seomra?
7. Cad tá ar bhinse an mhúinteora?
8. Cad tá in aice leis an gcófra?
9. Cad tá ar bharr an chófra?

Caibidil 3

Plean na scoile

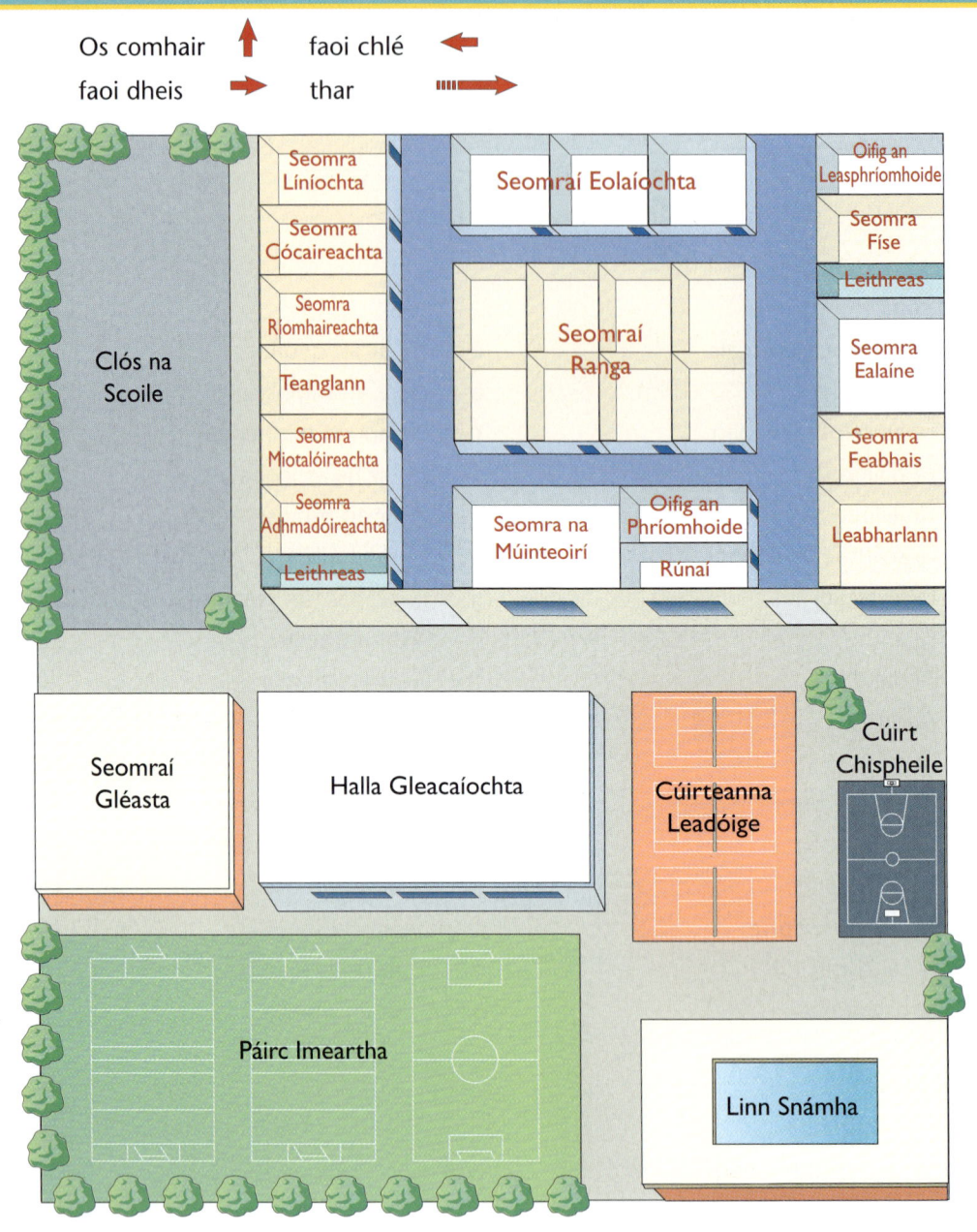

Os comhair ↑ faoi chlé ←
faoi dheis → thar ⇒

- Seomra Líníochta
- Seomra Cócaireachta
- Seomra Ríomhaireachta
- Teanglann
- Seomra Miotalóireachta
- Seomra Adhmadóireachta
- Leithreas
- Clós na Scoile
- Seomraí Eolaíochta
- Seomraí Ranga
- Seomra na Múinteoirí
- Oifig an Phríomhoide
- Rúnaí
- Oifig an Leasphríomhoide
- Seomra Físe
- Leithreas
- Seomra Ealaíne
- Seomra Feabhais
- Leabharlann
- Seomraí Gléasta
- Halla Gleacaíochta
- Cúirteanna Leadóige
- Cúirt Chispheile
- Páirc Imeartha
- Linn Snámha

● **Ceisteanna**

1. Cad tá in aice leis an seomra líníochta?
2. Cad tá os comhair oifig an phríomhoide?
3. Cad tá os comhair sheomra na múinteoirí?
4. Cad tá ag barr na scoile ar dheis?
5. Cad tá ag bun na scoile ar dheis?
6. Cad tá os comhair an linn snámha?
7. Cad tá os comhair na teanglainne?
8. Cad tá trasna na páirce ó na seomraí gléasta?

● Líon isteach na bearnaí

Tá tú sa halla gleacaíochta. Conas a théann tú go dtí an seomra cócaireachta?

● Sampla

A   Téigh isteach doras na scoile os comhair an halla gleacaíochta. Tá an leithreas ar clé agus seomra na múinteoirí ar dheis. Lean díreach ar aghaidh beagnach go barr na scoile agus in aice leis an seomra ríomhaireachta, os comhair na seomraí eolaíochta, tá an seomra cócaireachta ar thaobh do láimhe clé.

B   Tá tú ag an gcúirt chispheile. Conas a théann tú go dtí an seomra ríomhaireachta?
Téigh isteach _____ os do chomhair. Tá _____ faoi chlé agus _____ faoi dheis. Lean díreach ar aghaidh go dtí oifig an _____ agus cas faoi _____. Lean díreach ar aghaidh go dtí an seomra _____ agus cas faoi _____. Lean díreach ar aghaidh go dtí na seomraí _____.Tá an seomra ríomhaireachta in aice leis an _____, os comhair na seomraí _____, tá an seomra ríomhaireachta ar thaobh do láimhe _____.

C   Tá tú sa seomra cócaireachta. Conas a théann tú go dtí an leabharlann?
Téigh amach ón seomra agus tá seomraí _____ os do chomhair. Tá an _____ faoi chlé agus _____ faoi dheis. Lean díreach ar aghaidh go dtí seomra _____ agus cas faoi _____. Lean díreach ar aghaidh go dtí bun an phasáiste. Tá an leabharlann in aice leis an _____, os comhair na _____, tá an leabharlann ar thaobh do láimhe _____.

● Abair amach é!

1   Tá tú ag an leabharlann. Conas a théann tú go dtí an leithreas?
2   Tá tú ag oifig an leas-phríomhoide. Conas a théann tú go dtí seomra na múinteoirí?
3   Tá tú ag oifig an phríomhoide. Conas a théann tú go dtí an seomra líníochta?
4   Tá tú ag an seomra ealaíne. Conas a théann tú go dtí an pháirc imeartha?
5   Tá tú ag an linn snámha, conas a théann tú go dtí an seomra adhmadóireachta?
6   Tá tú leis an rúnaí. Conas a théann tú go dtí an clós?

● Bain triail as!

Obair duitse

Déan plean do scoile féin amach.

Cluastuiscint

Éist go cúramach leis an téip seo. Cloisfidh tú gach fógra faoi dhó.

● **Fógra 1**

1 Cé a bheidh ag ceannach leabhar inniu?
2 Cad a bheidh ar díol ar leathphraghas?

● **Fógra 2**

1 Cén praghas atá ar an ngeansaí?
2 Cé mhéad atá ar bhróga?

● **Fógra 3**

1 Cé atá ag caint?
2 Beidh an tUasal Ó Broin ag labhairt faoin _____.

● **Bí réidh roimh ré!**

Tá na focail thíos sa litir a leanann an mheaitseáil. Déan an mheaitseáil ar dtús agus beidh tú réidh roimh ré.

● **Meaitseáil**

1	Tá súil agam go bhfuil tú go maith	A	Aren't I the lucky one	1 =	
2	Nach méanar domsa	B	I am on the pig's back	2 =	
3	Caithfidh mé imeacht anois	C	I have not heard from you for a long time	3 =	
4	Conas atá ag éirí leat?	D	Bye for now	4 =	
5	Níor chuala mé dada uait le fada	E	Write back by the next post	5 =	
6	Slán go fóill	F	I hope you are well	6 =	
7	Táim féin ar mhuin na muice	G	Unfortunately	7 =	
8	Faraor	H	How are you getting along	8 =	
9	Scríobh ar ais chugam le casadh an phoist	I	How are you anyway	9 =	
10	Conas 'tá tú ar aon nós?	J	I have to go now	10 =	

An Litir

1 Sráid na Trá
Na Sceirí
Baile Átha Cliath
5ú Meán Fómhair

A Shíle, a chara,

Bhuel, conas atá tú ar aon nós? Tá súil agam go bhfuil tú go maith. Táim féin ar mhuin na muice! Níor chuala mé dada uait le fada an lá. Conas tá ag éirí leat sa scoil nua? An maith leat Clochar na Toirbhirte? Taitníonn an scoil seo, Pobalscoil na Sceirí go mór liom. Tá idir bhuachaillí agus chailíní ann. Tá a lán cairde agam. Is dóigh liom go bhfuil sé i bhfad níos fearr ná clochar. Tá na múinteoirí go deas ach amháin an múinteoir Fraincise. Tá sí an-chrosta go deo. Tugann sí an t-uafás obair bhaile dúinn. Tá go leor ábhar nua le déanamh agam – Ealaín, Ceol, Fraincis, Eolaíocht agus Staidéar Gnó. Is fearr liom Ealaín ná aon ábhar eile. Táim tugtha don ábhar agus tá an múinteoir thar cionn. Tosaíonn na ranganna ar a naoi a chlog ar maidin agus críochnaíonn siad ar a ceathair a chlog ach amháin ar an gCéadaoin. Maireann na ranganna daichead nóiméad. Bíonn naoi rang agam chuile lá seachas an Chéadaoin. Bíonn an lón agam idir a haon agus a dó. Dé ghnáth téim abhaile. Críochnaíonn an lá ar a ceathair. Bíonn leathlá againn ar an gCéadaoin le sé rang an lá sin. Nach méanar domsa!

Faraor, bíonn a lán obair bhaile le déanamh agam gach oíche. Seans go bhfeicfidh mé thú Oíche Shamhna nó níos luaithe. Caithfidh mé imeacht anois. Scríobh ar ais chugam le casadh an phoist.

Slán go fóill
Brídín

● **Ceisteanna**

1   Cé atá ag scríobh na litreach seo?
2   Cén seoladh atá aici?
3   Cé dó an litir seo?
4   An maith le Brídín an scoil seo?

5 Cén múinteoir nach maith léi?
6 Ainmnigh na hábhair atá a ndéanamh aici.
7 Cén t-ábhar is fearr léi?
8 Cén t-am a thosaíonn na ranganna ar maidin?
9 Cén t-am a chríochnaíonn na ranganna um thráthnóna?
10 Cathain a bhíonn leathlá acu?
11 Bhí uirthi imeacht, cén fáth?
12 Luaigh dhá rud maith faoina scoil.
13 An dóigh leat go bhfuil rud ar bith ann nach bhfuil sásúil?

● **Líon isteach na bearnaí leis na focail sa bhosca thíos.**

1 Sráid na Trá
An tInbhear Mór

5ú Meán Fómhair

A Sheáin, a chara,
Bhuel, conas ___1___ tú ar aon nós? Tá ___2___ agam go bhfuil tú go maith. Conas tá ag ___3___ leat sa ___4___ nua? Is ___5___ liom ___6___ seo.
___7___ na ranganna ar a naoi a chlog ar maidin. Bíonn ___8___ againn ag a haon déag a chlog ar feadh deich ___9___. Bíonn múinteoirí nua againn gach daichead nóiméad. Tá na ___10___ go léir deas cairdiúil. Bíonn cluichí againn gach ___11___. Tá go leor ___12___ nua le déanamh agam – Líníocht, Ealaín, Teicneolaíocht, Eolaíocht agus ___13___. Is aoibhinn ___14___ Teicneolaíocht thar aon ábhar eile.
Faraor, bíonn a lán obair bhaile le ___15___ agam. Caithfidh mé ___16___ anois. Scríobh ___17___ chugam chomh luath agus is féidir leat.

Slán ___18___
Liam

déanamh	an scoil	tamall
Tosaíonn	ábhair	éirí
sos	tíos	scoil
nóiméad	liom	maith
atá	imeacht	múinteoirí
súil	ar ais	Luan

● **Bain triail as!**
Obair duitse
Scríobh litir chuig do chara féin ag cur síos ar do scoil nua.
Luaigh –
A Do scoil nua
B Na hábhair scoile
C An clár ama
D An t-am a thosaíonn tú ar maidin
E An t-ábhar is fearr leat

Éide scoile

- Seaicéad glas
- carbhat dearg
- léine bhán
- bríste glas
- bróga donna
- geansaí gorm
- sciorta glas
- stocaí bána
- bróga dubha

● Obair

Cén sórt éadaí scoile atá agat?

Tá	Éide	Dath	agam
1	Bríste		
2	Carbhat		
3	Stocaí		
4	Geansaí		
5	Gúna		
6	Léine		
7	Seaicéad		
8	Bróga		

Nóta

A chara,

Is mise Bean Uí Shé. Tá brón orm a rá ach níl éide scoile ag Tomás inniu. Tháinig sé abhaile inné sa bháisteach ar a cúig lena chara. Bhí sé fliuch báite. Ní raibh cóta aige. Is amadán mór ceart é a bheith amuigh gan chóta sa drochaimsir, ach sin mar atá! Beidh a éide scoile air amárach cinnte. Go raibh maith agat.

Is mise
Máire Uí Shé

Ceisteanna

1. Cé a scríobh an nóta?
2. Cén fáth ar scríobh sí an nóta?
3. Cad is ainm dá mac?
4. Cad a cheapann Bean Uí Shé faoina mac?
5. Cén fáth?

Gluais

Tá brón orm a rá	I regret to say.
fliuch báite	soaking wet.
sa bháisteach	in the rain.
drochaimsir	bad weather.
sin mar atá	that's how it is!
cinnte	certainly.

Nóta

Líon isteach na bearnaí leis na focail sa bhosca thíos.

A__1__,

Is mise ___2__ Uí Shé. Tá __3___ orm a rá ach níl éide scoile ag Sorcha inniu. Bhí mé _____4___ inné nuair a tháinig sí ____5___. _____6____ sí an ____7__ agus thit pota péinte uirthí ón dréimire! Tá a héide scoile scriosta ach tá sí féin ceart go leor. Cinnte __8___ chuile rud i gceart arís amárach. Go raibh maith agat.

Is mise
Máire Uí Shé

brón
chara
beidh
abhaile
ag péinteáil
d'oscail
doras
Máire

Gluais

scriosta	ruined

Bain triail as!
Obair duitse

Is tusa athair / máthair Sheáin. Chaill sé a mhála scoile inné ar an mbealach abhaile agus níl an obair déanta aige. Scríobh nóta chuig a mhúinteoir. Beidh sé aige amárach.

Luaigh –

A   Cá raibh sé ag dul?
B   Cén t-am a tharla sé?
C   Cathain a bheidh an mála ar ais?
D   Cé a bhí in éineacht leis?
E   Cad nach bhfuil déanta?

Comhrá

● **Bí réidh roimh ré!**

Tá na focail thíos sa chomhrá a leanann an mheaitseáil. Déan an mheaitseáil ar dtús agus bí réidh roimh ré.

● **Meaitseáil**

1	Nach ortsa atá an t-ádh?	A	Any news?	1 =
2	Is aoibhinn liom	B	Aren't you lucky?	2 =
3	Is fuath liom	C	I love	3 =
4	Aon scéal?	D	I'm fed up with	4 =
5	Céard fútsa?	E	What about you?	5 =
6	Táim bréan de	F	I hate	6 =
7	Coicís ó shin	G	Thanks be to God	7 =
8	Buíochas le Dia	H	A fortnight ago	8 =
9	Conas tá tú?	I	I can't complain	9 =
10	Slán	J	Hello	10 =
11	Dia's Muire duit	K	Bye	11 =
12	Dia duit	L	Bye for now	12 =
13	Slán agat	M	Hello to you	13 =
14	Ní gearánta dom	N	How are you?	14 =

Comhrá

Bhuail Róisín le Sinéad sa bhaile mór. Tá Róisín ag fanacht ar an mbus.

Róisín: Dia duit, a Shinéad. Conas tá tú?

Sinéad: Ó a Róisín, Dia is Muire duit, táim go maith. Conas tá tú féin?

Róisín: Ní gearánta dom. An bhfuil aon scéal agat?

Sinéad: Táim ag siopadóireacht. Tá m'éide scoile nua á ceannach agam.

Róisín: Cheannaigh mé m'éide scoile seachtain ó shin, buíochas le Dia.

Sinéad: Nach ortsa atá an t-ádh. Cén dath atá uirthi?

Róisín: Dath donn atá uirthi. Is fuath liom í. Sciorta donn, geansaí donn agus léine bhuí. Tá sí go huafásach. Céard fútsa?

Sinéad: Is aoibhinn liom m'éide scoile nua. Caithimid léine bhán, carbhat dúghorm, sciorta dúghorm agus geansaí dearg.

Róisín: Cén dath atá ar do bhróga?

Sinéad: Dath dubh atá ar mo bhrógasa.

Róisín: Donn atá mo bhrógasa agus tá na stocaí donn freisin. Táim bréan de.

Sinéad: Cathain a thosóidh tú sa scoil nua? Beidh mise ag tosú an Aoine seo chugainn.

Róisín: Mise fresin. Ó! féach, tá an bus ag teacht. Slán agat!

Sinéad: Slán!

● **Líon isteach na bearnaí leis na focail sa bhosca thíos.**

Tá ___1___ agus ___2___ ag caint le chéile. Bhí Sinéad ag ___3___. Cheannaigh sí a ___4___ ___5___. Cheannaigh Róisín a héide scoile ___6___ ó shin. Ní ___7___ le Róisín a héide scoile. Ní maith léi an ___8___. Caitheann sí sciorta ___9___, ___10___ donn agus ___11___ bhuí. Is ___12___ le Sinéad a héide scoile. Ar scoil caitheann sí ___13___ bhán, ___14___ dúghorm, ___15___ dearg agus sciorta ___16___.

Bróga agus stocaí ___17___ atá ag Róisín ach bróga ___18___ atá ag Sinéad.

dath	maith	héide	léine	donn
donn	siopadóireacht	scoile	carbhat	dubha
geansaí	Sinéad	seachtain	geansaí	
léine	Róisín	aoibhinn	dúghorm	

Comhrá

Líon isteach na línte atá in easnamh

Nóilín: Dia duit, a Cháit.
Cáit: _____
Nóilín: Conas tá tú féin?
Cáit: _____
Nóilín: Ar cheannaigh tú d'éide scoile go fóill?
Cáit: _____
Nóilín: Cheannaigh, an maith leat í?
Cáit: _____
Nóilín: Cén dath atá ar do gheansaí?
Cáit: _____
Nóilín: An maith leat do sciorta?
Cáit: _____
Nóilín Cén dath atá ar do bhróga?
Cáit: _____
Nóilín Cathain a thosóidh tú sa scoil nua?
Cáit: _____
Nóilín: An bhfuil clár ama deas agat?
Cáit: _____
Nóilín: Ó! féach tá an bus ag teacht. Slán.
Cáit: Slán!

> Donn
> Tá agus tá leathlá agam ar an gCéadaoin
> Tá sí go hálainn
> Ní maith liom. Is aoibhinn liom mo bhróga
> An Luan seo chugainn
> Dia is Muire duit.
> Ar fheabhas agus tú féin?
> Ní go fóill, ar cheannaigh tusa?
> Níl a fhios agam. Corcra is dócha

Bain triail as!

Obair duitse

Bhuail tú le do chara ar an tsráid. Bhí sibh ag caint faoi bhur n-éide scoile agus faoi d'ábhair scoile. Scríobh amach an comhrá.

Cluastuiscint

Éist go cúramach leis an téip seo. Cloisfidh tú gach comhrá faoi thrí.

● **Comhrá 1**
1. Cé atá ag caint?
2. Cé mhéad nóta atá aige?
3. Cad a dúirt an múinteoir Gaeilge fúithi?

● **Comhrá 2**
1. Cé atá ag caint?
2. Cén t-am a thosaigh an rang eolaíochta?
3. Cá bhfuil Seán ina chónaí?

● **Comhrá 3**
1. Cé atá ag caint?
2. Cathain a thosaigh Laoise sa scoil seo?
3. Cén dath atá ar bhróga na scoile?

Dán

● **Bí réidh roimh ré!**

Tá na focail thíos sa dán a leanann an mheaitseáil. Déan an mheaitseáil ar dtús agus bí réidh roimh ré.

● **Meaitseáil**

1	Aisling	A	spire	1 =
2	Binse	B	church	2 =
3	Faoileán	C	recognise	3 =
4	Ag eitilt	D	journey	4 =
5	Go huaigneach	E	result	5 =
6	Tabhair aire	F	you should	6 =
7	Pioc	G	dream	7 =
8	Bhíos	H	bench	8 =
9	Droim	I	pay attention	9 =
10	Spuaic	J	lonely	10 =
11	Séipéal	K	pick	11 =
12	Ní mór duit	L	I was	12 =
13	Toradh	M	back	13 =
14	Turas	N	flying	14 =
15	Aithin	O	seagull	15 =
16	Glé	P	bright	16 =

Aisling
Le Bairtle Ó Brádaigh

Óm bhinse féin ag bun an ranga
D'fhéach mé an fhuinneog amach,
Is chonaic mé faoileán mór álainn
Ag eitilt thuas, go huaigneach.

'Tabhair aire anois,' a dúirt an múinteoir
Ach pioc dá ndúirt níor chuala mé,
Bhíos ag eitilt os cionn an bhaile
Ar dhroim an fhaoileáin álainn ghlé.

Shuíomar ar spuaic an tséipéil,
Go dtí gur aithin mé gach teach.
'Sin í do scoilse,' a dúirt an faoileán,
'Ní mór duit dul ar ais isteach.'

Seo toradh mo thurais go spuaic an tséipéil:
Ní mór dom aire a thabhairt sa rang.
Ní mór dom aire a thabhairt sa rang.
Ní mór dom aire a thabhairt sa rang.
Ní mór dom aire a thabhairt sa rang.
Ní mór dom aire a thabhairt sa rang.
Ní mór dom aire a thabhairt sa rang.

Ceisteanna

Cuir na pictiúir san ord ceart: 1=, 2=, 3=, 4=.

Fíor nó bréagach

	Fíor	Bréagach
1 Tá an file sa bhaile	☐	☐
2 Tá sé ag obair sa rang	☐	☐
3 B'aoibhinn leis a bheith amuigh	☐	☐
4 Téann sé ag eitilt leis an éan	☐	☐
5 Is breá leis a bheith ar an séipéal	☐	☐
6 Tugann an múinteoir pionós dó	☐	☐

7. Cá raibh an buachaill óg?
8. Cad a chonaic sé?
9. Cá raibh an t-éan ag dul?
10. Cén rabhadh a thug an múinteoir?
11. Cá raibh sé imithe?
12. Cár shuigh sé?
13. Cad a rinne sé ag an séipéal?
14. Cad a thug an múinteoir dó?
15. Cén fáth?
16. An ndeachaigh an buachaill ag eitilt leis an bhfaoileán, an dóigh leat?
17. An raibh an pionós crua?
18. Conas a mhothaigh an buachaill i véarsa a haon?
19. Conas a mhothaigh an buachaill i véarsa a ceathair?
20. Conas a mhothaigh an múinteoir?
21. Tá pictiúir dhifriúla sa dán seo; buachaill sa rang, ag eitilt, ag féachaint ar an mbaile agus ag scríobh amach línte. Cén ceann is fearr leat?

Cluastuiscint

Éist go cúramach leis an téip seo. Cloisfidh tú gach píosa faoi dhó.

- **Píosa 1**
1. Cé mhéad rang atá ann?
2. Sórt scoile atá ann.

- **Píosa 2**
1. Cathain a osclóidh an scoil?
2. Cathain a bheidh daltaí na chéad bhliana ar ais ar scoil?

- **Píosa 3**
1. Cathain a bhíonn ranganna ar siúl?
2. Cathain a thosóidh siad?

Scéal

- **Mo chéad lá sa mheánscoil**

Bí réidh roimh ré!

Tá na focail thíos sa scéal a leanann an mheaitseáil. Déan an mheaitseáil ar dtús agus bí réidh roimh ré.

Meaitseáil

1	Lá breá fómhair	A	On I go	1 =		
2	ag taitneamh	B	Alas	2 =		
3	spéir gheal ghorm	C	Alright	3 =		
4	go deifreach	D	More slender	4 =		
5	críochnaithe	E	A big black cloak	5 =		
6	as go brách liom	F	Kind	6 =		
7	beagáinín neirbhíseach.	G	Amazement	7 =		
8	Ar aghaidh liom	H	A nice autumn day	8 =		
9	mo léan	I	Shining	9 =		
10	ceart go leor	J	A bright blue sky	10 =		
11	níos caoile	K	Hurriedly	11 =		
12	fallaing mhór dhubh	L	Finished	12 =		
13	cineálta	M	Off I went	13 =		
14	ionadh	N	A little nervous	14 =		

Mo chéad lá sa mheánscoil

An Luan a bhí ann. Dhúisigh mé go moch ar maidin. Ba é mo chéad lá sa mheánscoil é. Bhí idir eagla agus ghliondar orm. D'fhéach mé amach an fhuinneog. Lá breá fómhair a bhí ann. Bhí an ghrian ag taitneamh go hard sa spéir gheal ghorm. Nigh mé m'aghaidh agus mo lámha go deifreach agus chuir mé m'éide scoile orm; léine bhán, sciorta fada gorm agus geansaí gorm. Síos staighre liom go tapa agus d'ith mé mo bhricfeasta. Nuair a bhí mé críochnaithe nigh mé mo chuid fiacla agus rug mé ar mo mhála scoile is as go brách liom síos an bóthar i dtreo na scoile. Mo mhála scoile – nach é a bhí trom! lán de leabhair agus cóipleabhair nua. Shroich mé an scoil agus bhí mé beagáinín neirbhíseach.

Ar aghaidh liom go dtí mo sheomra ranga féin, seomra 14. Ach mo léan, cá raibh sé? Bhí mé ar strae. Ansin chonaic mé cara liom ón mbunscoil. Lean mé í go seomra 14. Bhuail an clog. Tháinig an múinteoir isteach. Sheasamar le chéile. Dúramar an phaidir. Shuíomar síos. Bhí ciúnas sa rang. Bhí an múinteoir sách ard ceart go leor ach bhí sí níos caoile ná peann luaidhe. Bhí fallaing mhór dhubh uirthi ach bhí a haghaidh deas cineálta.

Ghread an lá ar aghaidh go tapa. Nuair a bhuail an clog ar a ceathair bhí ionadh orm. Chuaigh mé abhaile tuirseach traochta ach sona sásta.

● **Ceisteanna**

1. Cén lá a bhí ann?
2. Déan cur síos ar an aimsir.
3. Déan cur síos ar éide scoile an chailín.
4. Cad a bhí sa mhála ag an gcailín?
5. Cén rang ina raibh an cailín?
6. Déan cur síos ar an múinteoir.
7. Cén t-am a chuaigh sí abhaile an tráthnóna sin?

● **Lúbra**

Cá bhfuil na focail seo a leanas?

G	O	M	O	C	H	E	R	B	U	É	P	O	T	I	Ú
A	R	E	E	B	N	M	E	A	L	E	A	O	I	T	S
S	C	Á	A	M	Ú	I	N	T	E	O	I	R	E	N	C
C	A	N	C	U	Ú	D	E	C	A	N	D	O	P	E	C
E	A	S	M	O	R	T	E	R	S	B	I	L	B	T	O
E	H	C	E	C	S	R	E	C	B	D	R	C	A	S	E
C	R	O	E	B	L	E	T	N	Ó	E	C	L	R	D	C
E	C	I	I	E	S	O	H	L	O	P	T	S	C	B	M
A	S	L	A	E	B	N	U	I	I	O	S	D	C	B	T
P	E	R	C	P	E	A	N	N	L	U	A	I	D	H	E
T	E	A	C	B	M	S	U	E	A	S	B	N	M	O	P
O	E	R	T	U	I	C	E	F	I	O	P	N	M	C	S
T	D	R	S	S	E	O	M	R	A	R	A	N	G	A	O
E	S	T	U	I	P	I	D	G	H	L	O	I	U	R	E
E	D	C	Ó	I	P	L	E	A	B	H	A	I	R	P	T
O	U	I	P	F	R	E	A	S	D	C	B	M	L	G	T
W	R	D	T	B	S	N	O	P	T	U	Í	O	T	D	F
R	S	D	T	U	I	O	L	P	H	I	F	T	U	O	C

go moch	*early*	seomra ranga	*classroom*
meánscoil	*secondary school*	múinteoir	*teacher*
i dtreo na scoile	*towards school*	paidir	*prayer*
trom	*heavy*	peann luaidhe	*pencil*
cóipleabhair	*copies*		

Meaitseáil an pictiúr agus an lipéad

fiacla
mála scoile
an ghrian
aghaidh
lámh
léine bhán
sciorta fada gorm
geansaí gorm
an clog

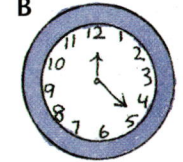

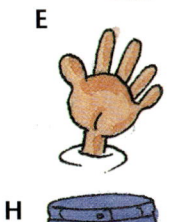

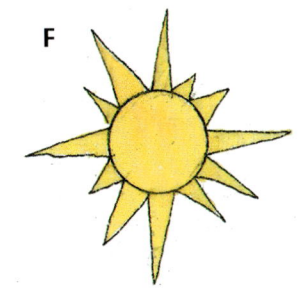

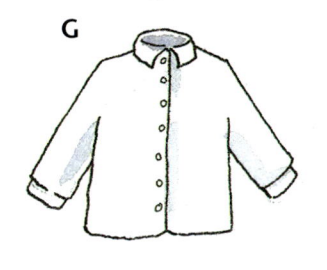

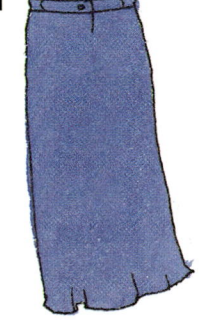

A B C D E F G H I

Meaitseáil

1	éide scoile	A	Go gasta	1 =
2	go tapa	B	Áthas	2 =
3	eagla	C	Scoil náisiúnta	3 =
4	gliondar	D	Gan torann ar bith	4 =
5	ar strae	E	Ard go leor	5 =
6	bunscoil	F	Traochta	6 =
7	ciúnas	G	Caillte	7 =
8	sách ard	H	Sásta	8 =
9	tuirseach	I	Léine, geansaí, sciorta / bríste don scoil	9 =
10	sona	J	Faitíos	10 =

Bain triail as!

Obair duitse

Scríobh do scéal féin: *Mo chéad lá ar scoil*

Tosaigh mar seo:

An Luan a bhí ann. D'éirigh mé go moch. Ba é mo chéad lá sa mhéanscoil é ....

Caibidil 3

Cluastriail

Éist go cúramach leis an téip seo. Cloisfidh tú gach duine den triúr seo faoi thrí.

● **An chéad chainteoir**   Seán Ó Neachtain

1 Aois
2 Bliain ar scoil
3 Ábhar is fuath leis
4 Cá bhfuil Seán ina chónaí?
5 Conas a théann sé ar scoil?

● **An dara cainteoir**   Síle de Paor

1 Aois
2 Conas a théann Síle ar scoil?
3 Cén t-am a thosaíonn na ranganna gach lá?
4 Ábhar is fearr léi
5 Cá bhfuil sí ina chónaí?

● **An tríú cainteoir**   Sorcha de Rís

1 Cineál scoile
2 Is maith léi Béarla. Cén fáth?
3 Ní maith léi Fraincis. Cén fáth?
4 Is fuath léi . . .

Éist go cúramach leis an téip seo. Cloisfidh tú gach fógra faoi dhó.

● **Fógra 1**

1 Cén t-am a bheidh sé ar oscailt?
2 Cá bhfuil siopa na scoile suite?

● **Fógra 2**

1 Ainmnigh dhá chineál éadaí atá ar díol sa siopa.
2 Ainmnigh rud amháin eile atá ar díol sa siopa.

● **Fógra 3**

1 Cá bhfuil an cruinniú ar siúl?
2 Cathain a thosóidh sé?

Éist go cúramach leis an téip seo. Cloisfidh tú gach comhrá faoi thrí.

● **Comhrá 1**

1   Cá raibh Bríd?
2   Cad a dúirt an múinteoir Fraincise?
3   Cad a bheidh ar siúl ag Bríd anocht?

● **Comhrá 2**

1   Cá bhfuil Seán ag dul?
2   Cén t-am é?
3   Cén leithscéal atá aige?

● **Comhrá 3**

1   Cén dath atá ar gheansaí Laoise?
2   Cár fhág sí a geansaí scoile?
3   Cad a dhéanfaidh an múinteoir?

Éist go cúramach leis an téip seo. Cloisfidh tú gach píosa faoi dhó.

● **Píosa 1**

1   Cá bhfuil an scoil nua seo?
2   Ainmnigh áis amháin a bheidh sa scoil nua

● **Píosa 2**

1   Ainm na scoile
2   Cathain a bheidh na daltaí ón séú agus ón tríú bliain ar ais ar scoil?

● **Píosa 3**

1   Cá bhfuil na ranganna ar siúl?
2   Cathain a thosóidh siad?

Caibidil 4

An Aimsir

● **Réamhaisnéis na hAimsire**

Sneachta	Fuar	Ag cur báistí	Scamallach	Gaofar
Sioc	Sleamhain	Ceobhrán		Ceo
Smúit	Grianmhar	Te	Leac oighir	Stoirmiúil
Tintreach	Toirniúil	Leoithne gaoithe	Ceathach	Fliuch
Tirim	Bog	Breá	Flichshneachta	

Na Míonna agus na Séasúir

Eanáir	Aibreán	Iúil	Deireadh Fómhair
Feabhra	Bealtaine	Lúnasa	Samhain
Márta	Meitheamh	Meán Fómhair	Nollaig

An tEarrach: Feabhra, Márta, Aibreán
An Samhradh: Bealtaine, Meitheamh, Iúil
An Fómhar: Lúnasa, Meán Fómhair, Deireadh Fómhair
An Geimhreadh: Samhain, Nollaig, Eanáir

● **Tuairimí Shíle**

Is fuath liom Mí Eanáir mar bíonn sé dorcha

Is gráin liom Mí Aibreáin mar bíonn sé fliuch agus leadránach

Is aoibhinn liom an Samhradh mar bíonn sé te

Is maith liom an geimhreadh mar bíonn sé fuar

Is fearr liom Mí Lúnasa mar téim ar mo laethanta saoire an mhí sin

Is maith liom an Fómhair mar bíonn na crainn go hálainn

● **Do thuairimí**

Líon isteach na bearnaí

1. Is maith liom _____ mar bíonn sé an-fhuar go deo.
2. Ní maith liom _____ mar bíonn sé te.
3. Is breá liom _____ mar bíonn sé tirim.
4. Is fuath liom _____ mar bíonn sé an-fhuar.
5. Is aoibhinn liom _____ mar bíonn sé bog .
6. Is fearr liom _____ mar bíonn sé gaofar.
7. Is gráin liom _____ mar bíonn sé reoite.
8. Is maith liom _____ mar bíonn sé sneachtúil.
9. Is maith liom _____ mar bíonn sé meirbh.
10. Is breá liom _____ mar bíonn sé grianmhar.

Líon isteach na bearnaí

1. Is _____ liom ___Márta_____ mar bíonn sé _____.
2. Is _ gráin _____ liom _____ mar _____.
3. Is _____ liom _____ mar _____.
4. Is _____ liom _____ mar _____.
5. Is ___ aoibhinn ____ liom _____ mar _____.
6. Is _____ liom _____ mar bíonn sé _____.
7. Is _____ liom _____ mar _____ te _____.
8. Is _____ liom _____Iúil _____ mar _____.
9. Is _____ liom _____ mar _____.
10. Is _____ liom _____ mar _____ .

Caibidil 4

● **Abair amach é!**

Freagair na ceisteanna agus scríobh na freagraí isteach sa ghreille thíos

Cén mhí inar rugadh tú? _____

Cén mhí is fearr leat? Cén fáth? _____

Cén mhí nach maith leat? Cén fáth? _____

Cén séasúr is fearr leat? Cén fáth? _____

Cén séasúr nach maith leat? Cén fáth? _____

● **Obair bheirte**

Anois cuir na ceisteanna thuas ar do chara agus líon isteach na freagraí sa ghreille thíos.

Cén mhí inar rugadh tú? _____

Cén mhí is fearr leat? Cén fáth? _____

Cén mhí nach maith leat? Cén fáth? _____

Cén séasúr is fearr leat? Cén fáth? _____

Cén séasúr nach maith leat? Cén fáth? _____

● **An ghaoth**

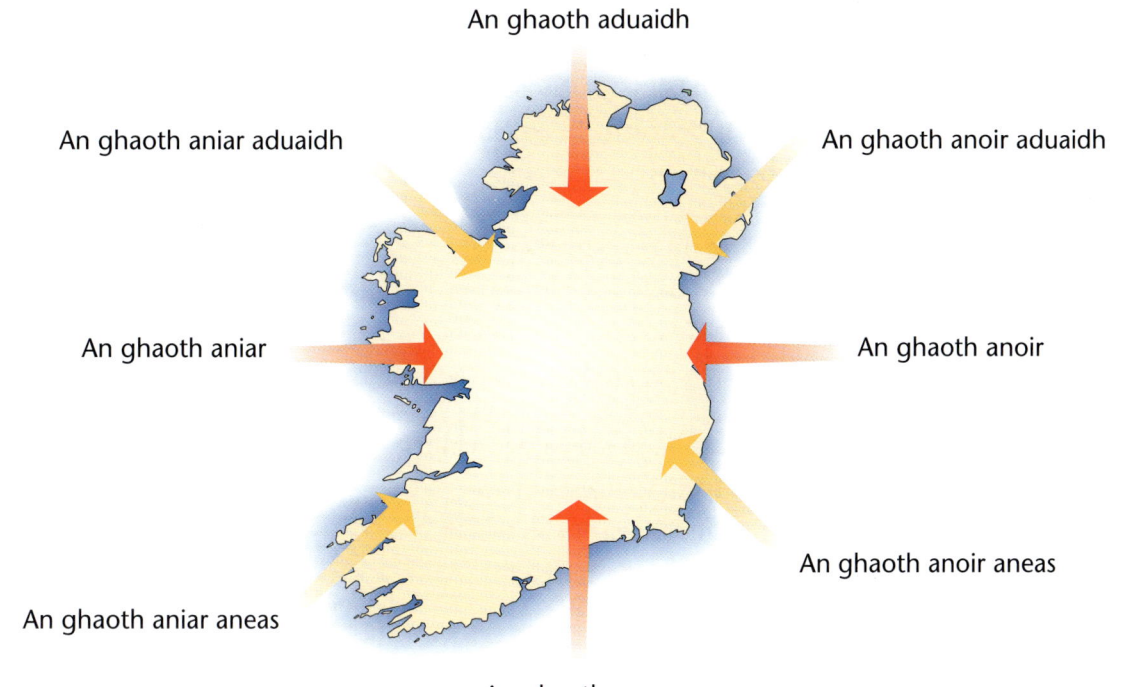

An ghaoth aduaidh

An ghaoth aniar aduaidh

An ghaoth anoir aduaidh

An ghaoth aniar

An ghaoth anoir

An ghaoth anoir aneas

An ghaoth aniar aneas

An ghaoth aneas

● **Cén sórt aimsire atá anseo?**

Tarraing siombail do gach abairt, mar shampla:

1. Tá sé fliuch agus grianmhar.
2. Tá sé scamallach.
3. Tá sé scamallach agus grianmhar.
4. Tá sé fliuch.
5. Tá tintreach agus toirneach ann.
6. Tá báisteach throm ann.
7. Tá sneachta ann.
8. Tá sé grianmhar.
9. Tá an teocht 20°C.
10. Tá gaoth aneas ag séideadh.

● **Meaitseáil an aimsir leis an léarscáil**

1	Tá sé grianmhar san oirthear. Tá sé scamallach sa tuaisceart. Tá sé ag stealladh báistí sa deisceart. Tá tintreach agus toirneach sa deisceart. Tá an teocht 20°C san iarthar. Tá gaoth aneas ag séideadh.	A	
2	Tá sé grianmhar san iarthar. Tá sé scamallach sa tuaisceart. Tá sé ag stealladh báistí san oirthear. Tá tintreach agus toirneach sa deisceart. Tá an teocht 10°C sa deisceart. Tá gaoth aniar aneas ag séideadh.	B	
3	Tá sé grianmhar sa deisceart. Tá sé scamallach san iarthar. Tá sé ag stealladh báistí sa tuaisceart. Tá tintreach agus toirneach san oirthear. Tá an teocht 20°C san oirthear. Tá gaoth aniar ag séideadh.	C	
4	Tá sé grianmhar sa tuaisceart. Tá sé scamallach sa deisceart. Tá sé ag stealladh báistí san iarthar. Tá tintreach agus toirneach san oirthear. Tá an teocht 18°C san iarthar. Tá gaoth anoir ag séideadh.	D	
5	Tá sé fuar san oirthear. Tá sé fionnuar sa tuaisceart. Tá sé ag stealladh báistí sa deisceart. Tá tintreach agus toirneach san iarthar. Tá an teocht 5°C. Tá gaoth aneas ag séideadh.	E	
6	Tá sé te san oirthear Tá sé gaofar sa tuaisceart. Tá sé ag stealladh báistí sa deisceart. Tá gála agus stoirm sa deisceart. Tá an teocht 20°C. Tá gaoth aduaidh ag réabadh.	F	
7	Tá sé ceathach sa tuaisceart. Tá sé gaofar sa deisceart. Tá sé -2°C. Tá gaoth aniar ag séideadh.	G	
8	Tá sé fliuch san oirthear Tá sé scamallach sa tuaisceart. Tá sé ag stealladh báistí sa deisceart. Tá stoirm san iarthar. Tá an teocht 10°C. Tá gaoth aneas ag séideadh.	H	

- **Ar an léarscáil seo cuir isteach an aimsir cheart le haghaidh amárach.**

1 2 3

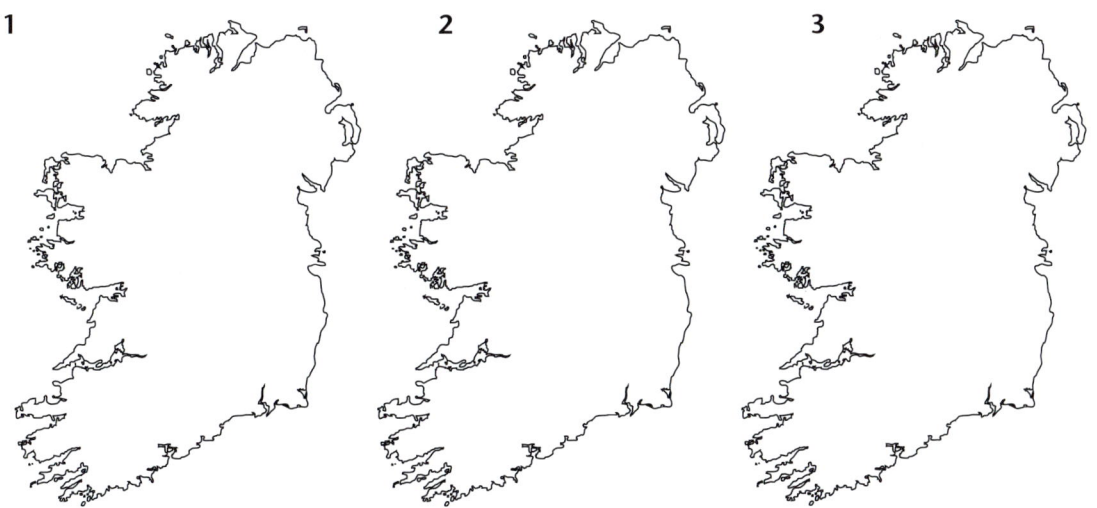

1 Beidh sé fliuch sa tuaisceart. Beidh sé scamallach san oirthear. Beidh sé ag stealladh báistí sa deisceart. Beidh stoirm sa deisceart. Beidh an teocht 10°C san iarthar. Beidh gaoth anoir ag séideadh.

2 Beidh sé te sa deisceart. Beidh sé gaofar sa deisceart. Beidh sé ag stealladh báistí sa deisceart. Beidh gála agus stoirm le báisteach throm san oirthear. Beidh an teocht 20°C sa tuaisceart. Beidh gaoth aduaidh ag réabadh

3 Beidh sé grianmhar sa deisceart. Beidh sé scamallach san iarthar. Beidh sé ag stealladh báistí san iarthar. Beidh tintreach agus toirneach sa tuaisceart. Beidh an teocht 10°C san iarthar. Beidh gaoth aneas ag séideadh.

- **Obair duitse**

**Scríobh amach an aimsir le haghaidh inniu.
Cén sórt aimsire a bheidh ann amárach?**

- **Fógra**

Beidh Scoil Náisiúnta Naomh Áine dúnta inniu agus go deireadh na seachtaine. Rinneadh damáiste don díon le linn na stoirme agus tá an teas lárnach briste. Beidh an scoil ar oscailt arís Dé Luain seo chugainn.

- **Ceisteanna**

1 Cén scoil a bheidh dúnta?
2 Beidh an scoil dúnta go _____ _____ _____.
3 Cad a tharla le linn na stoirme?
4 Cad tá briste?
5 Beidh an scoil ar oscailt arís _____ _____ _____.

Cluastuiscint

Éist go cúramach leis an téip seo. Cloisfidh tú gach duine den triúr seo faoi thrí.

- **An chéad chainteoir**   **Seán de Paor**
1. Cad a tharla sa ghairdín?
2. Cén teocht a bhí ann inné?

- **An dara cainteoir**   **Síle Ní Neachtain**
1. Cén fáth a raibh ionadh ar gach duine inné?
2. Cén teocht atá ann anois?

- **An tríú cainteoir**   **Seosamh de Rís**
1. Cén sórt aimsire a bhí ann arú inné?
2. Cén sórt aimsire is fearr leis?

Nóta

A Mhaim,

Dúnadh an scoil go luath inniu mar tá an teas lárnach briste. Tháinig mé abhaile ag meán lae. Ní raibh tú sa bhaile, mar sin chuaigh mé amach ag imirt peile le mo chairde. Beidh mé ar ais ar a cúig a chlog.

Slán
Stiofán

A Cuir na pictiúr thíos san ord ceart: 1=, 2=, 3=, 4=.

B 1 Cé a scríobh an nóta?
2 Cé dó an nóta?
3 Cathain a tháinig sé abhaile?
4 Cá ndeachaigh sé ansin?
5 Cathain a mbeidh sé ar ais abhaile?

● **Líon isteach na bearnaí**

A ___1___
____2_____ an scoil go luath inniu. Tá poll sa __3____ agus bhíomar ____4____ go craiceann. Tháinig mé abhaile ag ____5____. Ní raibh aon duine sa __6_____, mar sin, _____7___ mé go tigh Liam. Beidh mé __8__ ___9____ ar a 5 a chlog.
____10___.

Cáit

teach
ar
ais
dúnadh
Dhaid
díon
meán lae
fliuch
chuaigh
slán

Dialann Cháit

4 Samhain

Dúnadh an scoil go luath inniu. Bhí stoirm uafásach ann aréir, agus rinneadh damáiste don díon. Bhí sé ag cur báistí go trom i rith na hoíche agus tá na seomraí ranga lán le huisce! Bhíomar ar bís ag dul abhaile. Osclóidh an scoil arís Dé Luain seo chugainn.

5 Samhain

D'fhan mé sa leaba ar maidin. Tá sé fós ag cur báistí agus bhí mé go breá compordach sa leaba. Thosaigh an ghaoth ag séideadh go fiáin sa tráthnóna.

6 Samhain

D'éirigh an stoirm níos measa i lár na hoíche agus bhí gaoth láidir ag séideadh. Dhúisigh mé nuair a chuala mé an tintreach agus an toirneach. Bhí eagla an domhain orm.

7 Samhain

Bhí an aimsir níos fearr inniu. Tá an stoirm críochnaithe ach tá a lán damáiste déanta. Beidh mé ar ais ar scoil ar an Luan.

A   Meaitseáil an pictiúr agus an lá le chéile:

A  _____   B _____

C  _____   D _____

Meaitseáil

B

1	stoirm uafásach	A	*worse*
2	rinneadh damáiste	B	*very frightened*
3	go trom	C	*will open*
4	i rith na hoíche	D	*a terrible storm*
5	osclóidh	E	*heavily*
6	fós	F	*nice and comfortable*
7	go breá compordach	G	*still*
8	go fiáin	H	*wildly*
9	níos measa	I	*damage was done*
10	eagla an domhain orm	J	*during the night*

Obair duitse

C Scríobh amach do dhialann féin don aimsir. Bain úsáid as an sampla thuas.

An cuimhin leat?

Meaitseáil na pictiúir leis na focail.

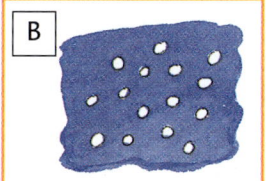

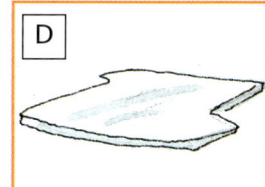

1	scamallach	2	gaofar	3	ag cur báistí	4	ag cur sneachta
5	grianmhar	6	tintreach agus toirneach	7	ceo	8	leac oighir
9	te	10	ceathach				

Caibidil 4

Cluastuiscint

Éist go cúramach leis an téip seo. Cloisfidh tú gach fógra faoi dhó.

- **Fógra 1**
1. Cén t-am a bheidh sé tirim?
2. Cad a tharlóidh amárach?

- **Fógra 2**
1. Cathain a bheidh sé stoirmiúil?
2. Cad a tharlóidh amárach?

- **Fógra 3**
1. Cad tá ar siúl sa deisceart?
2. Cathain a chríochnóidh na gálaí?

Laethanta Saoire

Labels on illustration: ag snámh, ag tumadh, na tonnta, tuáille, ag luí faoin ngrian, gaineamh, ag ithe picnice, ag lapadáil, sliogáin, ag tógáil caisleáin, sluasaid, buicéad

- **Líon isteach na bearnaí leis na focail thuas.**

1. Tá an buachaill beag _____ 1_____ san uisce.
2. Tá an bhean ___ ____2_____ ón gcarraig mhór.
3. Tá na páistí beaga __ ____3____ _____ le ____4_____ agus ____5____.
4. Tá an chlann ___ _____ _6_____ ar an n_____7____.
5. Tá na déagóirí ___ ____8_____ san uisce.
6. Tá na mná ___ _____ _9____ _____ ar ___10___.

122

Foclóir

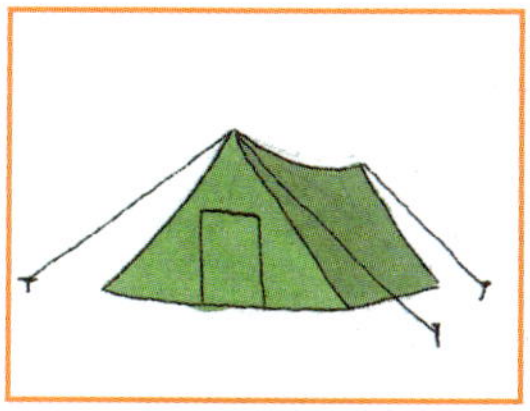

ag campáil	 i gcarbhán	 in óstán	 i gcampa saoire
 i dteach ar cíos	i mbrú óige	 i mbád ar abhainn	 i lóistín sa Ghaeltacht
 leaba agus lóistín	 ionad campála		

Líon isteach na bearnaí leis na focail thuas.

1. Táim _____ _____ ar _____.
2. Táimid ag fanacht _ _____.
3. Tá siad ag fanacht in _____.
4. Tá na buachaillí _____ _____ san ionad campála.
5. Táimid i ____ __ ____ cois trá
6. Tá na daltaí _ _____ __ _____.
7. Tá na gasóga ag fanacht i ____ ____

Fóclóir

bagáiste	 mála droma	 málaí taistil	 hata gréine
 ola gréine	 brístí gréine		

Caibidil 4

123

Áiteanna Saoire

Éire

Ainmnigh na contaetha seo a leanas ar an léarscáil seo:

Dún na nGall	An Mhí	Maigh Eo
Doire	Cill Mhantáin	Sligeach
Aontroim	Loch Garman	Ros Comáin
An Dún	Ceatharlach	Liatroim
Ard Mhacha	Cill Dara	Port Láirge
Fear Manach	Cill Chainnigh	Corcaigh
Tír Eoghain	Laoise	Ciarraí
Muineachán	Uíbh Fhailí	Luimneach
An Cabhán	An Iarmhí	An Clár
Lú	An Longfort	Tiobraid Árainn.
Baile Átha Cliath	Gaillimh	

● **Meaitseáil an tír agus an léarscáil.**

1. An Spáinn
2. An Fhrainc
3. An Phortaingéil
4. An Ghearmáin
5. Sasana
6. An Bhreatain Bheag
7. Albain
8. An Iodáil
9. An Ghréig
10. An Eilvéis
11. An Ostair
12. Na Stáit Aontaithe
13. An Astráil

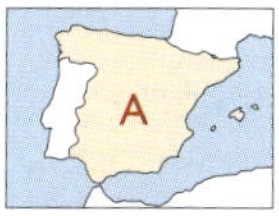

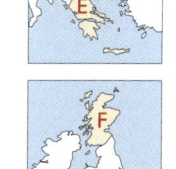

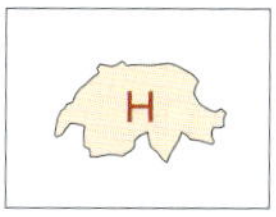

● **Ainmnigh na tíortha ar an léarscáil seo**

1. An Spáinn
2. An Fhrainc
3. An Phortaingéil
4. An Ghearmáin
5. Sasana
6. An Iodáil
7. An Ghréig
8. An tSualainn
9. Albain
10. Éire
11. An Ostair
12. An Eilvéis
13. An Bhreatain Bheag

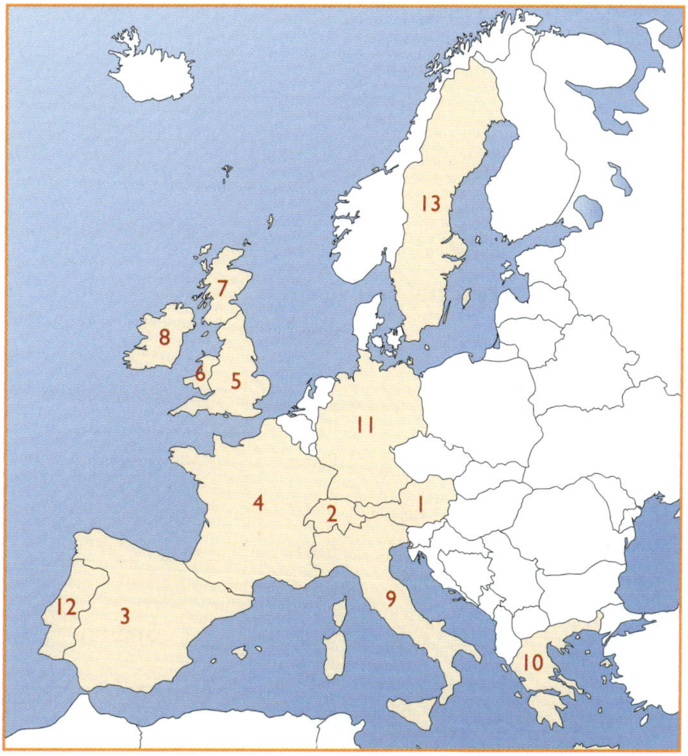

Caibidil 4

125

● **Tuairimí Úna**

- Is maith liom an Spáinn mar bíonn sé te
- Is fuath liom an Fhrainc mar itheann siad seilidí
- Is gráin liom Ciarraí mar bíonn sé fliuch
- Is aoibhinn liom na Stáit Aontaithe mar bíonn sé lán de spraoi
- Gráim an Eilvéis mar téim ag scíáil ann
- Is fearr liom Loch Garman mar téim ar mo laethanta saoire go minic ann

● **Do thuairimí**

Líon isteach na bearnaí

1. Is maith liom _____ mar bím ag scíáil ann.
2. Ní maith liom _____ mar tá sé te.
3. Is breá liom _____ mar tá sé tirim.
4. Is fuath liom _____ mar bíonn an áit salach.
5. Is aoibhinn liom an Trá Mhór i bPort Láirge mar bíonn an trá go hálainn.
6. Is fearr liom _____ mar bíonn sé fliuch i gcónaí.
7. Is gráin liom _____ mar ní bhíonn na daoine cairdiúil.
8. Is maith liom _____ mar tá sé sneachtúil.
9. Is maith liom _____ mar tá sé meirbh.
10. Is breá liom _____ mar tá sé grianmhar.

Líon isteach na bearnaí

1. Is _____ liom ___trá_____ mar tá sé _____.
2. Is _ gráin _____ liom _____ mar _____.
3. Is _____ liom _____ mar _____.
4. Is _____ liom _____ mar _____.
5. Is ___ aoibhinn ___ liom _____ mar _____.
6. Is _____ liom _____ mar tá sé _____.
7. Is _____ liom _____ mar _____ te___ ___.
8. Is _____ liom ___Spáinn___ mar _____.
9. Is _____ liom _____ mar _____.
10. Is _____ liom _____ mar _____.

● **Abair amach é!**

Freagair na ceisteanna agus scríobh na freagraí sa ghreille thíos.

An ndeachaigh tú ar laethanta saoire riamh? _____

Cá ndeachaigh tú? _____

Conas a bhí an aimsir? _____

Cé a bhí in éineacht leat? _____

Cár fhan tú? _____

Cad a bhí le déanamh agat gach lá? _____

An raibh na daoine go deas ann? _____

● **Obair bheirte**

Cuir na ceisteanna thíos ar do chara agus líon isteach an ghreille.

An ndeachaigh tú ar laethanta saoire riamh? _____

Cá ndeachaigh tú? _____

Conas a bhí an aimsir? _____

Cé a bhí in éineacht leat? _____

Cár fhan tú? _____

Cad a bhí le déanamh agat gach lá? _____

An raibh na daoine go deas ann? _____

● **Fógra**

Saoire

Beidh Saoire san Eilvéis ar fáil an geimhreadh seo chugainn ar chúig chéad euro an duine. Eitleoidh an t-eitleán ar a naoi ó aerfort Chorcaí. Sroichfidh sé an Ghinéiv ar a haon. Téann daoine thar dhá bhliain d'aois ar phraghas iomlán. Díoltar ticéid sa siopa taistil nó is féidir iad a cheannach ach glao a chur ar an uimhir 051 656790. Bíodh do chárta creidmheasa réidh agat.

1. Cad tá ar díol?
2. Cathain a eitleoidh na heitleáin?
3. Cén praghas atá air?
4. Cathain a shroichfidh sé an Eilvéis?
5. Cá bhfuil na ticéid ar díol?

Gluais	
eitleoidh	will fly
sroichfidh	will reach
ar phraghas iomlán	full price
cárta creidmheasa	credit card

● **Fógra**

ÓSTÁN NA PÁIRCE
CONTAE NA GAILLIMHE

An bhfuil sos ag teastáil uait?

Tar anseo go hÓstán na Páirce agus bí ar do sháimhín só! Linn snámha, galf chúrsa, cúirt leadóige, marcaíocht chapaill, bialann, feighlíocht leanaí. Deireadh seachtaine: €85.00 an duine (leaba, lóistín agus dinnéar ar feadh dhá lá).

Gluais	
do sháimhín só	at your ease
feighlíocht leanaí	childminding

1. Cá bhfuil an t-óstán suite?
2. Ainmnigh na háiseanna atá san óstán.
3. Cén praghas atá ar an tsaoire seo?
4. An féidir le teaghlach dul ar an tsaoire seo?

Cárta Poist

Meaitseáil

Bí réidh roimh ré!

Tá na focail thíos sa chárta phoist. Déan an mheaitseáil agus beidh tú réidh.

1	Táim lánsásta anseo	A	Nice view	1 =
2	Is áit mhór é	B	I'm really happy here	2 =
3	na Stáit Aontaithe	C	It is a big place	3 =
4	Tá an lóistín in aice na farraige	D	The United States	4 =
5	radharc deas	E	The accommodation is by the sea	5 =
6	measartha mór	F	City centre	6 =
7	an pháirc spraoi	G	Quite big	7 =
8	lár na cathrach	H	The fun park	8 =

A Sheosaimh,

Nuala anseo. Táim anseo i bhFlorida ar mo laethanta saoire le mo mhuintir.

Táim lánsásta anseo. Is áit mhór é sna Stáit Aontaithe. Tá an lóistín in aice na farraige agus tá radharc deas uaidh. Tá an chathair thart timpeall orainn.

Tá an aimsir go deas. Tá sé te, tirim agus grianmhar faoi láthair. Tá an áit measartha mór agus gach áis ann. Rinneamar roinnt siopadóireachta inné agus bhí borgaire agus sceallóga agam. Ansin chuaigh mé le mo mhuintir chuig an bpáirc spraoi. Bhí sé go hiontach.

Bhain mé triail as gach áis agus as an marcaíocht. Bhí sé ar fheabhas. Beidh mé ag teacht abhaile go luath.

Slán

Nuala

3 Gleann Beithe
An Neidín
Ciarraí

Caibidil 4

● **Ceisteanna**

1. Cé a scríobh an cárta seo?
2. Cé dó é?
3. Cá bhfuil an cailín ag fanacht?
4. Ainmnigh na rudaí a rinne siad sa chathair.
5. Luaigh rud amháin eile a rinne sí.
6. An maith léi an áit seo?

● **Cárta Poist**

Líon isteach na bearnaí leis na focail sa bhosca thíos.

A Mháire,

Nuala anseo. Táim anseo i ____1____ ar mo laethanta saoire. Táim lánsásta anseo. Is áit mhór é sa ____2____. Tá an lóistín in aice __3__ agus tá radharc gleoite uaidh. Tá an ___4___ thart timpeall orainn. Tá an aimsir go deas. Tá sé te, ___5___ agus grianmhar faoi láthair. Tá an áit beag. D'imigh mé don trá inné. Chuaigh mé ag ____6___ agus luigh mé faoin __7____. Chuaigh mé go dtí an _____8_____ san oíche. Níor thaitin sé liom mar bhí sé _____9__ le daoine. Táim ag baint an-taitneamh as an __10____. Beidh mé ar ais ____11____ go luath.

Slán
Nuala

saoire	dioscó
nDún na nGall	tuath
abhaile	tirim
Tuaisceart	snámh
plódaithe	ngrian
na farraige	

● **Bain triail as!**

Obair duitse:

Tá tú ar do laethanta saoire i Sasana. Déan cur síos ar na himeachtaí go léir. Scríobh cárta poist chuig do chara.

Luaigh –

A An áit
B Na háiseanna
C An bhfuil tú sásta?
D Rud faoin aimsir
E Na daoine a bhí in éineacht leat

Cluastuiscint

Éist go cúramach leis an téip seo. Cloisfidh tú gach comhrá faoi thrí.

● **Comhrá 1**
1 Cén dath atá ar Bhríd?
2 Cá raibh Nóra?
3 Cad a bheidh Nóra ag déanamh ar a laethanta saoire?

● **Comhrá 2**
1 Cá fhad a bheidh Liam ar saoire?
2 Cén t-am é?
3 Cad a sheolfaidh Liam chuig Seán?

● **Comhrá 3**
1 Cad a cheap Laoise faoin saoire?
2 Cathain a rachaidh Áine go hEurodisney?
3 Cé a rachaidh go hEurodisney léi?

An Litir

● **Bí réidh roimh ré!**

Tá na focail thíos sa litir a leanann an mheaitseáil. Déan an mheaitseáil ar dtús agus beidh tú réidh.

● **Meaitseáil**

1	Beatha agus sláinte	A	Believe it or not	1 =
2	Is fada an lá ó chuala mé uait	B	Forgive the delay	2 =
3	Is dócha go bhfuil mí go leith imithe ó scríobh tú chugam.	C	I am sorry I have not written sooner	3 =
4	Maith dom an mhoill.	D	I have a good excuse	4 =
5	Tá brón orm nár scríobh mé níos luaithe	E	we were tired after the journey	5 =
6	Tá leithscéal maith agam.	F	I suppose it is a month and a half since you wrote to me	6 =
7	Creid é nó ná creid	G	I was lucky	7 =
8	Bhíomar scriosta tar éis an aistir	H	It is a long time since I heard from you	8 =
9	dath na gréine	I	We were presented with an award	9 =
10	ar mo sháimhín só	J	suntan	10 =
11	Bhí an t-ádh liom	K	relaxed	11 =
12	Bronnadh an duais orainn	L	fond greetings	12 =

Seomra 5
Óstán Piraeus
An Ghréig

15 Lúnasa

A Shíle, a chara,

Beatha agus sláinte! Sinéad de Faoite anseo. Is fada an lá ó chuala mé uait. Is dócha go bhfuil suas le mí go leith imithe ó scríobh tú chugam. Maith dom an mhoill. Tá brón orm nár scríobh mé níos luaithe ach tá leithscéal maith agam.

Creid é nó ná creid tá mé sa Ghréig le coicís anuas, Bhuaigh mé comórtas sa nuachtán le duais saoire. Bhí an t-ádh liom. Tá mé féin agus mo thuismitheoirí agus mo chara Aoife anseo. Bhíomar scriosta tar éis an aistir ar fad, ach táim ar mo sháimhín só anois. Is aoibhinn liom an áit mar gheall ar an gcraic agus an spraoi atá ann. Is dóigh liom go bhfuil suas le caoga bialann ann agus siopaí de gach saghas agus tá trá álainn os comhair an óstáin. Tá an aimsir go hiontach agus níl scamall ar bith sa spéir. Luím faoin ngrian gach lá agus tá dath na gréine orm anois. Tá na daoine an-lách agus tá an bia blasta.

Bronnadh an duais orainn mí ó shin. Fuaireamar seic míle euro agus na ticéid. Chuamar ag ceiliúradh ansin. Bhíomar ar scamall a naoi. Is iontach an t-ionad é. Arú inné bhí an chéad seans agam eitilt i mbalún agus bhí suas le cúigear eile ann. Bhí sé go hiontach!

Feicfidh mé thú go luath.

Slán go fóill,
Sinéad

● **Ceisteanna**

1. Cé a scríobh an litir seo?
2. Cá bhfuil sí ina chónaí?
3. Cén fáth nár scríobh sí go dtí seo?
4. Cén sórt comórtais a bhí ar siúl?
5. Cad ab ainm don tír?
6. Cad a bhuaigh sí?
7. Cé atá in éineacht léi?
8. Cé mhéad daoine atá ann?
9. Cá raibh sí arú inné?
10. Luaigh dhá imeacht a tharla?
11. Luaigh rud éigin faoi na duaiseanna.

Meascán Mearaí

Críochnaigh na focail seo a leanas

Sampla: le co*c*s *nu*s = *in the last fortnight* = le coicís anuas

1	le co*c*s *nu*s	*in the last fortnight*
2	com*rt*s	*competition*
3	nu*cht*n	*newspaper*
4	du**s	*prize*
5	m*r ghe*ll *r *n	*because of*
6	spr*o*	*fun*
7	b**l*nn	*restaurant*
8	os comh**r	*before*
9	se*c m*le euro	*a cheque for a thousand euro*
10	n* t*cé*d.	*the tickets*
11	*g ce*l*úr*dh	*celebrating*
12	*r sc*m*ll * n*o*.	*on cloud nine*
13	*n t-*dh	*the luck*
14	e*t*lt * mb*lún	*flying in a baloon*
15	Sl*n go f**ll	*goodbye for now*

● **Léigh an litir agus líon isteach na bearnaí leis na focail sa bhosca thíos.**

Óstán na Páirce
Marbella

15 Iúil

A Shíle, a __1___,
Beatha agus __2__! ___3__ anseo. Is fada an lá ó chuala mé uait. Is dócha go bhfuil suas le mí go leith imithe ó scríobh tú chugam. Maith dom mo __4___.Tá brón orm nár scríobh mé níos luaithe ach tá leithscéal maith agam.

Creid é nó ná creid tá mé sa ___5___ le coicís anuas. Fuair mé ___6__ saoire. Bhí an t-ádh liom. Tá mé féin agus mo thuismitheoirí agus mo chara Nuala anseo. Is aoibhinn liom an áit. Tá siopaí de gach saghas anseo agus tá trá álainn ___7__ an óstáin. Is __8__an ceantar é. Tá na ____9_____ an-lách agus tá an ___10____ go hálainn. Tá an ____11____ ar fheabhas. Níl _____12____ ar bith sa spéir agus bíonn ___13___ ag spalpadh gach lá. Feicfidh mé thú go luath.

Slán go fóill
Ruairí

daoine	scamall	os comhair
bia	Ruairí	bronntannas
chara	an ghrian	iontach
aimsir	mhoill	
sláinte	Spáinn	

● **Bain triail as!**

Obair duitse:

Scríobh litir ag insint do do chara faoi do shaoire agus conas mar a chaith tú do chuid ama ann. Bain úsáid as na nathanna agus as an litir shamplach.

Luaigh –

A an aimsir

B na daoine

C an bia

D taisteal

E cathain a fheicfidh tú an duine sin arís?

Comhrá

Bhuail Eimear le Seán sa chathair. Tá Eimear ag fanacht ar an traein.

Eimear: Dia duit, a Sheáin. Cén chaoi a bhfuil tú?

Seán: Dia is Muire duit, táim ar mhuin na muice. Cén chaoi a bhfuil tú féin?

Eimear: Go dona …

Seán: Cén fáth?

Eimear: Táim ag siopadóireacht do mo laethanta saoire. Tá éadaí nua á gceannach agam. Tá mé déanach.

Seán: Cá bhfuil tú ag dul ar do laethanta saoire?

Eimear:	Go dtí an Spáinn.
Seán:	Nach ortsa atá an t-ádh.
Eimear:	Beidh mé ag imeacht go Porto del Fino amárach
Seán:	Bhuel, bhí mé ann anuraidh. Is aoibhinn liom an ceantar sin.
Eimear:	Inis dom faoi.
Seán:	Tá sé suite i ndeisceart na Spáinne in aice na farraige.
Eimear:	An bhfuil na háiseanna go maith ann?
Seán:	Tá bialanna de gach sórt ann agus tá ionad spóirt, óstáin agus trá álainn ann.
Eimear:	Tá sé sin go maith. An bhfuil rud ar bith de dhíth ann?
Seán:	Tá siopaí maithe de dhíth ann. Tá sé ceart go leor mar is féidir libh dul isteach sa chathair ach bíonn sé fada go leor ar an mbus.
Eimear:	Céard faoin oíche?
Seán:	Tá trí chlub oíche ann. Bíonn dioscó acu chuile oíche.
Eimear:	Seol cárta poist chugam.
Seán:	Cinnte. Cén seoladh atá agat?
Eimear:	Is é seo mo sheoladh, 13 Bóthar Buí, Dún Droma. Ó féach, tá an traein ag teacht. Slán!
Seán:	Slán agat.

Gluais

cathair	*city*	suite	*situated*
fanacht	*waiting*	i ndeisceart na Spáinne	*in the south of Spain*
Cén chaoi a bhfuil tú?	*how are you?*	in aice na farraige	*beside the sea*
táim ar mhuin na muice	*I am on top of the world*	na háiseanna	*the facilities*
déanach	*late*	bialann	*restaurant*
an Spáinn	*Spain*	óstáin	*hotels*
Nach ortsa atá an t-ádh	*aren't you lucky*	de dhíth	*missing*
anuraidh	*last year*	mo sheoladh	*my address*
Is aoibhinn liom	*I love*		

Líon isteach na bearnaí leis na focail sa bhosca thíos.

Tá ___1___ agus ___2___ ag caint le chéile. Bhí Eimear ag ___3___. Cheannaigh sí a ___4___ Tá sí ag dul ar a laethanta ___5___. Tá an ___6___ léi. Rachaidh sí go dtí an ___7___. Bhí Seán ann___8___. Tá ___9___ agus ___10___ ann. Níl na siopaí go ___11___. San oíche bíonn___12___ar siúl.

t-ádh	Eimear	trá	dioscó
Spáinn	Seán	bialanna	cuid éadaí saoire
anuraidh	siopadóireacht	maith	saoire

● **Comhrá**

Líon isteach na línte atá in easnamh leis na focail sa bhosca thíos:

Bhuail Eibhlín le Sorcha sa chathair. Tá Eibhlín ag fanacht ar an traein.

Eibhlín: Dia duit, a Shorcha. Cén chaoi a bhfuil tú?
Sorcha: _____
Eibhlín: Go huafásach
Sorcha: _____
Eibhlín: Táim ag siopadóireacht do mo laethanta saoire. Tá cás nua á cheannach agam. Tá mé déanach.
Sorcha: _____
Eibhlín: An Fhrainc
Sorcha: _____
Eibhlín: Beidh mé ag dul go Bordeaux amárach.
Sorcha: _____
Eibhlín: Inis dom faoi.
Sorcha: _____
Eibhlín: An bhfuil na háiseanna go maith ann?
Sorcha: _____
Eibhlín: Tá sé sin go maith, an bhfuil rud ar bith de dhíth ann?
Sorcha: _____
Eibhlín: Céard faoin oíche?
Sorcha: _____
Eibhlín: Seol cárta poist chugam.
Sorcha: _____
Eibhlín: Is é seo an seoladh atá agam, 13 Bóthar Glas, Dún Mór. Ó féach tá an traein ag teacht. Slán leat!
Sorcha: _____

Tá bialanna de gach sórt, ionad spóirt, óstáin agus páirc spraoi ann.
Níl aon rud de dhíth.
Dia is Muire duit, cad é mar tá tú?
Cén fáth?
Bíonn sé go hiontach san oíche.
Cén seoladh atá agat?
Slán agat.
Cá bhfuil tú ag dul ar do laethanta saoire?
Cathain a bheidh tú ag dul ar saoire?
Chuaigh mo dheartháir Seán ann dhá bhliain ó shin.
Thaitin sé leis.

● **Bain triail as!**

Obair duitse:

Bhuail tú le do chara ar an tsráid. Bhí sibh ag caint faoi laethanta saoire. Scríobh amach an comhrá.

Dán

● **Bí réidh roimh ré!**

Tá na focail thíos sa dán a leanann an mheaitseáil. Déan an mheaitseáil ar dtús agus beidh tú réidh.

● **Meaitseáil**

1	lá buí	A	smell of grass	1 =
2	brothallach	B	newly cut	2 =
3	boladh an fhéir	C	days	3 =
4	úrbhainte	D	people	4 =
5	crónán	E	golden day	5 =
6	beach	F	sweltering	6 =
7	cuimhní	G	scythe	7 =
8	laetha	H	working	8 =
9	dhaoine	I	evenly	9 =
10	speal	J	tiredly	10 =
11	ag saothrú	K	conversation	11 =
12	go tomhaiste	L	neighbours	12 =
13	tuirsiúil	M	long ago	13 =
14	comhrá	N	buzzing	14 =
15	comharsan	O	bees	15 =
16	fadó	P	memories	16 =

● **Cuairt Shamhraidh**

le Pádraig Mac Suibhne

Lá buí
brothallach
boladh an fhéir
úrbhainte
crónán beach
agus cuimhní
ar laetha
ar dhaoine
ar speal
ag saothrú
go tomhaiste
tuirsiúil
idir chomhrá comharsan
agus tae faoin ghrian
sa bhaile
fadó.

- **Ceisteanna**

A   Cuir na pictiúir san ord ceart. 1=, 2=, 3=, 4=

| A | B | C | D |

B   Fíor nó bréagach

		Fíor	Bréagach
1	Tá an file istigh.	☐	☐
2	Tá sé fuar.	☐	☐
3	Is aoibhinn leis a bheith amuigh.	☐	☐
4	Is fuath leis an aimsir.	☐	☐
5	Is cuimhin leis daoine ag obair.	☐	☐
6	Bhí tae acu istigh.	☐	☐
7	Tharla sé fadó.	☐	☐

8   Cén sórt aimsire a bhí ann?
9   Cad a bholaigh sé?
10 Cad a chuala sé?
11 Bhí cuimhne aige ar rudaí áirithe. Cad iad?
12 Cad a bhí acu faoin ngrian?
13 Cár shuigh sé?
14 Cathain a tharla na rudaí seo?
15 Cén t-am den bhliain a bhí ann? Tabhair cúis le do fhreagra.
16 An raibh áthas ar an bhfile, an dóigh leat? Tabhair cúis le do fhreagra.
17 Cad a bhí ar siúl ag an speal?
18 An raibh an obair seo deacair? Tabhair cúis le do fhreagra.
19 Tá pictiúr amháin againn de lá breá grianmhar faoin tuath.
    An maith leat an pictiúr seo? Cén fáth?

Cluastuiscint

Éist go cúramach leis an téip seo. Cloisfidh tú gach píosa faoi dhó.

- **Píosa 1**

1   Cad a d'oscail an tAire?
2   Ainmnigh áis amháin nach bhfuil san aerfort nua.

Píosa 2

1. Cad é uimhir an eitleáin?
2. Cathain a bheidh an t-eitleán ag tógáil paisínéirí ar bord?

Píosa 3

1. Cá bhfuil an t-óstán seo?
2. Ainmnigh rud amháin nach bhfuil ceadaithe.

An Scéal

Bí réidh roimh ré!

Tá na focail thíos sa scéal a leanas. Déan an lúbra ar dtús agus beidh tú réidh roimh ré.

Lúbra

Cá bhfuil na focail seo a leanas?

Samhradh	*summer*	ar ball	*eventually*
áit feithimh	*waiting room*	ceann scríbe	*destination*
ar díol	*for sale*	an teas	*the heat*
an freastalaí	*the attendant*	an t-óstán	*the hotel*
bealaí éalaithe	*escape routes*	cairdiúil	*friendly*

B	E	R	U	I	O	P	N	M	M	S	A	C	B	M	C	E	U	I	O
T	E	E	U	I	O	M	C	E	A	N	N	S	C	R	Í	B	E	O	G
E	S	A	R	D	Í	O	L	T	R	B	U	E	T	U	Ó	E	Ó	I	S
P	O	N	L	I	G	O	B	M	B	F	L	E	S	T	L	S	E	I	D
E	C	T	E	A	N	F	R	E	A	S	T	A	L	A	Í	A	E	S	A
N	C	E	D	E	Í	A	U	I	L	D	L	T	I	O	P	M	S	E	C
R	C	A	S	E	E	É	Á	E	L	B	T	U	I	D	S	H	E	T	O
P	C	S	I	E	R	U	A	N	T	Ó	S	T	Á	N	P	R	C	N	M
E	S	T	O	R	D	I	P	L	U	O	P	F	P	D	C	A	B	N	M
A	D	G	H	L	D	E	R	U	A	O	P	F	L	C	M	D	U	I	G
E	C	T	U	I	P	I	E	R	Á	I	T	F	E	I	T	H	I	M	H
O	L	G	B	N	M	S	Ú	E	R	U	T	O	P	O	B	N	M	C	N
E	C	G	L	O	P	D	E	I	S	C	E	H	E	T	I	O	P	L	N
P	E	R	C	B	G	H	L	I	L	E	R	T	E	O	I	P	D	S	A

Caibidil 4

● **Mo laethanta saoire**

An Samhradh a bhí ann. Dhúisigh mé go moch ar maidin. Ba é mo chéad lá ar mo laethanta saoire é. Bhí idir ionadh agus ghliondar orm. D'fhéach mé amach an fhuinneog. Lá breá Samhraidh a bhí ann. Bhí an ghrian ag taitneamh go hard sa spéir gheal ghorm agus leoithne ghaoithe ag séideadh go mall. Nigh mé m'aghaidh agus mo lámha go deifreach agus chuir mé mo chuid éadaigh orm; léine bhán, bríste géine agus geansaí gorm. Síos staighre liom go tapa agus isteach liom sa chistin. D'ith mé calóga arbhair agus tósta. Bhí cupán tae agam agus chuir mé na gréithe sa mheaisín nite gréithe. Amach an doras liom ansin agus bhí an carr beagnach lán ag m'athair le cásanna. Ghlaoigh sé orm. Bhíomar ag imeacht. Shroicheamar an t-aerfort ar a deich.

Ar aghaidh linn isteach agus d'fhágamar na cásanna go léir ag an gcuntar leis an bhfreastalaí deas. Chuamar go dtí an áit feithimh. Ní fhaca mé a leithéid riamh. Bhí céad siopa le chéile i lár na háite. Bhí gach rud ar díol ann. Bhreathnaigh mé ar an áit le hionadh. Chuaigh mé timpeall le mo dheartháir Maidhc. Mhol ár dtuismitheoirí dúinn a bheith ar ais i gceann deich nóiméad. Cheannaigh mé buidéal cóc agus fuair mo dheartháir iris le léamh. Thángamar ar ais agus bhí daoine ag dul ar bord an eitleáin. Bhí mé beagáinín neirbhíseach. Shuíomar síos agus thaispeáin an freastalaí na bealaí éalaithe dúinn. Ansin suas linn san aer. Dhún mé mo shúile. D'fhág mé mo chroí ar an talamh. Thosaigh mo dheartháir ag magadh fúm. Chuir sé fearg orm. Tháinig an bia ansin. Ní fhaca agus níor bhlais mé a leithéid riamh. Bhí sé déisteanach. Ghread an turas ar aghaidh go mall. D'fhéachamar ar scannán. Ar ball thuirling an t-eitleán ag an gceann scríbe. An teas! Bhí sé cosúil le sorn. Chuamar go dtí an t-óstán. Chomh luath agus ab fhéidir linn léim mé féin agus mo dheartháir isteach sa linn snámha. Thaitin an áit go mór linn. Bhí na daoine cairdiúil agus bhí an bia blasta. I rith an lae chuamar go dtí an trá nó don ionad spraoi síos an bóthar uainn. San oíche chuamar go dtí an cheolchoirm san óstán. Tar éis coicíse bhíomar ag imeacht. Ar ais linn don aerfort agus chuamar ar an eitleán arís. D'fhéach mé ar m'uaireadóir, bhí ionadh orm mar bhíomar beagnach in Éirinn arís. Thuirling an t-eitleán in aerfort na Sionainne. D'imíomar abhaile tuirseach traochta ach lán de chuimhní ar ár laethanta saoire.

● **Cuir lipeád ar na pictiúir thíos:**

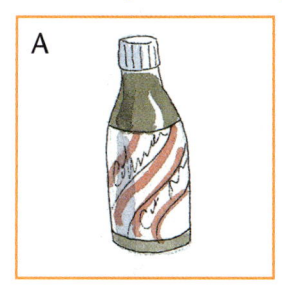

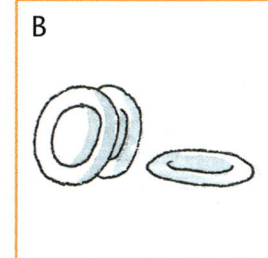

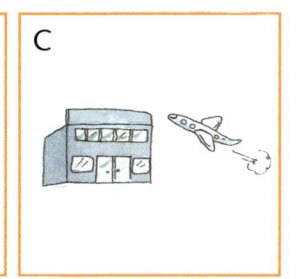

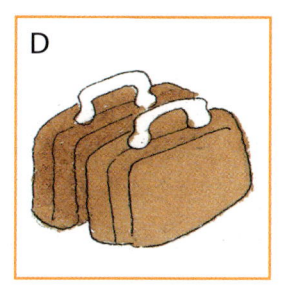

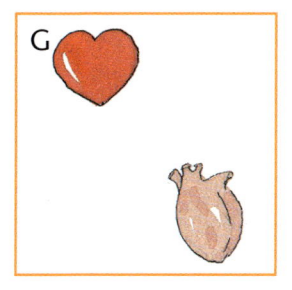

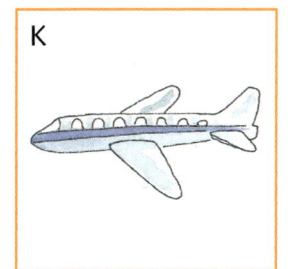

A B C D
E F G H
I J K

linn snámha
an t-eitleán
croí
buidéal cóc
iris
calóga arbhair
tósta.
gréithe
meaisín nite gréithe
cásanna
an t-aerfort
cuntar
freastalaí
sorn

L M N

● **Ceisteanna**

Fíor nó bréagach

		Fíor	Bréagach
1	Ba é an dara lá dá laethanta saoire é	☐	☐
2	Lá breá a bhí ann	☐	☐
3	Chuaigh sé ar saoire ar eitleán	☐	☐
4	Bhí siad ag fanacht in óstán	☐	☐
5	Bhí sé an-te	☐	☐

Caibidil 4

6   Déan cur síos ar an turas.
7   Déan cur síos ar an aimsir.
8   Déan cur síos ar an aerfort.
9   Cén chaoi a raibh an eitilt?
10 Cad a rinne a dheartháir?
11 Cén sórt daoine a bhí ann?
12 Cad a rinne siad nuair a shroich siad an t-óstán?
13 Déan cur síos ar an óstán.
14 An dóigh leat go raibh sé sásta leis an tsaoire? Cuir cúis le do fhreagra.
15 Ar mhaith leatsa dul ar saoire ann? Cuir cúis le do fhreagra.

● **Meaitseáil**

1	ionadh	A	on board	1 =
2	ag taitneamh	B	quickly	2 =
3	ag séideadh	C	they warned us	3 =
4	go deifreach	D	hurriedly	4 =
5	go tapa	E	within	5 =
6	beagnach	F	almost	6 =
7	an cheolchoirm	G	shining	7 =
8	i gceann	H	amazement	8 =
9	mhol siad	I	the concert	9 =
10	ar bord	J	blowing	10 =

● **Meascán Mearaí**

Críochnaigh na focail seo a leanas

Sampla b*agá*nín ne*rbhís*a*h = *a little nervous* = beagáinín neirbhíseach

1	b*agá*nín ne*rbhís*a*h	a little nervous
2	ta*a*h	land
3	f*arg	anger
4	an b*a	the food
5	s*annán	a film
6	b*asta	tasty
7	*onad sprao*	fun park
8	*n É*r*nn	in Ireland
9	A*rfort na S*ona*nn*.	Shannon Airport
10	*u**hní	memories

● Meaitseáil

1	déisteanach	A	gaoth bhog	1 =
2	tuismitheoirí	B	rud nach bhfuil go deas	2 =
3	uaireadóir	C	uirlis ama	3 =
4	ag magadh fúm	D	an- tuirse	4 =
5	laethanta saoire	E	am saor gan obair	5 =
6	an turas	F	Mamaí agus Daidí	6 =
7	tuirseach traochta	G	ag gáire fúm	7 =
8	leoithne ghaoithe	H	áthas	8 =
9	gliondar	I	aistear	9 =

Gluais			
Dhúisigh mé	I woke	Shuíomar	We sat
D'fhéach mé	I looked	Thaispeáin sé	He showed
Nigh mé	I washed	Dhún mé	I closed
D'ith mé	I ate	Thosaigh sé	He started
Chuir mé	I put	Níor bhlais mé	I didn't taste
Ghlaoigh mé	I called	Ghread sé	He slogged
Shroicheamar	We reached	D'fhéachamar	We looked
D'fhágamar	We left	Thuirling sé	He descended
Ní fhaca mé	I didn't see	Thaistlíomar	We travelled
Bhreathnaigh mé	I looked	Thaitin -------- linn.	We liked
Chuaigh mé	I went	Phléigh siad	They discussed
Mhol siad	They warned	Thug sé	He gave
Cheannaigh mé	I bought	Chuamar	We went
Thángamar	We came	D'imíomar	We went

● Bain triail as!

Obair duitse:

Scríobh do scéal féin:

Tosaigh mar seo.

Ba é mo chéad lá ar mo laethanta saoire é. Bhí idir ionadh agus ghliondar orm..........................

Cluastriail

Éist go cúramach leis an téip seo. Cloisfidh tú gach duine den triúr seo faoi thrí.

● **An chéad chainteoir**   **Seán de Paor**

1 Cá bhfuil Seán ina chónaí?
2 Cén sórt aimsire a bhí ann?
3 Cad a tharla inné?
4 Cad é réamhaisnéis na haimsire?

● **An dara cainteoir**   **Síle Ní Neachtain**

1 Cén sórt aimsire a bhí ann inné?
2 Cén sórt aimsire is fearr léi?
3 Cén t-am a thosaigh an sneachta?
4 Cén t-am a chríochnaigh an sneachta?

● **An tríú cainteoir**   **Seosamh de Rís**

1 Cá bhfuil sé ina chónaí?
2 Cén sórt aimsire a bhí ann inné?
3 Déan cur síos ar an ngaoth.
4 Cén sórt aimsire a bheidh ann inniu?

Éist go cúramach leis an téip seo. Cloisfidh tú gach fógra faoi dhó.

● **Fógra 1**

1 Cén t-am a bheidh sé ag cur báistí?
2 Cá bhfuil oifig na haimsire suite?

● **Fógra 2**

1 Ainmnigh dhá chineál aimsire atá le bheith ann inniu.
2 Ainmnigh rud amháin eile a thiocfaidh i rith na seachtaine.

● **Fógra 3**

1 Cá bhfuil an gála ar siúl?
2 Cathain a thosóidh an bháisteach i dTír Chonaill?

Éist go cúramach leis an téip seo. Cloisfidh tú gach comhrá faoi thrí.

● Comhrá 1

1. Cá raibh Bríd ar saoire?
2. Cad a bhí Bríd ag déanamh ar a saoire?
3. Cad a cheap Nóra faoi?
4. Cad a bheidh ar siúl ag Bríd an bhliain seo chugainn?

● Comhrá 2

1. Cá bhfuil Liam ag dul?
2. Cá bhfuil an t-ionad saoire?
3. Cén t-am a imeoidh an t-eitleán?

● Comhrá 3

1. Cén dath atá ar chraiceann Laoise?
2. Cá raibh sí ar saoire?
3. Cén dath atá ar chraiceann Áine?
4. Cá rachaidh sí an bhliain seo chugainn?

Éist go cúramach leis an téip seo. Cloisfidh tú gach píosa faoi dhó.

● Píosa 1

1. Cá bhfuil an t-aerfort nua seo?
2. Ainmnigh áis amháin a bheidh san aerfort nua.

● Píosa 2

1. Ainm na tíre:
2. Cathain a bheidh an t-éitleán ag imeacht?

● Píosa 3

1. Cá bhfuil an tsaoire ar siúl?
2. Ainmnigh imeacht amháin a bheidh ar siúl.

Caibidil 5

Sláinte

An Corp

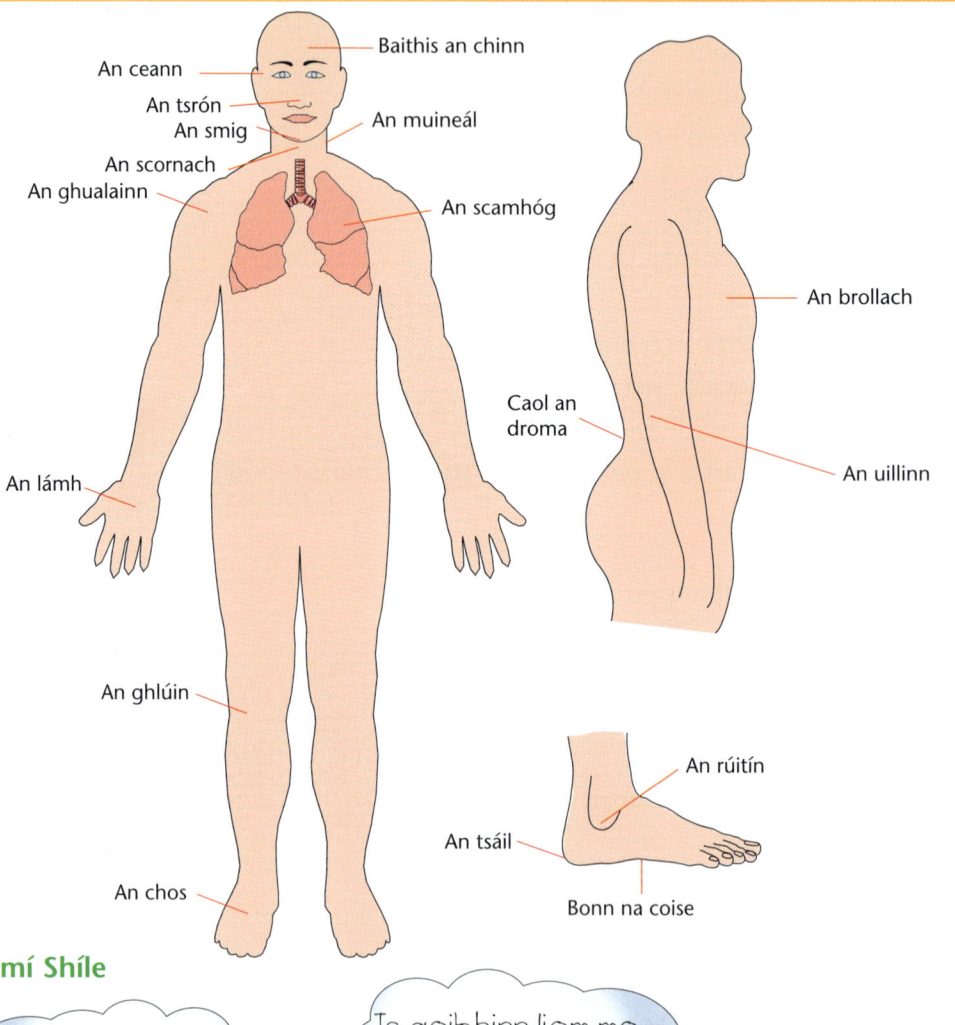

- Baithis an chinn
- An ceann
- An tsrón
- An smig
- An scornach
- An ghualainn
- An muineál
- An scamhóg
- An brollach
- Caol an droma
- An uillinn
- An lámh
- An ghlúin
- An rúitín
- An tsáil
- Bonn na coise
- An chos

● **Tuairimí Shíle**

Is maith liom mo shúile mar tá siad donn

Is aoibhinn liom mo chuid gruaige mar tá gruaig álainn agam

Gráim mo mhéara mar tá siad caol agus fada

Is fearr liom mo chuid fiacla mar tá déad breá bán agam

● Do thuairimí

Líon isteach na bearnaí

1. Is maith liom _____ mar tá sé/sí fada.
2. Is breá liom _____ mar tá sé/sí tanaí.
3. Is aoibhinn liom _____ mar tá sé/sí donn.
4. Is fearr liom _____ mar tá sé/sí aclaí.
5. Is maith liom _____ mar tá mé dathúil.
6. Is maith liom _____ mar tá sé/sí go hálainn.
7. Is breá liom _____ mar tá sé/sí gasta.

Líon isteach na bearnaí

1. Is _____ liom   mo chuid gruaige _____ mar tá sé _____.
2. Is _____ liom   _____ mar _____.
3. Is _____ liom   _____ mar _____.
4. Is ___ aoibhinn ___ liom   _____ mar _____.
5. Is _____ liom   _____ mar tá sé _____.

● Foclóir

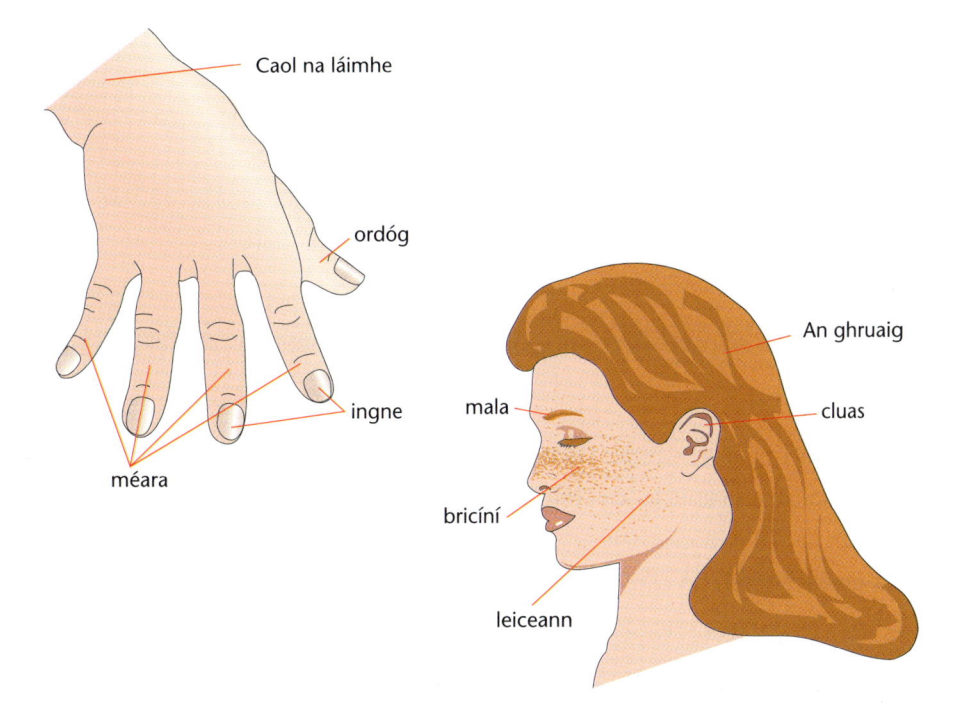

- Caol na láimhe
- ordóg
- ingne
- méara
- An ghruaig
- mala
- cluas
- bricíní
- leiceann

Caibidil 5

147

● **Fógraí**

Dochtúir áitiúil   Tomás Ó Sé
Uimhir Ghutháin   092 678932
Facs   092 389563
r-phost   Tomas@iol.ie

AR OSCAILT

Lá	am		
Dé Luain	9.00- 12.00	clinic na leanaí	ar maidin
	3.00-6.00	clinic na n-othar	san iarnóin
Dé Máirt	9.00- 11.00	clinic na n-othar	ar maidin
	3.00-6.00	clinic na n-othar	san iarnóin
Dé Céadaoin	----------		
	5.00-8.00	clinic na n-othar	san iarnóin
Déardaoin	10.00- 11.00	pinsinéirí	ar maidin
	4.00-6.00	clinic na n-othar	san iarnóin
Dé hAoine	9.00- 1.00	clinic na n-othar	ar maidin

Dé Sathairn	----------		
	5.00-6.00	clinic d'othair i gcás práinne	san iarnóin
Dé Domhnaigh	----------	---------	

In am na práinne, nuair nach bhfuil an dochtúir ar fáil, cuir fios ar 092 867493, nó téigh chuig an Dochtúir Sinéad Nic Sheáin i Lios Tuathail.

● **Ceisteanna**

1 Cad a bheidh ar siúl ar a ceathair Déardaoin?
2 Cathain a osclóidh an clinic ar an Luan?
3 Cad a bheidh ar siúl ar a ceathair ar an Máirt?
4 Cathain a chríochnóidh an clinic Dé Máirt?
5 Cad a bheidh ar siúl ar a cúig ar an Satharn?
6 Cé hí Sinéad Nic Sheáin?
7 Cá bhfuil sí ina cónaí?
8 Luaigh lá amháin nach mbíonn an dochtúir ar fáil?
9 Cad ba chóir duit a dhéanamh ansin?
10 Má tá tú tinn, an féidir leat dul go dtí an dochtúir ar a seacht Dé hAoine?
11 Cuir fáth le do fhreagra.
12 Cá rachfá ag an am sin?

● **Abair amach é!**

- Conas 'tá tú?
- Tá mé tinn.

- Cad é mar tá tú?
- Tá mé go maith

- Cén chaoi a bhfuil tú?
- Tá biseach orm anois

- Tá tinneas cinn orm
- Tá tinneas fiacaile orm
- Tá tinneas droma orm
- Tá pian i mo bholg

Caibidil 5

- Tá pian i mo chos
- Tá piachán orm
- Tá mo scornach tinn
- Tá tinneas cluaise orm
- Tá fliú orm
- Tá slaghdán orm
- Bhris mé mo chos
- Tá mo rúitín ataithe
- Tá an bhruitíneach orm
- Tá an plucamas orm

Ag dul do dtí an dochtúir.

Gluais

Comharthaí	symptoms	tógálach	contagious
galar	illness	ag casachtach	coughing
teocht	temperature	ag sraothartach	sneezing
ag cur allais	perspiring	mo chuisle	my pulse
ag aiseag	vomiting	mothaím lag	I feel weak
Níl aon ghoile agam	I have no appetite	Níor airigh mé go maith	I didn't feel well
tá fiabhras orm	I have a fever	Tháinig biseach orm	I got better
Thit mé i laige	I fainted	Tá mé ar fónamh anois	I'm fine now
spotaí dearga	red spots	Tá feabhas orm anois	I'm much improved
leigheas	cure	siopa an phoitigéara	chemist shop
ag crith	shaking		

Caibidil 5

- **Mála an dochtúra**

steallaire

piollaí

buidéal leighis

teastas

Dr Kenny GP

teirmiméadar

oideas

ungadh

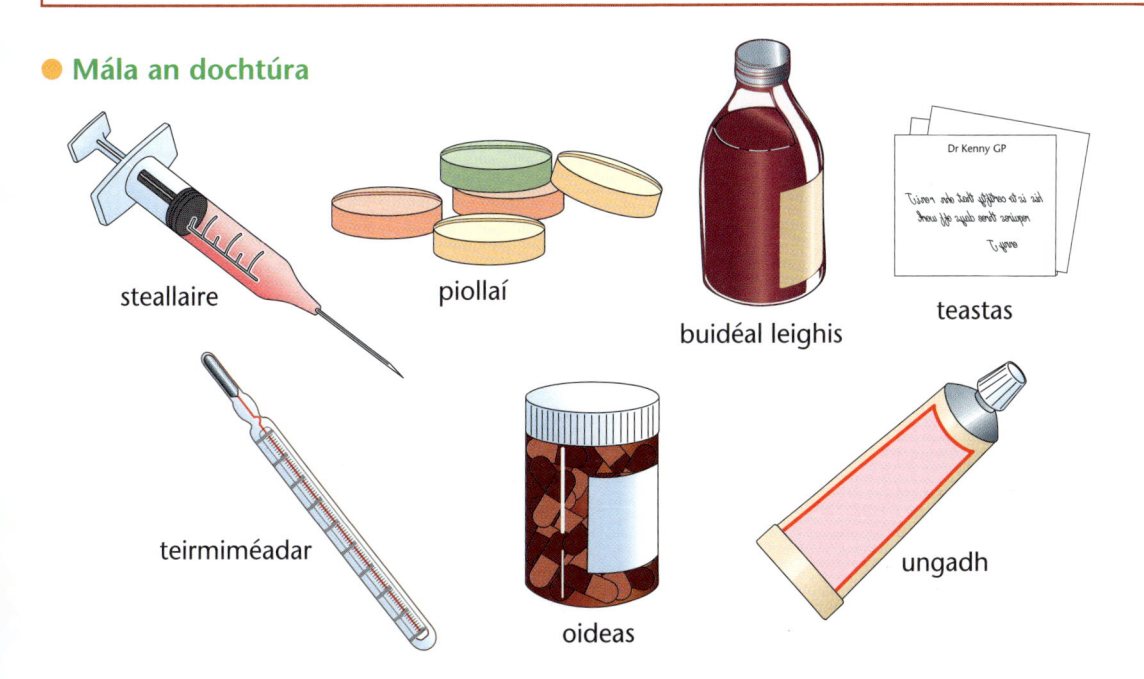

151

● **Abair amach é!**

Obair bheirte

Agallamh

Cuir na ceisteanna thíos ar do chara agus líon isteach na freagraí sa ghreille.

An raibh tú tinn riamh? _____

Cathain a bhí tú tinn? _____

An ndeachaigh tú chuig an dochtúir? _____

Ar fhan tú sa leaba? _____

An bhfuair tú oideas? _____

Cén galar a bhí ag cur isteach ort. _____

An raibh sé tógálach? _____

Ainmnigh na comharthaí a bhí ort? _____

Cén leigheas a bhí ar an ngalar? _____

● **Meaitseáil an t-othar ceart leis an tinneas ceart.**

1	Is mise Seán. Bhuail sliotar mo shúil inné. Dúirt an dochtúir go bhfuil sé brúite. Caithfidh mé bileog shúile a chaitheamh ar mo shúil go ceann seachtaine. Dar leis beidh súil dhubh agam ar ball.	A
2	Is mise Máire. Tá fliú orm. Thosaigh sé cúpla lá ó shin. Tá teocht ard orm. Fanaim sa leaba mar tá pian i mo chnámha. Tá tinneas cinn uafásach orm.	B
3	Is mise Eilís. Thit mé síos an staighre. Shleamhnaigh mé i mo stocaí agus bhuail mé mo cheann. Tá mearbhall intinne orm anois. Níl mé ábalta seasamh.	C
4	Is mise Tríona. Bhí mé i dtimpiste chairr. Bhuail leoraí mór cúl mo ghluaisteáin. Ghortaigh mé mo mhuineál. Dúirt an dochtúir go bhfuil sé leonta mar baineadh fuiplasc dom. Caithim bóna muiníl mar tá pian i mo mhuineál.	D
5	Is mise Stiofán. Ghortaigh mé mo shrón inné. Bhuail mo chara Liam í nuair a bhíomar ag troid. Chuaigh mé go dtí an t-ospidéal agus tá an tsrón briste	E
6	Is mise Seoirse. Thit cathaoir ar mo chos inné. Bhí orm dul go dtí an t-ospidéal san otharcharr. Tugadh X-ghathú dom agus fuair siad amach go raibh mo chnámha sa chos briste. Cuireadh plástar ar mo chos ansin.	F
7	Is mise Conán. Bhí mé ag obair ar dhréimire inné nuair a thit mé den dréimire go talamh. Ghortaigh mé mo rúitín. Tá sé briste agus tá mo chloigeann brúite go dona. Chuir siad bindealán ar mo chloigeann agus plástar ar mo rúitín.	G
8	Séamas is ainm dom. Tá mé i bpian. Bhí mé i dtimpiste bhóthair. Tá mo dhá chos briste agam. Tá uillinn agus lámh liom briste.	H
9	Is mise Nollaig. Tá slaghdán agus casacht orm. Bím ag casacht an t-am go léir. Tá piachán uafásach orm.	I

1 =   2 =   3 =   4 =   5 =   6 =   7 =   8 =   9 =

Cárta poist

● **Bí réidh roimh ré!**

Tá na focail thíos sa chárta poist a leanann an mheaitseáil. Déan an mheaitseáil ar dtús agus beidh tú réidh.

1	sa bhaile	A	drinks	1 =
2	faoi láthair	B	at present	2 =
3	luí siar	C	at home	3 =
4	go luath	D	early	4 =
5	críochnú	E	my bones	5 =
6	deochanna	F	very hot	6 =
7	mo chnámha	G	sick of life	7 =
8	an-te	H	for a week	8 =
9	go ceann seachtaine	I	finish	9 =
10	bréan den saol	J	lie back	10 =

● **Cárta Poist**

A Sheáin,

Nuala anseo. Táim anseo sa bhaile faoi láthair. Tá fliú orm. Tháinig mé abhaile go luath ón scoil inné mar bhí piachán orm, bhí pian i mo chnámha, bhí mé an-te agus bhí tinneas cinn orm. Thug mé an leaba orm féin láithreach. Tháinig an dochtúir ar a cúig.

Dúirt sí go raibh fliú orm agus go mbeadh orm fanacht sa leaba. Thug sí buidéal leighis dom agus tá orm deochanna a ól an t-am go léir. Táim bréan den saol anseo. Níl aon rud le déanamh. Tá orm fanacht anseo go ceann seachtaine.

Anois tá orm críochnú agus luí siar mar nílim rómhaith. Scríobh ar ais chugam chomh luath agus is féidir leat.

Slán
Nuala

Seán de Paor
19 Bóthar na hEaglaise
Cluain Dolcáin

● Ceisteanna

1. Cé a scríobh an cárta seo?
2. Cé dó é?
3. Cá bhfuil an cailín ag fanacht?
4. Cá fhad a bheidh sí sa leaba?
5. Ainmnigh na rudaí a thug an dochtúir di.
6. An maith léi a bheith sa bhaile?
7. Cathain a bheidh sí ar ais ar scoil?
8. Cén fáth ar imigh Máire?
9. Luaigh rud nach raibh go maith.
10. An gceapann tú go bhfuil sí míshásta?
11. Luaigh dhá chúis le do fhreagra.

● Cárta Poist

Líon isteach na bearnaí leis na focail sa bhosca thíos.

A Shorcha,

____1____ anseo. Táim anseo sa bhaile faoi láthair. Tá ____2____ orm. Tháinig mé ____3____ go luath ón scoil inné mar bhí ____4____ an t-am go léir, bhí mo scornach tinn, bhí mé an-te agus bhí tinneas cinn orm. Thug mé an ____5____ orm. Tháinig an dochtúir ar a cúig. Dúirt sí go raibh piachán orm agus go raibh orm ____6____ sa leaba. Thug sí ____7____ dom agus tá orm ____8____ a ól an t-am go léir. Táim bréan den saol anseo. Níl aon rud le déanamh. Tá orm fanacht anseo go ceann ____9____.

Anois tá orm críochnú agus luí siar mar nílim rómhaith. Scríobh ar ais chugam ____10____ agus is féidir leat.

____11____

Bairbre

Sorcha Bhreathnach
12 Bóthar an Teampaill
Cill Easra

mé ag casacht	chomh luath	abhaile	deochanna
leaba	slán	Bairbre	fanacht
coicíse	piachán	buidéal leighis	

● **Bain triail as!**

Obair duitse

Tá tú tinn le slaghdán ar feadh cúig lá. Déan cur síos ar an slaghdán agus ar do chasacht. Scríobh cárta poist chuig do chara.

Luaigh –

A   cathain a thosaigh sé
B   cad a rinne an dochtúir
C   cá bhfuil tú
D   cathain a bheidh tú ceart go leor
E   cathain a fheicfidh tú an duine seo arís

Dialann Úna

Dé Luain: D'éirigh mé go luath. Níor airigh mé go maith. Chuaigh mé ar scoil ar aon nós. Tháinig mé abhaile ag am lóin mar bhí tinneas cinn orm. Bhí mé ag crith. D'fhan mé sa leaba.

Dé Máirt: Táim níos measa. Táim lag. Bhí mé ag aiseag san oíche. Níl aon ghoile agam. Chuir mamaí fios ar an dochtúir. Thóg sí mo theas le teirmiméadar. Dúirt sí go raibh an fliú orm. Thug sí oideas do mo mháthair. Fuair mo mháthair na piollaí i siopa an phoitigéara. Thóg mé dhá cheann agus chuaigh mé a chodladh.

Dé Céadaoin: Tá an tinneas cinn imithe. Níl mé ag cur allais ach níl aon ghoile agam fós.

Déardaoin: Tá feabhas orm inniu ach tá mé lag fós. D'fhan mé sa leaba an lá ar fad.

Dé hAoine: Tá biseach inniu orm. Bhí ocras orm ar maidin agus d'ith mé mo bhricfeasta. Beidh mé ag dul ar ais ar scoil ar an Luan.

● **Líon isteach an ghreille**

Dé Luain:	Níor airigh Úna go maith. Tinneas cinn. Í ag crith.
Dé Máirt:	
Dé Céadaoin:	
Déardaoin:	
Dé hAoine:	

● **Bain triail as!**

Scríobh amach do dhialann féin ag baint úsáid as an dialann thuas.

● **An cuimhin leat?**

Mála an Dochtúra

Féach ar na pictiúir agus déan an dréimire.

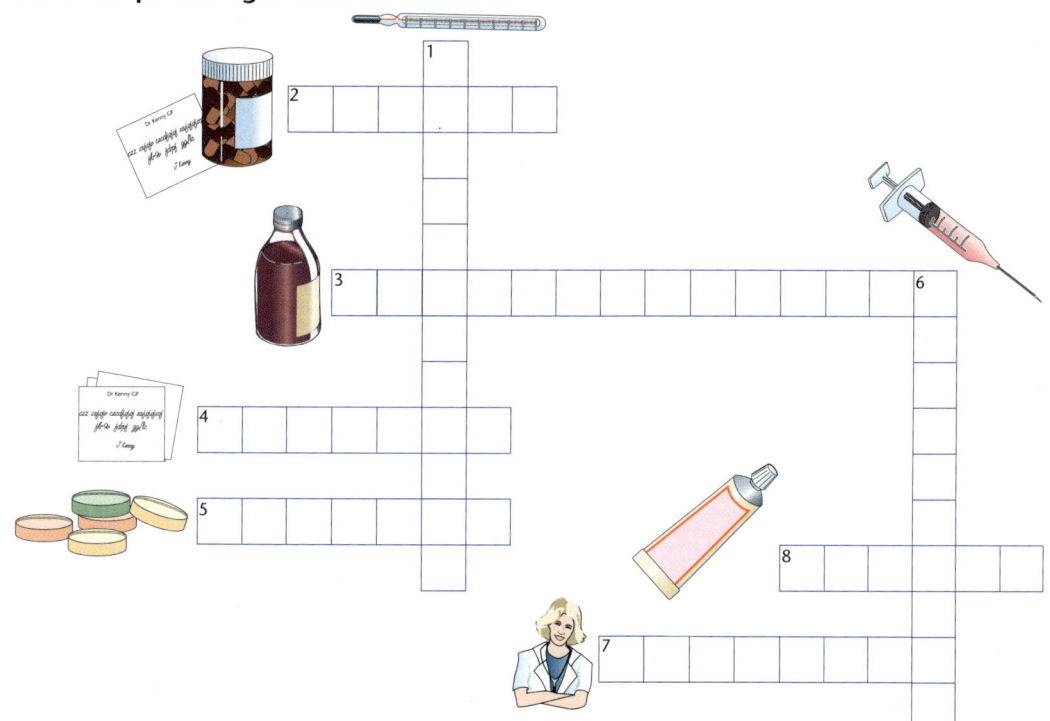

● **Faigh na focail sa lúbra.**

E	P	L	U	C	A	M	A	S	E	T	Í
R	I	E	D	G	T	E	F	L	I	Ú	A
G	A	L	E	I	G	H	E	A	S	R	H
N	C	A	S	A	C	H	T	G	E	H	T
M	H	G	A	L	A	R	E	H	E	T	R
O	Á	A	O	Í	Ú	U	I	D	H	I	A
I	N	I	A	I	R	I	O	Á	T	R	H
R	E	S	A	F	L	O	I	N	I	C	M
E	T	E	A	S	T	E	S	A	A	G	O
S	A	R	H	B	A	I	F	E	T	A	C
P	A	G	C	U	R	A	L	L	A	I	S
L	B	R	U	I	T	Í	N	E	A	C	H

plucamas
piachán
fliú
ag cur allais
bruitíneach
casacht
slaghdán
teas
galar
ataithe
leigheas
fiabhras
lag
comharthaí

Caibidil 5

157

An tOspidéal

● **Fóclóir**

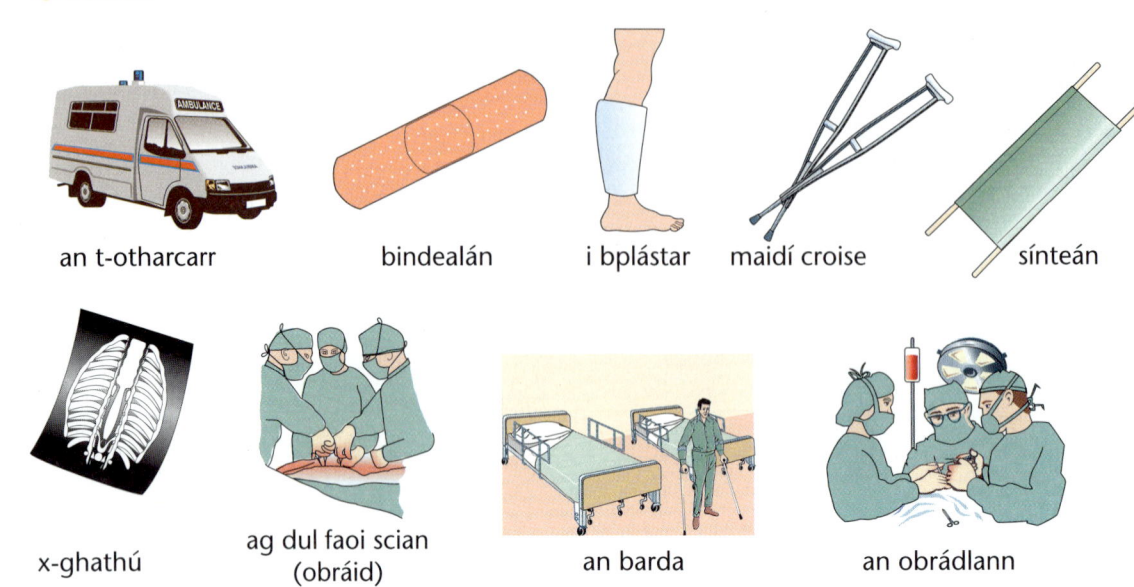

an t-otharcarr   bindealán   i bplástar   maidí croise   sínteán

x-ghathú   ag dul faoi scian (obráid)   an barda   an obrádlann

Cluastuiscint

Éist go cúramach leis an téip seo. Cloisfidh tú gach duine den triúr seo faoi thrí.

● **An chéad chainteoir**   **Seán de Paor**

1. Cad a tharla inné?
2. Cé hé an duine is sine sa chlann?
3. Cad a tharla don rothar?
4. Conas a chuaigh sé abhaile?

● **An dara cainteoir**   **Síle Ní Neachtain**

1. Cad a tharla ar maidin?
2. Cad a bhí ar siúl ag Síle?
3. Cén t-am a thosaíonnn an clinic?

● **An tríú cainteoir**   **Sorcha de Rís**

1. Cad a tharla an tseachtain seo caite?
2. Cá bhfuil sí anois?
3. Cathain a bheidh sí ag dul abhaile?

Nóta

● **Bí réidh roimh ré!**

Tá na focail thíos sa nóta a leanann an mheaitseáil. Déan an mheaitseáil ar dtús agus beidh tú réidh.

1	A dhuine uasail	A	Able	1 =
2	i gceart	B	For a month	2 =
3	rugbaí	C	Dear sir	3 =
4	deireadh seachtaine	D	Right	4 =
5	ospidéal.	E	Rugby	5 =
6	leonadh	F	Weekend	6 =
7	in ann	G	Hospital	7 =
8	go ceann míosa	H	Sprain	8 =

● **Nóta**

A dhuine uasail,

Liam Mac an Iomaire anseo. Tá brón orm a rá ach níl Stiofán abálta scríobh nó siúl i gceart inniu. D'imir sé rugbaí ag an deireadh seachtaine. Ghortaigh sé a chos. Thug mé go dtí an t-ospidéal é. Thug siad X-ghathú dó. Dúirt siad go bhfuil leonadh aige sa lámh agus go bhfuil a chos briste. Ní bheidh sé in ann scríobh go ceann dhá lá ná siúl go ceann míosa.

Is mise
Liam Mac an Iomaire

A Cuir na pictiúir san ord ceart; 1=, 2=, 3=, 4=.

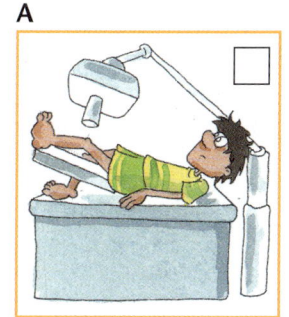

A   B   C   D

B Ceisteanna

1. Cé a scríobh an nóta?
2. Cén fáth ar scríobh sé an nota?
3. Cad is ainm dá mhac?
4. Cad a tharla do Stiofán?
5. Cad a bhí ar siúl aige ag an deireadh seachtaine?
6. Cathain a thiocfaidh feabhas ar a lámh?
7. Cathain a shiúlfaidh sé arís?
8. Cén saghas damáiste atá déanta don lámh agus don chos?

Gluais	
Tá brón orm a rá	I am sorry to say
Ghortaigh	Injured

● **Nóta**

Líon isteach na bearnaí leis na focail sa bhosca thíos.

A ___1___ uasail

Nóra Mhic an Iomaire __2___. Tá brón ___3___ a rá ach níl Oisín abálta teacht ar scoil inniu. ___4___ sé sacar ag an deireadh seachtaine. ___5___ Oisín a mhuineál. Thug siad é go dtí an ___6___. Thug siad ___7___ dó. Dúirt siad go bhfuil sé ___8___. Ní bheidh sé in ann dul ar scoil ___9___ trí lá.

Is mise
Nóra Mhic an Iomaire

Ghortaigh
anseo
leonta
d'imir
ospidéal
orm
go ceann
dhuine
bóna

● **Bain triail as!**

Obair duitse

Is tusa athair Bhríd. Bhí sí gortaithe ag imirt cispheile. Scríobh nóta chuig a múinteoir.

Luaigh –

A Cá fhad a bheidh sí gortaithe
B Cén t-am a tharla an timpiste
C Cathain a tharla sé
D Cé a bhí in éineacht léi
E Cad a tharla sa chluiche

● **Obair bheirte**

Abair amach é!

Agallamh

Cuir na ceisteanna thíos ar do chara agus scríobh na freagraí sa ghreille.

An raibh tú san ospidéal riamh?	
An raibh tú riamh ar shínteán?	
Cén fáth?	
An raibh plástar riamh ort?	
Cén fáth?	
An bhfuair tú x-ghathú riamh?	
An raibh tú riamh in otharcarr?	
An raibh maidí croise fút riamh?	

Cluastuiscint

Éist go cúramach leis an téip seo. Cloisfidh tú gach fógra faoi dhó.

● **Fógra 1**
1   Cé atá ag caint?
2   Cathain a dhúnfaidh an otharlann amárach?

● **Fógra 2**
1   Cad a tharla ar maidin?
2   Cé mhéad duine a bhí sa timpiste?

● **Fógra 3**
1   Cé atá ag caint?
2   Cad tá in aice leis an gclinic?

An Litir

● **Bí réidh roimh ré!**

Tá na focail thíos sa litir a leanann an mheaitseáil. Déan an mheaitseáil ar dtús agus beidh tú réidh.

1	ospidéal	A	ring me	1 =
2	le dhá mhí anuas	B	mountain bike	2 =
3	rothar sléibhe	C	I was a little nervous	3 =
4	ar díol	D	however	4 =
5	ar leathphraghas	E	how to use it	5 =
6	mar is eol duit	F	hospital	6 =
7	le fada an lá	G	gone	7 =
8	áfach	H	forty yards	8 =
9	conas é a úsáid	I	for the last two months	9 =
10	éasca go leor	J	for sale	10 =
11	bhí mé pas beag neirbhíseach	K	for five minutes	11 =
12	daichead slat	L	for a long time	12 =
13	imithe	M	easy enough	13 =
14	timpiste	N	at half price	14 =
15	bhuel	O	as you know	15 =
16	ar feadh cúig nóiméad	P	accident	16 =
17	cuir glaoch orm	Q	well	17 =

● An Litir

Léigh an litir seo agus freagair na ceisteanna seo a leanas:

> Barda 5
> Ospidéal na hOllscoile
> Luimneach
>
> 15 Samhain
>
> A Bhriain, a chara,
>
> Beatha agus sláinte! Marcas Mac Dónaill anseo. Is fada an lá ó chuala mé uait. Is dócha go bhfuil suas le cúig mhí go leith imithe ó scríobh tú chugam. Maith dom an mhoill. Tá brón orm nár scríobh mé níos luaithe ach tá leithscéal maith agam.
>
>   Creid é nó ná creid tá mé san ospidéal le dhá mhí anuas. Chonaic mé fógra sa siopa áitiúil. Bhí rothar sléibhe ar díol ar leathphraghas. Bhí an t-ádh liom. Mar is eol duit bhí rothar mar sin ag teastáil uaim le fada an lá. Ní raibh tuairim dá laghad agam conas é a úsáid, áfach. Dúirt an fear liom go raibh sé éasca go leor. Cheannaigh mé é. An chéad uair ar an rothar dom bhí mé pas beag neirbhíseach. Is dóigh liom go raibh suas le daichead slat curtha díom agam nuair a tharla sé. Timpiste!!! Bhuel ní cuimhin liom mórán faoi. Dúradh liom gur bhuail carr mé. Bhí mé gan aithne gan urlabhra ar feadh cúig nóiméad agus ansin tháinig mé chugam féin. Chuir an tiománaí ar mo shuaimhneas mé. I gceann tamaillín tháinig an t-otharcharr. Tugadh go dtí an t-ospidéal mé. Bhí mé i bponc ceart. Gortaíodh mo mhuineál, briseadh mo lámh agus mo dhá chos. Bhí fuil gach áit. Ní raibh ar mo chumas bogadh agus an phian a bhí orm. Faoi dheireadh tugadh instealladh dom. Stop an phian. Tháinig néal codlata orm. Dhúisigh mé sa bharda. Bhí mo dhá chos agus mo lámh clúdaithe le plástar. Táim anseo ó shin. Is gráin liom an áit mar gheall ar an mbia agus an teas atá ann. Baineadh an plástar de mo lámh seachtain ó shin. Bhí mé sásta liom féin. Is uafásach an áit í. Amárach beidh mé ag dul abhaile. Caithfidh mé imeacht. Cuir glao orm!
>
> Slán go fóill
> Marcas

Caibidil 5

Gluais	
Tharla sé	It happened
Dúradh liom	I was told
Ní cuimhin liom mórán faoi	I don't remember much about it
Bhuail carr mé	A car hit me
Ní raibh tuairim dá laghad agam	I had no idea
Tá ___ ag teastáil uaim	I want ___
Bhí mé gan aithne gan urlabhra	I was unconscious
Tháinig mé chugam féin	I came to
Chuir an tiománaí ar mo shuaimhneas mé	The driver put me at my ease
Tugadh go dtí an t-ospidéal mé	I was taken to hospital
Bhí mé i bponc ceart.	I was in a right mess
Gortaíodh mé	I was injured
Briseadh mo lámh agus mo dhá chos.	My leg and arm were broken
Tugadh instealladh dom.	I was given an injection
Tháinig néal codlata orm.	I fell asleep

● Ceisteanna

1. Cé a scríobh an litir seo?
2. Cá bhfuil sé ag fanacht?
3. Cén fáth nár chuir sé glao gutháin ar Bhrian?
4. Cad a tharla dó?
5. Cad a cheannaigh sé?
6. Cá fhad a bhí sé ann?
7. Cén fáth ar scríobh sé an litir?
8. Luaigh dhá rud faoin timpiste.
9. Luaigh dhá rud faoin ospidéal.
10. Luaigh rud faoin rothar.

● Meaitseáil

1	i gceann tamaillín	A	ward	1 =
2	otharcharr	B	since then	2 =
3	fuil gach áit	C	plaster	3 =
4	Ní raibh sé ar mo chumas	D	covered	4 =
5	bogadh	E	heat	5 =
6	pian	F	ambulance	6 =
7	faoi dheireadh	G	in a while	7 =
8	barda	H	the plaster was taken from my hand	8 =
9	clúdaithe	I	blood everywhere	9 =
10	plástar	J	pain	10 =
11	ó shin i leith	K	to move	11 =
12	teas	L	I was unable	12 =
13	baineadh an plástar de mo lámh	M	finally	13 =

● Meascán Mearaí

Críochnaigh na focail seo a leanas

Sampla *s f*d* *n lá ó ch**l* mé ***t. = It is a long time since I heard from you = Is fada an lá ó chuala mé uait.

1	*s f*d* *n lá ó ch**l* mé ***t.	A	It is a long time since I heard from you
2	*s dóch* g* bhf**l s**s l* mí g* l**th *m*th* ó scrí*bh t* ch*g*m.	B	I suppose it is a month since you wrote to me
3	M**th d*m a* mh**ll	C	Forgive the delay
4	Tá brón *rm nár scrí*bh mé ní*s l***th*	D	I am sorry I have not written sooner
5	tá l**thscé*l m**th *g*m.	E	I have a good excuse
6	Cr**d é nó ná cr**d	F	Believe it or not
7	C**thf*dh mé *m**cht.	G	I have got to go

● Léigh an litir seo agus líon isteach na bearnaí.

Tá tú tinn le seachtain anuas mar bhuail leoraí tú agus tú ag siúl trasna an bhóthair.

Barda 5
Ospidéal na Cathrach
Gaillimh

15 Eanáir

A ___1___, a chara,

___2___ agus sláinte! ___3___ anseo. Is ___4___ an lá ó chuala mé uait. Is dócha go bhfuil suas le ___5___ imithe ó scríobh tú chugam. ___6___ dom an mhoill. Tá ___7___ orm nár scríobh mé níos luaithe ach tá leithscéal maith agam.

   Creid é nó ná creid tá mé san ospidéal le ___8___ anuas. Mar is eol duit bíonn orm siúl ar scoil. Ní raibh tuairim dá laghad agam, áfach, go raibh na bóithre sleamhain. Bhí mé pas beag neirbhíseach ar an mbealach ar scoil. Is dóigh liom go raibh mé suas le daichead slat ón scoil nuair a tharla sé. Timpiste!!! Bhuel ní ___9___ liom mórán faoi. Dúradh liom gur bhuail carr mé. Bhí mé gan aithne gan ___10___ ar feadh fiche nóiméad agus ansin tháinig mé chugam féin. Chuir altra ar mo shuaimhneas mé. I ___11___ tamaillín shroich an t-otharcharr an t-ospidéal. Bhí mé i ___12___ ceart. Gortaíodh mo mhuineál agus mo dhá rúitín. Bhí ___13___ gach áit. Ní raibh sé ar mo ___14___ bogadh leis an bpian. Faoi dheireadh tugadh instealladh dom. Stop an phian. Tháinig néal codlata orm. Dhúisigh mé sa bharda. Bhí mo dhá rúitín ___15___ le plástar. Táim anseo ó shin i leith. Is gráin liom an áit mar gheall ar an mbia agus na dochtúirí atá ann. Bainfear an plástar de dhá rúitín seachtain ón Aoine seo chugainn. Beidh mé ___16___ liom féin. Is uafásach an áit í. Amárach beidh mé ag dul abhaile i gcathaoir rotha. Caithfidh mé imeacht. Cuir glao orm!

Slán go fóill
Nuala

clúdaithe	bliain	gceann	sásta
seachtain	maith	bponc	beatha
cuimhin	aiféala	fuil	Nuala
Shorcha	urlabhra	chumas	fada

Caibidil 5

165

● Bain triail as!

Obair duitse

Scríobh litir ag insint do do chara faoin timpiste a bhain duit seachtain ó shin nuair a bhuail bus tú ag siúl trasna an bhóthair. Bain úsáid as na nathanna agus as an litir shamplach.

Luaigh –

A   an timpiste

B   an tiománaí

C   an t-otharcharr

D   an t-ospidéal

E   na leontaí

● An cuimhin leat?

An Corp

Féach ar na pictiúir agus déan an dréimire

Faigh na focail thíos sa lúbra.

bindealáin
sínteán
otharcharr
i bplástar
bardlann
x-ghathú
maidí
croise
obráid
obrádlann
bóna
banaltra

E	R	U	X	G	H	A	T	H	Ú	R
O	B	R	Á	D	L	A	N	N	A	R
N	A	T	M	A	I	D	Í	T	A	A
N	N	E	C	R	O	I	S	E	S	H
A	A	E	A	Í	E	Á	E	C	Í	C
L	L	Ú	N	E	L	R	S	N	N	R
D	T	Ó	Ó	P	B	B	I	T	T	A
R	R	T	B	B	O	O	I	U	E	H
A	A	I	E	Ú	E	R	M	N	Á	T
B	I	N	D	E	A	L	Á	I	N	O
S	Í	N	T	E	Á	N	N	L	M	P

Caibidil 5

Comhrá

Bí réidh roimh ré!

Tá na focail thíos sa chomhrá a leanann an mheaitseáil. Déan an mheaitseáil ar dtús agus beidh tú réidh.

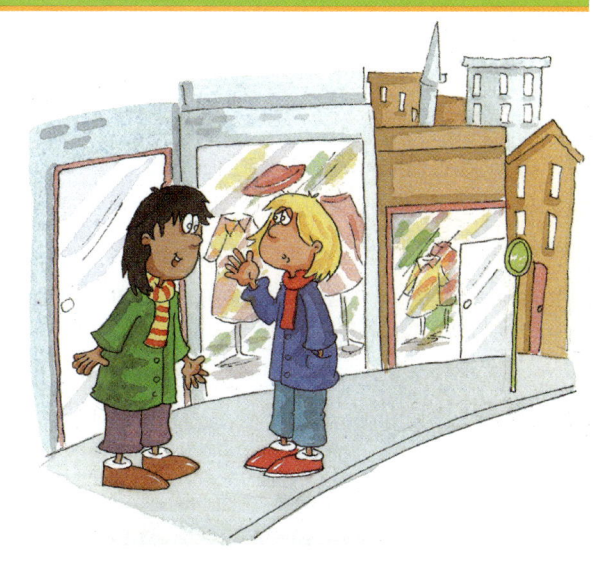

Meaitseáil

1	uafásach	A	*bottle*	1 =
2	piachán	B	*car park*	2 =
3	le trí lá anuas	C	*doctor*	3 =
4	pian	D	*terrible appearance*	4 =
5	mo chnámha	E	*medicine*	5 =
6	casacht	F	*my bones*	6 =
7	dochtúir	G	*sore throat*	7 =

8	cuma uafásach	H	pain	8 =
9	leigheas	I	cough	9 =
10	an buidéal	J	Goodbye	10 =
11	préachta	K	terrible	11 =
12	síob	L	perished	12 =
13	carrchlós	M	for the last three days	13 =
14	slán agat	N	lift	14 =

● **Comhrá**

Bhuail Róisín le Máire sa bhaile mór. Tá Róisín ag fanacht ar shíob abhaile ón a hathair.

Róisín: Dia duit, a Mháire. Conas tá tú?
Máire: Ó, a Róisín, Dia is Muire duit, táim go maith. Conas tá tú féin?
Róisín: Uafásach.
Máire: Cén fáth?
Róisín: Tá piachán orm le trí lá anuas. Tá pian i mo chnámha agus tá casacht orm.
Máire: Nach ortsa atá an mí-ádh. Cén fáth ar tháinig tú amach ar chor ar bith?
Róisín: Bhí mé ag an dochtúir.
Máire: Tá cuma uafásach ort. Ar thug sé leigheas ar bith duit?
Róisín: Thug sé buidéal leighis dom
Máire: Téigh abhaile agus fan sa leaba.
Róisín: Tá an ceart agat. Tá mé préachta anseo.
Máire: An mbeidh tú ar scoil amárach?
Róisín: Ní bheidh.
Máire: Cathain a bheidh tú ar ais?
Róisín: Níl a fhios agam.
Máire: An bhfuil tú ag fanacht ar an mbus?
Róisín: Níl, tá mo dhaid liom, tabharfaidh sé síob abhaile dom.
Máire: Cá bhfuil sé?
Róisín: Tá sé imithe go dtí an carrchlós chun an carr a fháil. Táim ag fanacht anseo leis. Ó féach, tá m'athair ag teacht. Slán
Máire: Slán agat.

● **Líon isteach na bearnaí leis na focail sa bhosca thíos.**

Tá ___1____ agus ___2____ ag caint le chéile. Bhí Róisín ag ___3____. Tá ___4____ agus___5____uirthi. Tá sí tinn le __6__ lá anuas. Tá sí ___7____leis an bhfuacht. Thug an dochtúir buidéal ___8____ di. Ní bheidh sí ag dul ar scoil ___9____. Níl a fhios aici cathain a bheidh sí ar ais ar ___10____. Thug a hathair ___11____ di agus tá sí ag fanacht ___12____. D'imigh sé go dtí an ___13____chun an carr a fháil.

préachta	an dochtúir
leighis	piachán
scoil	casacht
carrchlós	trí
amárach	síob
Róisín	leis
Máire	

Gluais	
cathain a bheidh tú ar ais?	when will you be back?
nach ortsa atá an mí-ádh.	aren't you unlucky
conas tá tú féin?	how are you?
ar chor ar bith	at all

● **Comhrá**

Líon isteach na línte atá in easnamh leis na focail sa bhosca thíos.

Nóilín: Dia duit, a Cháit.
Cáit: _____
Nóilín: Conas tá tú féin?
Cáit: _____
Nóilín: Cén fáth?
Cáit: _____
Nóilín: Slaghdán?
Cáit: _____
Nóilín: Cén fhad atá an slaghdán ort?
Cáit: _____
Nóilín: An ndeachaigh tú chuig an dochtúir?
Cáit: _____
Nóilín: Cad a cheannaigh tú ansin?
Cáit: _____
Nóilín: Beidh na deochanna sin thar cionn.
Cáit: _____
Nóilín: Téigh abhaile agus suigh os comhair na tine
Cáit: _____
Nóilín: Bhuel, slán.
Cáit: _____

Le seachtain anuas.
Go dona.
Sin é an plean atá agam.
Tá mé díreach tar éis deochanna leighis a cheannach.
Is ea, slaghdán, casacht, ag sraothartach an t-am ar fad agus sileadh le mo shrón.
Ní dheachaigh. Chuaigh mé chuig siopa an phoitigéara.
Slán agat
Dia is Muire duit, a Nóilín.
Tá slaghdán uafásach orm.
Tá súil agam go mbeidh.

● **Bain triail as!**

Obair duitse

Bhuail tú le do chara i do theach. Bhí sibh ag caint faoi thinneas atá ort agus cathain a bheidh tú ar ais ar scoil. Scríobh amach an comhrá.

Cluastuiscint

Éist go cúramach leis an téip seo. Cloisfidh tú gach comhrá faoi thrí.

● **Comhrá 1**

1 Cé atá ag caint?
2 Cá bhfuil an phian?
3 Cad a thug an dochtúir di?

● **Comhrá 2**

1 Cé atá ag caint?
2 Cá raibh sé ag dul nuair a tharla an eachtra?
3 Cad a gheobhaidh sé i siopa an phoitigéara?

● **Comhrá 3**

1 Cé atá ag caint?
2 Cad a tharla ar maidin?
3 Cá bhfuil an brú?

An Fiaclóir

● **Fóclóir**

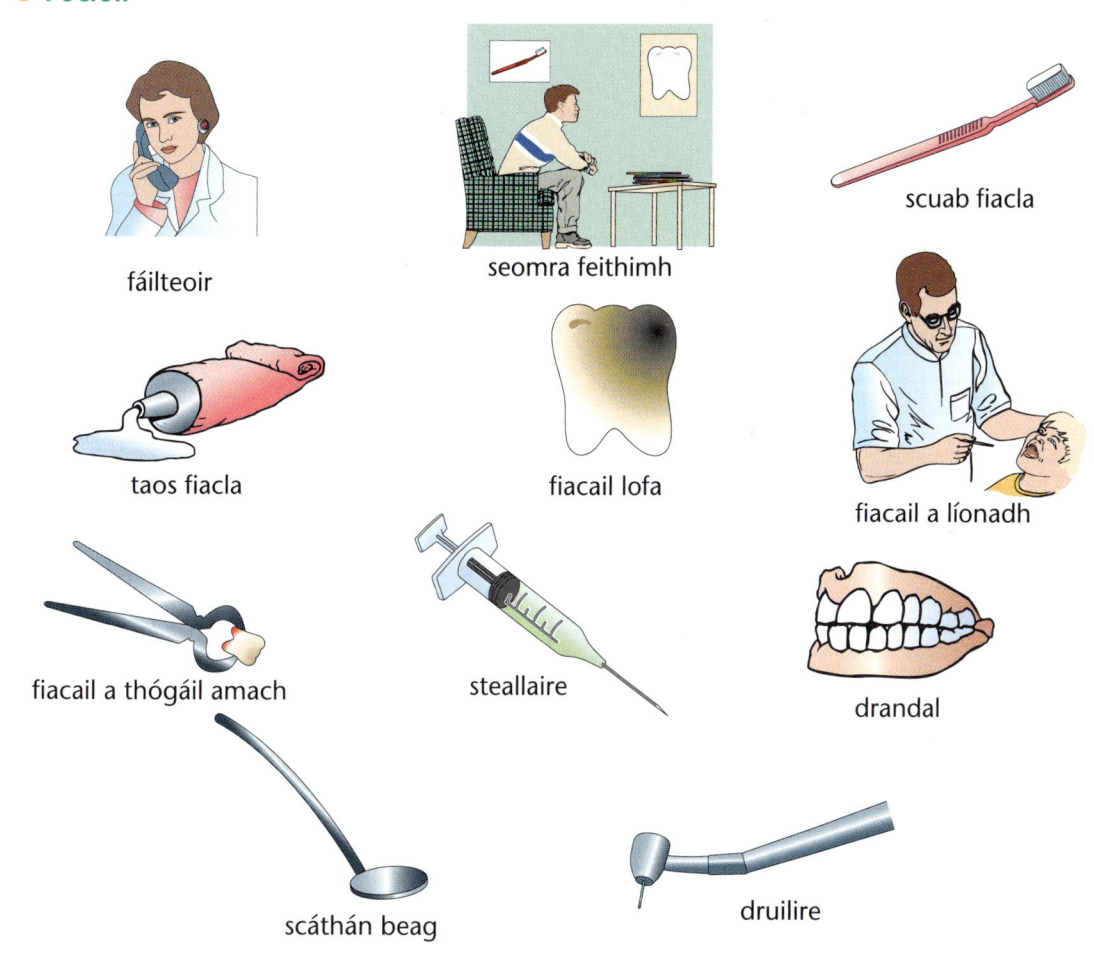

- fáilteoir
- seomra feithimh
- scuab fiacla
- taos fiacla
- fiacail lofa
- fiacail a líonadh
- fiacail a thógáil amach
- steallaire
- drandal
- scáthán beag
- druilire

● **Abair amach é!**

Obair bheirte

Cuir na ceisteanna thíos ar do chara agus scríobh na freagraí sa ghreille.

Agallamh

An dtéann tú go dtí an fiaclóir go minic? _____

An mbíonn eagla ort dul chuig an bhfiaclóir? _____

An bhfuair tú steallaire sa drandal riamh? _____

Ar líon an fiaclóir do fhiacla riamh? _____

Ar bhain sí úsáid as druilire? _____

An raibh fiacail lofa agat riamh? _____

Caibidil 5

Dán

● **Bí réidh roimh ré!**

Tá na focail thíos sa dán a leanann an mheaitseáil. Déan an mheaitseáil ar dtús agus beidh tú réidh.

1	i m'aonar	A	shouts	1 =
2	léimeann	B	explodes	2 =
3	plandaí	C	lamps	3 =
4	lampaí	D	jumps	4 =
5	pléascann	E	on my own	5 =
6	béiceann	F	walls	6 =
7	ballaí	G	plants	7 =

Imeagla

le Mícheál Ó Ruairc

Fágtha i m'aonar
i seomra feithimh
an fhiaclóra
léimeann lampaí
pléascann plandaí
béiceann ballaí
agus scoilteann fuinneoga
mantanna
i mbéal an tráthnóna.

Gluais	
scoilteann	splits
mantanna	gaps
i mbéal an tráthnóna	in the 'mouth' of the afternoon
samhlaíonn sé	he imagines

A Cuir na pictiúr thíos san ord ceart: 1=, 2=, 3=, 4=, 5=.

Ceisteanna

B Fíor nó bréagach

	Fíor	Bréagach
1 Tá an file in éineacht lena mháthair.	☐	☐
2 Tá an file ag fanacht i seomra feithimh an dochtúra.	☐	☐
3 Tá eagla an domhain ar an bhfile	☐	☐
4 Samhlaíonn sé go bhfuil na lampaí ag léim san aer.	☐	☐
5 Samhlaíonn sé go bhfuil na plandaí ag béicíl.	☐	☐
6 Samhlaíonn sé go bhfuil na plandaí ag pléascadh.	☐	☐
7 Samhlaíonn sé go bhfuil na ballaí ag béicíl.	☐	☐
8 Chuaigh an file go dtí an fiaclóir ar maidin.	☐	☐

9 An bhfuil na fuinneoga dúnta nó ar oscailt, an dóigh leat?
10 Luaigh na pictiúir atá sa dán seo.
11 Cad iad na mothúcháin sa dán seo? Cuir tic sa bhosca ceart.
 uaigneas ☐
 brón ☐
 eagla ☐
12 Cén fáth ar bhain sé úsáid as na focail 'béiceann' agus 'pléascann'?
13 Cén fáth ar bhain an file úsáid as an bhfocal 'béal' nuair a bhí sé ag caint faoin tráthnóna?

Cluastuiscint

Éist go cúramach leis an téip seo. Cloisfidh tú gach píosa faoi dhó.

● **Píosa 1**
1 Cé mhéad leaba san ospidéal nua seo?
2 Cad atá i ngach barda?

● **Píosa 2**
1 Cé mhéad leaba san ospidéal nua seo?
2 Ainmnigh áis amháin a bheidh san ospidéal nua.

● **Píosa 3**
1 Cén sórt ranganna a bheidh ar siúl?
2 Cé a bheidh ag dul chuig na ranganna seo?

Caibidil 5

An Scéal – Turas go dtí an Fiaclóir

● **Bí réidh roimh ré!**

Tá na focail thíos sa scéal a leanann an mheaitseáil. Déan an mheaitseáil ar dtús agus beidh tú réidh.

● **Meaitseáil**

1	ar mo shuaimhneas	A	amazement	1 =
2	níos mó	B	I will see	2 =
3	paidir	C	fully pleased	3 =
4	Go bhfóire Dia	D	respite	4 =
5	a chríochnóidh	E	which will finish	5 =
6	an mhaidin	F	She shocked me	6 =
7	bhain sí geit asam	G	the morning	7 =
8	feicfidh mé	H	more	8 =
9	ionadh	I	at my ease	9 =
10	lánsásta	J	prayer	10 =
11	faoiseamh	K	Holy God	11 =

● **Turas go dtí an Fiaclóir**

An Chéadaoin a bhí ann. Dhúisigh mé go moch ar maidin. Ba é lá an fhiaclóra é. Bhí idir eagla agus fhaitíos orm. D'fhéach mé amach an fhuinneog. Lá duairc earraigh a bhí ann. Bhí an ghrian clúdaithe le scamaill bheaga agus iad ag gluaiseacht go mall. Nigh mé m'aghaidh agus mo lámha go deifreach agus chuir mé mo chuid éadaigh orm: léine bhán, bríste géine agus geansaí gorm. Síos staighre liom go tapa agus isteach liom sa chistin. D'ith mé calóga arbhair agus tósta. Bhí cupán tae agam agus chuir mé na gréithe sa mheaisín nite gréithe. Ar ais liom chuig an seomra folctha. Scuab mé mo chuid fiacla go cúramach. Ansin chonaic mé m'athair. Ghlaoigh sé orm. Bhíomar ag imeacht sa charr. Shroich mé áras an fhiaclóra agus bhí mé beagáinín neirbhíseach.

Ar aghaidh liom go dtí an doras. Isteach liom agus bheannaigh mé don fháilteoir. Mo léan, ní raibh éinne eile sa seomra feithimh. Bhí an fiaclóir réidh domsa. Lean mé í isteach sa seomra.. Bhí sí measartha ard agus bhí gruaig fhada chatach fhionn uirthi. Chuir sí ar mo shuaimhneas mé. Chabhraigh sí liom. D'fhéach mé timpeall an tseomra. Bhí an seomra sách beag ceart go leor ach bhí sé lán de threalamh. Bhí gach rud glan néata. Las sí solas mór agus d'oscail mé mo bhéal. D'fhéach sí isteach ann. D'iarr sí orm mo bhéal a oscailt níos mó. Thosaigh sí ag cuardach mo chuid fiacla. Dúirt mise paidir, 'Go bhfóire Dia, cathain a chríochnóidh sé seo?' Ghluais an mhaidin ar aghaidh go mall. Chuardaigh sí gach cúinne de mo bhéal. Bhí mé ag feitheamh leis an druilire. Bhain sí geit asam ansin. 'Tá gach rud i gceart an uair seo. Is féidir leat imeacht. Feicfidh mé thú tar éis an tSamhraidh.' Bhreathnaigh mé uirthi le hionadh. D'fhéach mé ar m'uaireadóir. Bhí sé a haon déag. D'imigh mé abhaile lánsásta liom féin ach ansin dúirt mo mháthair liom dul ar scoil.

Gluais

Dhúisigh mé	I woke	D'fhéach sí	She looked
Chonaic mé	I saw	D'iarr sí	She asked
Nigh mé	I washed	Thosaigh sí	She started
Chuir sí	She put	Ghluais	It moved
D'ith mé	I ate	Chuardaigh sí	She searched
Ghlaoigh sé	He called	Bhain sí geit	She startled
Shroich mé	I reached	Feicfidh mé	I will see
Bheannaigh mé	I greeted	Bhreathnaigh mé	I looked
Lean mé	I followed	D'fhéach sí	She looked
Chabhraigh sí	She helped	D'imigh mé	I went
Las sí	She lit	Dúirt mé	I said
D'oscail mé	I opened		

● **Ceisteanna**

Fíor nó bréagach

		Fíor	Bréagach
1	Bhí sé ag dul go dtí an fiaclóir.	☐	☐
2	Lá breá a bhí ann.	☐	☐
3	D'ullmhaigh a athair bricfeasta dó.	☐	☐
4	Thóg a athair go dtí an fiaclóir é.	☐	☐
5	Bhí sé buartha.	☐	☐

6 Déan cur síos ar an mbricfeasta.
7 Déan cur síos ar éide an bhuachalla.
8 Déan cur síos ar obair an fhiaclóra.
9 Cén chaoi a ndeachaigh sé chuig an bhfiaclóir?
10 Cad a tharla ag an bhfiaclóir?
11 Conas a thaitin an mhaidin leis?
12 Cad a rinne sé ina dhiaidh sin?
13 An dóigh leat go raibh sé sásta? Cuir cúis le do fhreagra.

● **Meascán Mearaí**

Críochnaigh na focail seo a leanas

Sampla T*r*s = trip = turas

1	T*r*s	trip
2	f**cló*r	dentist
3	g* m*ch	early
4	Lá d***rc **rr**gh	gloomy spring day
5	clúd**th*	covered
6	g* d**fr**ch	hurriedly
7	g* cúr*m*ch	carefully
8	m**s*rth* *rd	quite tall

● **Meaitseáil**

1	Is féidir leat	A	uirlis ama	1 =
2	Ar aghaidh liom	B	ag lorg	2 =
3	Isteach liom	C	D'imigh mé isteach	3 =
4	uaireadóir	D	ag fanacht	4 =
5	ag feitheamh	E	cén uair	5 =
6	ag cuardach	F	faitíos	6 =
7	cathain	G	lán d'uirlisí	7 =
8	lán de threalamh	H	Chuaigh mé ar aghaidh	8 =
9	eagla	I	Tá tú abalta	9 =

● **Bain triail as!**

Obair duitse

Scríobh do scéal féin

Tosaigh mar seo:

"Ba é lá an dochtúra é. Bhí idir eagla agus fhaitíos orm........."

Cluastriail

Éist go cúramach leis an téip seo. Cloisfidh tú gach duine den triúr seo faoi thrí.

- **An chéad chainteoir**   **Seán de Paor**
1. Cad a bhí ar siúl aige?
2. Cad a bhuail sé?
3. Cá bhfuil pian ar Sheán?

- **An dara cainteoir**   **Síle Ní Neachtain**
1. Aois:
2. Cad tá gortaithe ag Síle?
3. Cén t-am a chríochnaíonnn an clinic?

- **An tríú cainteoir**   **Sorcha de Rís**
1. Cad a bhris Sorcha?
2. Cén spórt is maith léi?
3. Ní maith léi rud éigin, cad é féin?
4. Cén fáth?

Éist go cúramach leis an téip seo. Cloisfidh tú gach fógra faoi dhó.

- **Fógra 1**
1. Cén t-am a bheidh an otharlann ar oscailt?
2. Cá bhfuil an otharlann suite?

- **Fógra 2**
1. Ainmnigh dhá rud ag an tiománaí a gortaíodh sa timpiste.
2. Ainmnigh rud eile ag an bpaisinéar a gortaíodh sa timpiste.

- **Fógra 3**
1. Cá bhfuil an clinic ar siúl?
2. Cathain a thosóidh sé amárach?

Éist go cúramach leis an téip seo. Cloisfidh tú gach comhrá faoi thrí.

● **Comhrá 1**
1   Cad a bhí Bríd ag déanamh?
2   Cad a dúirt an dochtúir?
3   Cad a bheidh Bríd ag tógáil?

● **Comhrá 2**
1   Conas tá Séamas?
2   Cad a tharla dó?
3   Cá bhfuil Seán ag dul anois?

● **Comhrá 3**
1   Cad atá cearr le Laoise?
2   Cad a tharla di?
3   Cad a dúirt an dochtúir léi?

Éist go cúramach leis an téip seo. Cloisfidh tú gach píosa faoi dhó.

● **Píosa 1**
1   Cá bhfuil an t-ospidéal nua seo?
2   Ainmnigh áis amháin a bheidh san ospidéal nua.

● **Píosa 2**
1   Ainm an ospidéil:
2   Cathain a bheidh na hothair ag dul ann?

● **Píosa 3**
1   Cá bhfuil na ranganna ar siúl?
2   Ainmnigh cuid den chorp luaite?

Caibidil 6
Caitheamh Aimsire

ag léamh

ag féachaint ar an teilifís

ag damhsa, ag rince

ag éisteacht le ceol

ag plé leis an ríomhaire

ag imirt cluichí ríomhaire

ag féachaint ar fhíseán

ag cócaireacht

ag rothaíocht

ag péinteáil

ag tógáil grianghraf

ag dul chuig an bpictiúrlann

ag seinm ceoil

ag marcaíocht ar chapall

ag imirt cártaí

ag imirt fichille

179

● Tuairimí Shíle

- Is maith liom a bheith ag imirt cluichí ríomhaire mar tá sé taitneamhach.
- Is fuath liom marcaíocht ar chapall mar tá eagla orm roimh chapaill.
- Is gráin liom a bheith ag féachaint ar an teilifís mar tá sé leadránach.
- Is aoibhinn liom cócaireacht mar tá mé go maith chuige.
- Is fearr liom a bheith ag éisteacht le ceol mar bím ag damhsa go minic.

● Do thuairimí

Líon isteach na bearnaí

1. Is maith liom _____ mar tá sé an-bhríomhar go deo.
2. Ní maith liom _____ mar tá sé leadránach.
3. Is breá liom _____ mar tá sé suimiúil.
4. Is fuath liom _____ mar níl sé taitneamhach.
5. Is aoibhinn liom _____ mar tá sé simplí go leor.
6. Is fearr liom _____ mar tá sé sláintiúil.
7. Is gráin liom _____ mar tá sé deacair.
8. Is maith liom _____ mar tugann sé sos dom.
9. Is maith liom _____ mar tá mé go maith chuige.
10. Is breá liom _____ mar bím ag damhsa go minic.

● Líon isteach na bearnaí

1	Is maith	liom	a bheith ag péinteáil	mar	tá mé go maith chuige.
2	Is _____	liom	_____	mar	_____.
3	Is _____	liom	_____	mar	_____.
4	Is _____	liom	_____	mar	_____.
5	Is _____	liom	_____	mar	_____.
6	Is _____	liom	_____	mar	tá sé _____.
7	Is _____	liom	_____	mar	_____.
8	Is _____	liom	_____	mar	_____.
9	Is _____	liom	_____	mar	_____.
10	Is _____	liom	_____	mar	_____.

An Teilifís

● **Tomhais!**

Cad is brí leis na cláir seo a leanas? Féach ar na samplaí ar dtús agus beidh fhios agat.

1. Sobalchlár ___soap opera___ [Coronation Street]
2. Nuacht _____ [Six One]
3. Clár Polaitíochta _____ [Prime Time]
4. Clár do Pháistí _____ [Bob The Builder]
5. Clár do dhéagóirí _____ [Fish]
6. Clár Faisin _____ [Off The Rails]
7. Clár Cócaireachta _____ [Ready Steady Cook]
8. Clár Spóirt _____ [Sunday Sport]
9. Réamhaisnéis na haimsire _____ [An Aimsir Láithreach]
10. Tráth na gceist _____ [Who wants to be a Millionaire]
11. Clár ceoil _____ [Top 30 Hits]
12. Scannáin _____ [Star Wars]
13. Clár grinn _____ [Friends]
14. Cartún _____ [Tom and Jerry Kids]
15. Clár faoi ainmhithe _____ [Pet Rescue]
16. Ficsean eolaíochta _____ [Star Trek]

● **Cén cineál clár iad na cláir seo a leanas?**

1. Bouli _____
2. Fair City _____
3. The Simpsons _____
4. Prime Time _____
5. An Aimsir Láithreach _____
6. Albam TG4 _____
7. Sister Sister _____
8. Spórtiris ar an láthair _____
9. Gearóid na Gaisce _____
10. Ros na Rún _____
11. Nua Gach Bia _____

● **Abair amach é!**

1. An maith leat cláir spóirt? Cén fáth?
2. An maith leat an Nuacht? Cén fáth?
3. An maith leat sobalchláracha? Cén fáth?
4. An maith leat cláir ghrinn? Cén fáth?
5. An maith leat cláir cheoil? Cén fáth?

Anois cuir na ceisteanna thuas ar do chara agus scríobh amach na freagraí mar seo:
1. Is maith leis/léi cláir spóirt mar bíonn siad an-bhríomhar go deo.
2. Ní maith leis/léi an Nuacht mar..............

Caibidil 6

● **Máire**

Is mise Máire Ní Chathasaigh. Táim sa dara bliain sa phobalscoil. Féachaim ar an teilifís go minic. Is aoibhinn liom *Sister Sister* agus *Sabrina*. Is maith liom na sobalchláir freisin. Éistim leis an raidió go minic. Ní maith liom cláir spóirt ar chor ar bith mar bíonn siad leadránach ach is aoibhinn le mo dheartháir iad. Is minic a bhíonn argóintí sa teach mar sin!

● **Ceisteanna**

1 An maith le Máire an teilifís?
2 Cén cineál clár a thaitníonn léi?
3 Cén cineál clár nach maith léi?
4 Cén fáth a mbíonn argóintí sa teach?

Scannáin

Scannáin bhrónacha

Scannáin rómánsúla
(Scannáin ghrá)

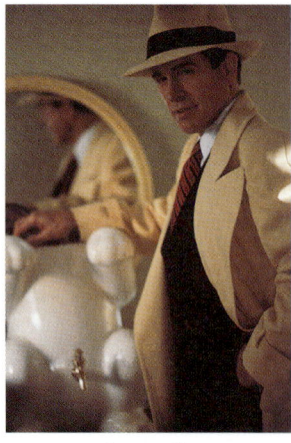

Scannáin bhleachtaireachta

Scannáin eachtrúla

Scannáin ficsean-eolaíochta

Scannáin uafáis

Scannáin ghrinn

● **Abair amach é!**

1 An maith leat scannáin románsúla? Cén fáth?
2 An maith leat scannáin ghrinn? Cén fáth?
3 An maith leat scannáin eachtrúla? Cén fáth?
4 An maith leat scannáin uafáis? Cén fáth?

● **Obair bheirte**

Anois cuir na ceisteanna thuas ar do chara agus scríobh amach na freagraí mar seo:
1 Is maith leis/léi scannáin ghrinn mar bíonn siad taitneamhach.
2 Is maith leis/léi.......

● **Liam**

Is mise Liam Ó Murchú. Táim i mo chónaí i gCluain Dolcáin. Is breá liom scannáin. Téim chuig an bpictiúrlann chomh minic agus is féidir liom le mo chairde. Is aoibhinn liom scannáin eachtrúla mar bíonn siad an-bhríomhar go deo. Ní maith liom scannáin románsúla ar chor ar bith. Ní tharlaíonn rud ar bith iontu agus bíonn siad leadránach.

● **Ceisteanna**

1 Cad is ainm dó?
2 Cá bhfuil sé ina chónaí?
3 Cén caitheamh aimsire atá aige?
4 Cén sórt scannáin a thaitníonn leis? Cén fáth?
5 Cén sórt scannáin nach maith leis? Cén fáth?

An Litir

Bí réidh roimh ré!

Tá na focail thíos sa litir a leanann an mheaitseáil. Bain triail as an mheaitseáil ar dtús agus ansin beidh tú réidh roimh ré.

- **Meaitseáil**

1	Is fada an lá ó chuala mé uait.	A	Believe it or not	1 =	
2	Is dócha go bhfuil suas le mí go leith ann ó scríobh tú chugam.	B	Forgive me the delay	2 =	
3	Maith dom an mhoill	C	I am sorry I have not written sooner	3 =	
4	Tá brón orm nár scríobh mé níos luaithe	D	I have a good excuse	4 =	
5	Tá leithscéal maith agam.	E	I have got to go	5 =	
6	Creid é nó ná creid	F	I hear my dog barking	6 =	
7	Bhí an t-ádh linn	G	I suppose it is a month since you wrote to me	7 =	
8	Bronnadh duais orainn	H	We were lucky	8 =	
9	Cloisim mo mhadra ag tafann	I	It is a long time since I heard from you	9 =	
10	Caithfidh mé imeacht	J	We were presented with an award	10 =	
11	Ní féidir liom glao gutháin a chur ort	K	Write to me soon	11 =	
12	Scríobh ar ais chugam go luath	L	I can't ring you.	12 =	

5 Bóthar na Carraige
Lios na Ríthe
An Mhí

15 Lúnasa

A Sheáin, a chara,

Beatha agus sláinte! Sinéad de Brún anseo. Is fada an lá ó chuala mé uait. Is dócha go bhfuil suas le mí go leith ann ó scríobh tú chugam. Maith dom an mhoill. Tá brón orm nár scríobh mé níos luaithe ach tá leithscéal maith agam.

    Creid é nó ná creid tá caitheamh aimsire nua agam. Chonaic mé fógra sa siopa áitiúil. Dúirt sé go raibh cúrsa grianghrafadóireachta ag tosú ar an Satharn sa phobalscoil. Bhí an t-ádh liom. Mar is eol duit fuair mé ceamara mar bhronntannas ar mo bhreithlá mí ó shin. Ní raibh tuairim dá laghad agam conas é a úsáid. D'fhiosraigh mé an scéal. Dúirt an rúnaí liom go raibh áit amháin fágtha. Chuir mé m'ainm síos. An chéad Satharn bhí mé pas beag neirbhíseach ag dul ann. Is dóigh liom go raibh suas le daichead ann agus ceamaraí de gach saghas acu. Chuir an múinteoir ar ár suaimhneas sinn. I gceann tamaillín bhí mé ábalta an ceamara a úsáid i gceart. Tá sí sármhaith ag an ngrianghrafadóireacht. Is aoibhinn liom an áit mar gheall ar an gcraic agus an spraoi a bhíonn ann. Bronnadh an duais caoga euro orm seachtain ó shin mar gheall ar thaispeántas a rinne mé. Bhí mé ar scamall a naoi. Is iontach an cúrsa é. Cloisim mo mhadra ag tafann. Caithfidh mé imeacht. Ní féidir liom glao gutháin a chur ort mar níl cead agam an guthán a úsáid a thuilleadh tar éis an bhille a fuair mo mháthair seachtain ó shin. Scríobh ar ais chugam go luath.

Slán go fóill
Sinéad

● **Ceisteanna**

1 Cé a scríobh an litir seo?
2 Cá bhfuil sí ina cónaí?
3 Cén fáth nár chuir sí glao gutháin ar Sheán?
4 Cén sórt caitheamh aimsire a bhí aici?
5 Cé mhéad a bhuaigh sí?
6 Cé mhéad daoine atá ann?

7 Cá raibh an cúrsa ar siúl?
8 Cén fáth ar scríobh sí an litir?
9 Luaigh dhá rud faoin múinteoir.
10 Luaigh dhá rud faoin gcúrsa.
11 Luaigh rud faoin duais.
12 Cén fáth ar stop sí an litir?

● **Meaitseáil**

1	D'fhiosraigh mé an scéal	A	Secretary	1 =
2	Rúnaí	B	Fun	2 =
3	Fágtha	C	Ease	3 =
4	Chuir mé m'ainm síos	D	Display	4 =
5	Pas beag neirbhíseach	E	About	5 =
6	Is dóigh liom	F	A week ago	6 =
7	Suaimhneas	G	A little nervous	7 =
8	I gceann tamaillín	H	In a while	8 =
9	spraoi	I	I was given a prize	9 =
10	Bronnadh an duais orm	J	I suppose	10 =
11	Seachtain ó shin	K	I put my name down	11 =
12	Mar gheall ar	L	I enquired	12 =
13	Taispeántas	M	Left	13 =

● **Meascán Mearaí**

Críochnaigh na focail seo a leanas

sampla; fógr* = Ad = Fógra

1	tá c**th**mh **ms*r* n** *g*m.	A	I have a new past-time	1 =
2	fógr*	B	Ad	2 =
3	s**p* á*t*ú*l	C	Local shop	3 =
4	cúrs* gr**nghr*f*dó*r**cht*	D	Photographic course	4 =
5	p*b*lsc**l.	E	community school	5 =
6	Bhí *n t-ádh l**m.	F	I was lucky	6 =
7	M*r *s **l d**t	G	As you know	7 =
8	br*nnt*nn*s	H	Present	8 =
9	Ní r**bh t***r*m dá l*gh*d *g*m	I	I had no idea	9 =
10	c*n*s é * úsá*d.	J	How to use it	10 =

● **Líon isteach na bearnaí leis na focail sa bhosca thíos.**
Tá cúrsa á dhéanamh agat conas gluaisrothar a thiomáint

5 An Sruthán
Na Sceirí
Contae ____1____

15 Márta

A __2____, a chara,

Beatha agus sláinte _____3_____ anseo. Is fada an lá ó chuala mé ____4__. Is dócha go bhfuil suas le ____5__ ann ó scríobh tú chugam. Maith ___6___ an mhoill. Tá brón orm nár scríobh mé níos ___7___ ach tá leithscéal maith agam.

   Creid é nó ná creid tá caitheamh aimsire nua agam. Chonaic mé fógra sa siopa áitiúil. Dúirt sé go raibh cúrsa ___8___ ag tosú ar an Aoine sa phobalscoil. Bhí an ___9___ liom. Mar is eol duit fuair mé __10____ mar bhronntannas Nollag. Ní raibh tuairim dá laghad agam conas é a úsáid. ___11___ mé an scéal. Dúirt an rúnaí liom go raibh áit amháin fágtha. Chuir mé m'ainm síos. An chéad ___12___ bhí mé pas beag neirbhíseach ag dul ann. Is dóigh liom go raibh suas le fiche ann agus gluaisrothar de gach saghas acu. Chuir an múinteoir ar ár suaimhneas sinn. I ___13___ tamaillín bhí mé ábalta an gluaisrothar a úsáid i gceart. Tá sí sármhaith ar an ngluaisrothar. Is aoibhinn liom an áit mar gheall ar an gcraic agus an spraoi atá ann. Bronnadh an bonn airgid orm seachtain ó shin mar gheall ar thaispeántas a rinne mé. Bhí mé ar scamall a naoi. Is iontach an cúrsa é. ___14___ duine ag an doras. Caithfidh mé ___15___. Ní féidir liom glao gutháin a chur ort mar níl cead agam an guthán a úsáid a thuilleadh tar éis an bhille a fuair mo mháthair seachtain ó shin. Scríobh ar ais ___16___ go luath.

Slán go fóill
Nuala

imeacht	t-ádh
uait	luaithe
bliain go leith	gluaisrothaíochta
gceann	d'fhiosraigh
gluaisrothar	chugam
Nuala	Bhaile Átha Cliath
Sheosaimh	dom
cloisim	oíche

Caibidil 6

● **Bain triail as!**

Obair duitse:

Scríobh litir ag insint do do chara faoi do chaitheamh aimsire nua agus conas mar a chaith tú do chuid ama ann. Bain úsáid as na nathanna agus as an litir shamplach.

Luaigh –

1. an caitheamh aimsire
2. na daoine
3. an múinteoir
4. an áit
5. cathain a fheicfidh tú an duine arís.

● **An cuimhin leat?**

Cá bhfuil na focail thíos sa lúbra? Bí cinnte go bhfuil an bhrí agus an litriú ar eolas agat.

R	U	I	E	R	I	S	M	I	A
E	E	S	E	Ó	L	É	A	M	H
N	R	Í	S	M	R	T	S	O	M
I	I	H	Ó	Á	I	U	H	L	A
Á	A	C	E	N	O	Í	M	M	E
N	H	I	Ó	S	E	L	A	E	H
N	M	U	E	Ú	T	E	D	A	T
A	O	L	R	L	S	D	B	H	I
C	Í	C	O	A	I	G	B	M	A
S	R	A	H	C	A	R	Á	L	C
E	O	C	L	Á	I	R	P	L	O

caitheamh	clár
aimsire	scannáin
cluichí	damhsa
léamh	aisteoir
ríomhaire	rómánsúla

SPÓRT

Peil   Sacar   Rugbaí   Cispheil   Iomáint

Camógaíocht	Haca	Laithróid Láimhe	Cluiche Corr	Luthchleasaíocht
Marcaíocht	Rothaíocht	Siúl	Snámh	Bádóireacht	Seoltóireacht
Tumadóireacht	Dreapadóireacht	Leadóg	Leadóg bhoird	Galf	Rianadóireacht	Snúcar
Iascaireacht	Rásaíocht Chapall	Sciáil	Dornálaíocht	Peil na mban	Eitpheil

Caibidil 6

● **Tuairimí Shíle**

- Is aoibhinn liom sacar mar tá mé go maith chuige
- Is maith liom sacar mar tá sé taitneamhnach
- Is fuath liom snámh mar bíonn eagla orm roimh an uisce
- Is maith liom iomáint mar tá sí tapa
- Is gráin liom leadóg mar tá sí leadránach
- Is fuath liom rugbaí mar bíonn gach rud salach
- Is fearr liom cispheil mar aimsím cúilín go minic

● **Do thuairimí**

Líon isteach na bearnaí

1. Is maith liom _____ mar tá sé/sí an-phraiticiúil go deo.
2. Ní maith liom _____ mar tá sé/sí leadránach.
3. Is breá liom _____ mar tá sé/sí suimiúil.
4. Is fuath liom _____ mar níl sé/sí taitneamhach.
5. Is aoibhinn liom _____ mar tá sé/sí simplí go leor.
6. Is fearr liom _____ mar tá sé/sí sláintiúil.
7. Is gráin liom _____ mar tá sé/sí deacair.
8. Is maith liom _____ mar tá mé go maith ag imirt.
9. Is maith liom _____ mar beidh mé ag imirt ar son na scoile.
10. Is breá liom _____ mar faighim scór go minic ann.

Líon isteach na bearnaí

1. Is _____ liom ___sacar_____ mar tá sé/sí _____.
2. Is _gráin_____ liom _____ mar _____.
3. Is _____ liom _____ mar _____.
4. Is _____ liom _____ mar _____.
5. Is ___aoibhinn___ liom _____ mar _____.
6. Is _____ liom _____ mar tá sé/sí _____.
7. Is _____ liom _____ mar _____ deacair ___.
8. Is _____ liom _____ cispheil _ mar _____.
9. Is _____ liom _____ mar _____.
10. Is _____ liom _____ mar _____.

Cluastuiscint

Éist go cúramach leis an téip seo. Cloisfidh tú gach duine den triúr seo faoi thrí.

● **An chéad chainteoir**   **Éibhlín Ní Thuathail**

1. Spórt a imríonn sí
2. An ceol is fearr léi?
3. Cá dtéann sí go minic?

● **An dara cainteoir**   **Sinéad Bhreathnach**

1. Spórt a imríonn sí?
2. An saghas ceoil is fearr léi?
3. Stáisiún ceoil lena n-éisteann sí?

● An tríú cainteoir   Conán Mac Cárthaigh

1. Spórt a imríonn sé
2. Uirlis cheoil a sheineann sé?
3. Ceol is fearr leis?

● Síle

Is mise Síle de Búrca. Táim sa chéad bhliain sa mheánscoil. Imrím haca ar fhoireann na scoile. Bím ag traenáil gach Déardaoin agus bíonn cluiche againn gach Satharn. Is aoibhinn liom haca mar tá mé go maith ag imirt agus faighim scór go minic. Fuair mé dhá scór don fhoireann an Satharn seo caite agus bhuamar an cluiche!

● Ceisteanna

1. Cad is ainm di?
2. Cén spórt a imríonn sí?
3. Cathain a bhíonn sí ag traenáil?
4. Cad a tharla an Satharn seo caite?

● Abair amach é!

1. An maith leat sacar? Cén fáth?
2. An maith leat leadóg? Cén fáth?
3. An maith leat rugbaí? Cén fáth?
4. An maith leat snámh? Cén fáth?
5. An maith leat cispheil? Cén fáth?

● Obair bheirte

Anois, cuir na ceisteanna atá thuas ar an duine atá ina shuí/ ina suí in aice leat agus scríobh amach na freagraí. Tosaigh mar seo:

1. Is aoibhinn leis/léi sacar mar tá sé/sí go maith chuige.
2. Ní maith leis/léi leadóg mar.......

● Cén spórt is fearr leatsa?

Déan suirbhé sa rang agus cuir na freagraí ar ghraf i do chóipleabhar.
Tosaigh mar seo:
'Lámha suas na daoine a thaitin sacar leo…'
'Lámha suas na daoine a thaitin peil leo…'

Caibidil 6

Fóclóir

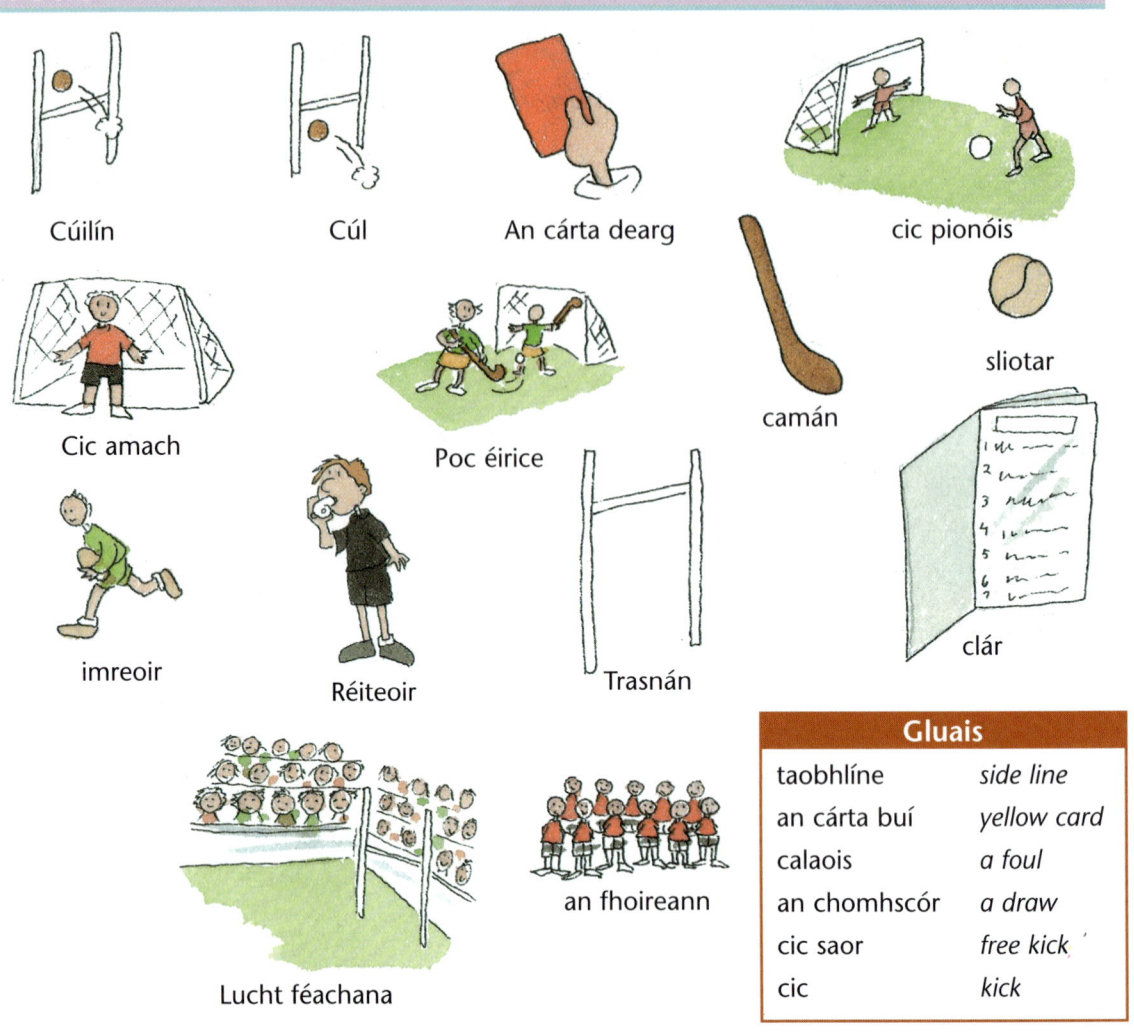

Cúilín Cúl An cárta dearg cic pionóis

Cic amach Poc éirice camán sliotar

imreoir Réiteoir Trasnán clár

Lucht féachana an fhoireann

Gluais	
taobhlíne	side line
an cárta buí	yellow card
calaois	a foul
an chomhscór	a draw
cic saor	free kick
cic	kick

Nóta

A dhuine uasail,

Liam Ó Sé anseo. Tá brón orm a rá nach mbeidh Seoirse ábalta scríobh inniu ar scoil. D'imir sé peil ag an deireadh seachtaine dá fhoireann peile. Is cúl báire é. D'éirigh go maith leis an bhfoireann. Bhuaigh siad an cluiche. Ghortaigh Liam a lámh in ionsaí sa dara leath. Thug mé go dtí an dochtúir é. Dúirt sí go bhfuil leonadh air. Ní bheidh sé in ann scríobh go ceann dhá lá. Cuir fios orainn ar an nguthán póca 087-345677 má tá fadhb agat.

Is mise
Liam Ó Sé

Gluais	
deireadh seachtaine	weekend
cúl báire	goalkeeper
Bhuaigh siad	they won
in ionsaí	in an attack
leonadh	sprain
guthán póca	mobile phone

Ceisteanna

1. Cé a scríobh an nóta?
2. Cén fáth ar scríobh sé an nóta?
3. Cad is ainm dá mhac?
4. Cad a tharla do Sheoirse?
5. Cad a bhí ar siúl aige inné?
6. Cathain a thiocfaidh feabhas ar a lámh?
7. Cá bhfuil a athair le fáil?
8. Cén rogha a thugann sé dó?
9. Déan cur síos ar an gcluiche.
10. Cén saghas damáiste atá déanta don lámh?

Nóta

Líon isteach na bearnaí.

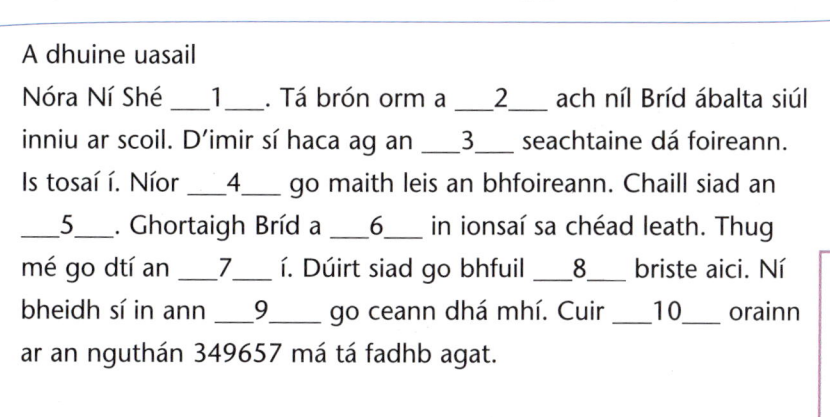

A dhuine uasail

Nóra Ní Shé ___1___. Tá brón orm a ___2___ ach níl Bríd ábalta siúl inniu ar scoil. D'imir sí haca ag an ___3___ seachtaine dá foireann. Is tosaí í. Níor ___4___ go maith leis an bhfoireann. Chaill siad an ___5___. Ghortaigh Bríd a ___6___ in ionsaí sa chéad leath. Thug mé go dtí an ___7___ í. Dúirt siad go bhfuil ___8___ briste aici. Ní bheidh sí in ann ___9___ go ceann dhá mhí. Cuir ___10___ orainn ar an nguthán 349657 má tá fadhb agat.

Is mise
Nóra Ní Shé

rúitín
otharlann
cos
deireadh
éirigh
cluiche
siúl
fios
anseo
rá

Caibidil 6

● **Bain triail as!**

Obair duitse

Is tusa athair Bhríd. Gortaíodh í ag imirt cispheile. Scríobh nóta chuig a múinteoir.

Luaigh –

1. Cá fhad a bheidh sí gortaithe
2. Cén t-am a tharla an timpiste
3. Cathain a tharla sé
4. Cé a bhí in éineacht léi
5. Cad a tharla sa chluiche

Fóclóir

- an ciseán
- maide
- Slat iascaireachta
- bróga reatha
- clogad
- slacán
- raicéad
- culaith reatha
- culaith shnámha
- T-léine
- stocaí
- bróga cispheile
- Caipín snámha
- bríste peile
- geansaí cispheile
- sciorta leadóige
- Bróga peile

1. Tá Síle ag imirt leadóige. Cad tá ag teastáil uaithi?
2. Tá Cian ag dul ag snámh. Cad tá ag teastáil uaidh?
3. Tá Sineád ag dul amach ag rith. Cad tá ag teastáil uaithi?
4. Tá Barra ag imirt iománaíochta. Cad tá ag teastáil uaidh?
5. Tá Jennifer ag imirt cispheile. Cad tá ag teastáil uaithi?
6. Tá Lúc ag imirt peile. Cad atá ag teastáil uaidh?

Fóclóir

Seomra gléasta

Cúirt chispheile

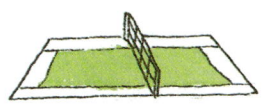

Cúirt leadóige

Páirc pheile

Linn snámha

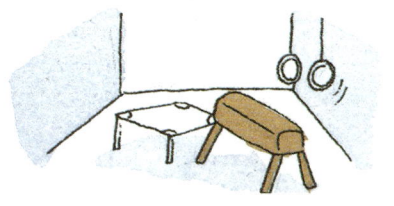

Halla gleacaíochta

Cithfholcthaí

Corn

Bonn óir

Ardán

Gluais	
raon reatha	*running track*
líontán	*net*
bratach	*flag*
cúirt bhadmantain	*badminton court*
cúirt eitpheile	*volleyball court*
cúirt scuaise	*squash court*
bonn airgid	*silver medal*
bonn cré-umha	*bronze medal*
Páirc an Chrócaigh	*Croke Park*
Bóthar Lansdún	*Lansdowne Road*

● **Líon isteach na bearnaí**

1 Tháinig mé sa dara háit agus fuair mé_____.
2 Tháinig mé sa tríú háit agus fuair mé_____.
3 Bhuamar craobh an chontae agus fuaireamar an _____.
4 Bhuaigh mé an rás agus fuair mé _____.
5 Bhí an chraobh ar siúl i b_____.
6 Bhí an cluiche sacair ar siúl i m_____.
7 Chuir mé mo chulaith snámha orm sa _____.
8 Imrítear cispheil ar _____.
9 Imrítear scuais ar _____.
10 Imrítear leadóg ar _____.
11 Bím ag snámh sa _____ ____.
12 Bím ag rith ar an _____.
13 Déanaimíd corpoideachas ar scoil sa _____ _____.

Cluastuiscint

Éist go cúramach leis an téip seo. Cloisfidh tú gach fógra faoi dhó.

● **Fógra 1**
1 Cé hé an cúl báire?
2 Cá bhfuil an cluiche ar siúl?

● **Fógra 2**
1 Cén t-am a thosóidh an cluiche?
2 Cad tá cearr le Ruairí?

● **Fógra 3**
1 Cé atá ag caint?
2 Cá bhfuil na cluichí ar siúl?

Comhrá

Bí réidh roimh ré!

Tá na focail thíos go léir sa chomhrá. Déan an mheaitseáil ar dtús agus beidh tú réidh don chomhrá!

Meaitseáil

1	Cén dath atá air?	A	A big medal	1 =
2	D'éirigh go geal liom	B	Bronze medal	2 =
3	Comórtas lúthchleasaíochta.	C	Athletics competition	3 =
4	Cad a fuair tú?	D	Cycling	4 =
5	Bonn mór	E	Cycling race	5 =
6	Airgead	F	Hard luck	6 =
7	Tá sé go hálainn.	G	I came in fifth place	7 =
8	Níor bhuaigh mé dada	H	I did well	8 =
9	Cén comórtas a bhí ann?	I	I didn't win a thing	9 =
10	An rás fada.	J	It's beautiful	10 =
11	Tháinig mé sa chúigiú háit	K	Medal	11 =
12	Mí-ádh	L	Silver	12 =
13	Rás céad méadar.	M	The hundred metre race	13 =
14	Bonn	N	The long race	14 =
15	Ag rothaíocht	O	What colour is it?	15 =
16	Rás rothaíochta.	P	What competition was it?	16 =
17	Bonn cré-umha	Q	What did you get?	17 =

Comhrá

Bhuail Róisín le Sinéad ag lá spórt na scoile.

Róisín: Dia duit, a Shinéad. Conas tá tú?

Sinéad: Ó a Róisín, Dia is Muire duit, táim go maith. Conas tá tú féin?

Róisín: Ní gearánta dom. An bhfuil aon scéal agat?

Sinéad: Bhuel diabhal scéil. Céard fútsa?

Róisín: Tá cinnte.

Sinéad: Inis dom cad é?

Róisín: D'éirigh go geal liom ar maidin sa chomórtas lúthchleasaíochta.

Sinéad: Nach ortsa atá an t-ádh. Cad a fuair tú?

Róisín: Bonn mór.

Sinéad: Cén dath atá air?

Róisín: Airgead

Sinéad: Tá sé go hálainn.

Róisín: Céard fútsa

Sinéad: Ó níor bhuaigh mé dada.

Róisín: Tá brón orm é sin a chloisteáil. Cén comórtas a bhí ann?

Sinéad: An rás fada.

Róisín: Conas d'éirigh leat?

Caibidil 6

Sinéad: Tháinig mé sa chúigiú háit

Róisín: Bhí mí-ádh ort.

Sinéad: Cathain a thosóidh na comórtais eile?

Róisín: Ar a dó. Beidh mise ag rith sa rás céad méadar. Táim ag tnúth le bonn eile.

Sinéad: Go bhfóire Dia orainn! Beidh mise ag rothaíocht sa rás rothaíochta. Beidh mé sásta le bonn cré-umha.

Róisín: Go n-éirí leat. Slán.

Sinéad: Go raibh maith agat. Slán agat.

● **Líon isteach na bearnaí**

Tá ___1___ agus ___2___ ag caint le chéile. Bhí Róisín sa chomórtas ___3___. Bhuaigh sí ___4___ ___5___. Níor ___6___ Sinéad aon rud. Tháinig sí sa ___7___ háit. Beidh an comórtas ag tosú arís ar a ___8___. Rithfidh Róisín sa rás ___9___ méadar agus rothóidh Sinéad sa rás ___10___. Tá Róisín ag ___11___ le bonn eile agus beidh Sinéad ___12___ le bonn cré-umha.

dó
céad
Róisín
tnúth
rothaíochta
lúthchleasaíochta
bonn
airgid
bhuaigh
Sinéad
sásta
chúigiú

● **An cuimhin leat?**

Meascán Mearaí

Críochnaigh na focail seo a leanas:

Sampla

D** d**t = *Hello* = Dia duit

1	D** d**t	A	Hello	1 =
2	C*n*s 't* tú?	B	How are you?	2 =
3	D** *s M**r* d**t,	C	Hello (back)	3 =
4	t**m g* m**th	D	I'm well	4 =
5	N* g**r*nt* d*m.	E	I can't complain	5 =
6	*n bhf**l **n sc**l *g*t?	F	Any news?	6 =
7	Bh**l	G	well	7 =
8	d**bh*l sc**l.	H	no news	8 =
9	C**rd fúts*?	I	what about you?	9 =
10	T* c*nnt*.	J	yes indeed	10 =
11	*n*s d*m c*d *?	K	tell me what it is?	11 =
12	N*ch *rts* *t* *n t-*dh.	L	aren't you lucky	12 =
13	T* br*n *rm * s*n * chl**st***l.	M	I am sorry to hear that	13 =
14	Bhí mí-ádh ***	N	Hard luck	14 =
15	C*th**n * th*s**dh sé	O	When will it begin?	15 =
16	T**m *g tnúth	P	I am expecting	16 =
17	G* bhf**r* D** *r**nn.	Q	God help us and save us	17 =
18	G* n-**r* l**t.	R	Good luck	18 =

Comhrá

Líon isteach na línte atá in easnamh:

Bhuail Nóra le Sorcha ag lá spóirt na scoile.

Nóra: Dia duit, a Shorcha. Conas tá tú?
Sorcha: _____
Nóra: Ní gearánta dom. An bhfuil aon scéal agat?
Sorcha: _____
Nóra: Tá cinnte.
Sorcha: _____
Nóra: D'éirigh go geal liom ar maidin sa chomórtas lúthchleasaíochta.
Sorcha: _____
Nóra: Bonn mór
Sorcha: _____
Nóra: Bonn airgid
Sorcha: _____
Nóra: Céard fútsa?
Sorcha: _____
Nóra: Tá brón orm é sin a chloisteáil. Cén comórtas a bhí ann?
Sorcha: _____
Nóra: Conas d'éirigh leat?
Sorcha: _____
Nóra: Bhí mí-ádh ort.
Sorcha: _____
Nóra: Ag a dó. Beidh mise ag rith sa rás sealaíochta. Táim ag tnúth le bonn eile.
Sorcha: _____
Nóra: Go n-éirí leat. Slán
Sorcha: _____

Tháinig mé sa séú háit.	Cathain a thosóidh an comórtas arís?
Beidh mise sa chluiche camógaíochta.	Slán.
Ar bhuaigh tú aon bhonn eile?	Diabhal scéil, céard fútsa?
Inis dom.	An léim fhada.
Cad a bhuaigh tú?	Dia is Muire duit, maith go leor
Maith an cailín.	agus tú féin?
Níor bhuaigh mé faic.	

● **Bain triail as!**

Obair duitse

Bhuail tú le do chara sa halla spóirt. Bhí sibh ag caint faoin lá spóirt. Scríobh amach an comhrá agus ansin léigh an comhrá amach os ard sa rang!

● **An Cuimhin leat?**

Cá bhfuil na focail seo thíos sa lúbra? Bí cinnte go bhfuil an bhrí agus an litriú ar eolas agat sula leanann tú ar aghaidh.

E	G	R	I	O	M	Á	I	N	T
D	A	Ó	B	O	N	N	Í	N	H
A	L	S	D	C	B	P	L	A	C
G	F	D	S	A	I	E	E	E	O
O	C	A	S	A	E	I	H	R	Í
L	I	É	C	Ú	L	L	M	I	A
C	C	C	O	R	N	C	Á	O	H
M	A	I	D	E	L	D	N	F	T
E	C	A	L	A	O	I	S	E	O
T	S	R	É	I	T	E	O	I	R

rothaíocht	calaois
foireann	snámh
réiteoir	galf
caipín	cúl
iomáint	corn
raicéad	bonn
peil	clogad
leadóg	cic

CEOL

● **Uirlisí ceoil**

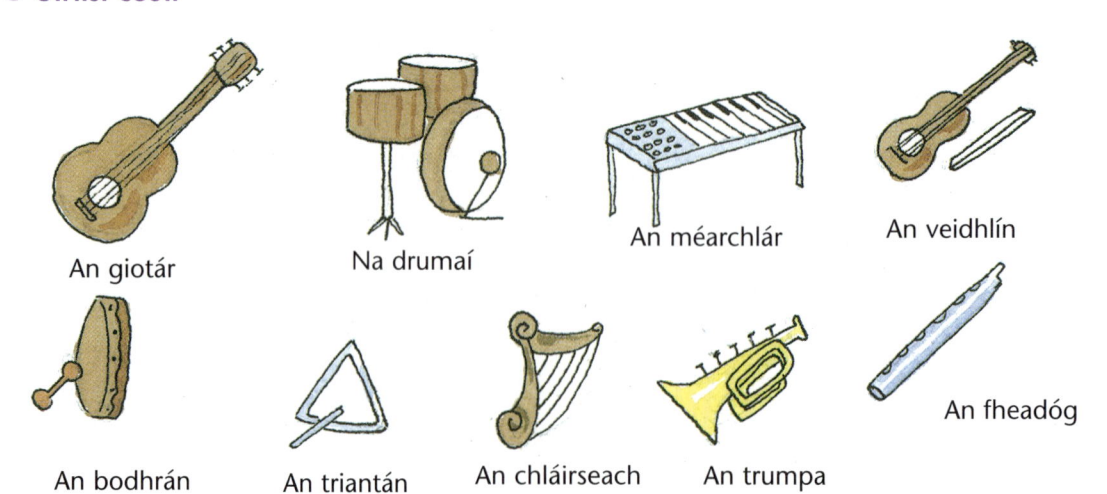

An giotár

Na drumaí

An méarchlár

An veidhlín

An bodhrán

An triantán

An chláirseach

An trumpa

An fheadóg

Gluais	
an bosca ceoil	*melodeon*
an phíb uilleann	*uilleann pipe*
an sacsafón	*saxaphone*

An pianó
An fhliúit 
An banna ceoil 
An dordghiotár 
An dordveidhil 

● **Meaitseáil**

1	popcheol	A	*jazz*	1 =
2	ceol clasaiceach	B	*rock music*	2 =
3	rac-cheol	C	*pop music*	3 =
4	ceol tíre	D	*country music*	4 =
5	ceol traidisiúnta	E	*heavy metal*	5 =
6	snagcheol	F	*the blues*	6 =
7	miotal trom	G	*traditional music*	7 =
8	na gormachaí	H	*classical music*	8 =

● **Tuairimí Sheosaimh**

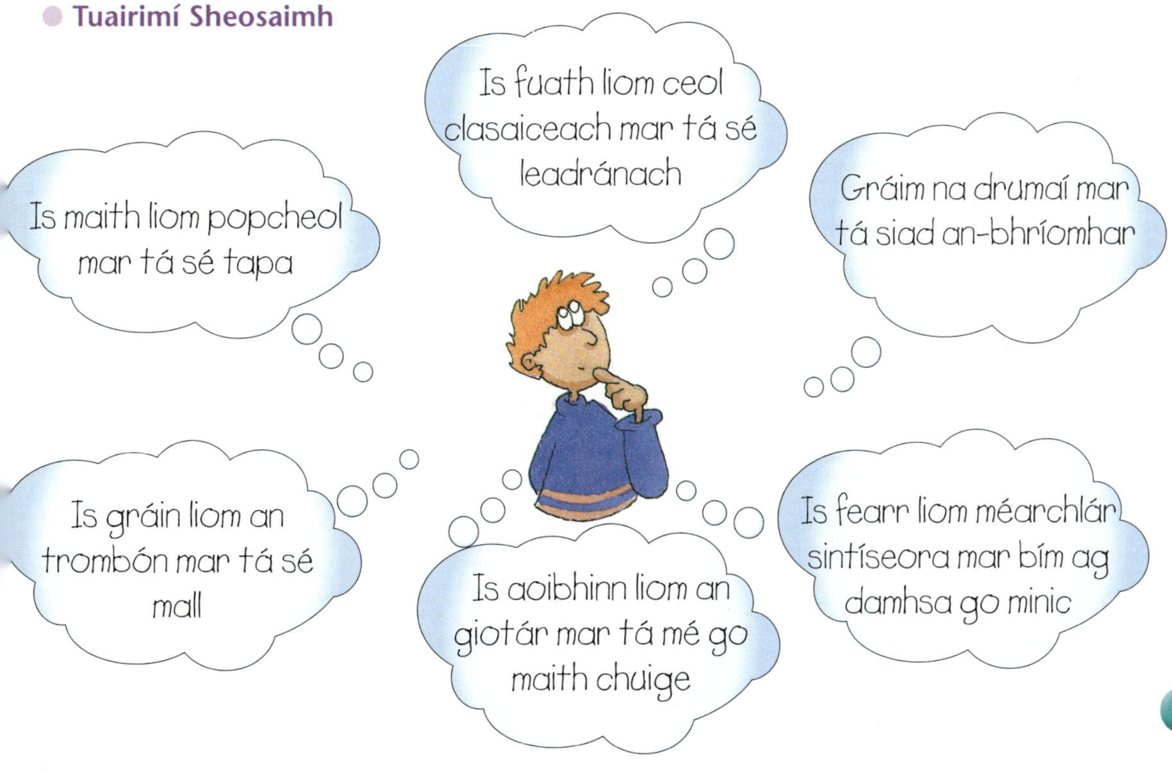

Is fuath liom ceol clasaiceach mar tá sé leadránach

Is maith liom popcheol mar tá sé tapa

Gráim na drumaí mar tá siad an-bhríomhar

Is gráin liom an trombón mar tá sé mall

Is aoibhinn liom an giotár mar tá mé go maith chuige

Is fearr liom méarchlár sintíseora mar bím ag damhsa go minic

● **Do thuairimí**

Líon isteach na bearnaí

1	Is maith liom	_____	mar tá sé an-bhríomhar go deo.
2	Ní maith liom	_____	mar tá sé leadránach.
3	Is breá liom	_____	mar tá sé mall agus suaimhneach.
4	Is fuath liom	_____	mar níl sé taitneamhach.
5	Is aoibhinn liom	_____	mar tá sé ceolmhar go leor.
6	Is fearr liom	_____	mar tá sé beomhar.
7	Is gráin liom	_____	mar is deacair é a sheinm.
8	Is maith liom	_____	mar tá mé maoithneach.
9	Is maith liom	_____	mar tá mé go maith chuige.
10	Is breá liom	_____	mar damhsaím go minic.

● **Líon isteach na bearnaí**

1	Is _____	liom _____	mar	tá sé _____.
2	Is _ gráin _____	liom _____	mar	_____.
3	Is _____	liom _____	mar	_____.
4	Is _____	liom _____	mar	_____.
5	Is ___ aoibhinn ____	liom _____	mar	_____.
6	Is _____	liom _____	mar	tá sé _____.
7	Is _____	liom _____	mar	_____ leadránach.
8	Is _____	liom _____	mar	_____.
9	Is _____	liom _____	mar	_____.
10	Is _____	liom _____	mar	_____.

● **Abair amach é!**

1. An maith leat snagcheol? Cén fáth?
2. An maith leat ceol clasaiceach? Cén fáth?
3. An maith leat ceol traidisiúnta? Cén fáth?
4. An maith leat popcheol? Cén fáth?

● **Obair bheirte**

Cuir na ceisteanna atá thuas ar do chara agus scríobh amach na freagraí.

Tosaigh mar seo:

Is maith leis/léi snagcheol mar tá sé mall agus suaimhneach.

Is fuath leis/léi rac-cheol mar........

● **Suirbhé**

Déan suirbhé sa rang agus cuir na freagraí ar ghraf mór.

Tosaigh mar seo: 'Lámha suas na daoine a thaitin ceol clasaiceach leo'

Fóclóir

Callaire
cluasáin
caiséad
dlúthdhiosca
raidió cluaise
ceoltóir
amhránaí
grúpa
drumadóir
giotáraí
ceolchoirm

● **Líon isteach na bearnaí**

1 Seinneann an _____ an giotár.
2 Canann an _____ na hamhráin.
3 Cuireann tú _____ i do chluasa.
4 Seinneann an _____ na drumaí.
5 Seinneann _____ ceol.

Cluastuiscint

Éist go cúramach leis an téip seo. Cloisfidh tú gach comhrá faoi thrí.

● **Comhrá 1**

1 Cad tá ar an ríomhaire?
2 Cad a theastaigh ó Nóra?
3 An bhfuair sí é?

● **Comhrá 2**

1 Cá raibh an cheolchoirm?
2 Cá bhfuil Fiachra ag dul?

● **Comhrá 3**

1 Cén spórt atá i gceist?
2 An bhfuil Bríd ar an bhfoireann?

Fógra

● **Ceolchoirm**

Beidh ceolchoirm mhór ar siúl sa halla mór oíche Dé Céadaoin ar a seacht. Is iad na Fíréin, Paidí Mac an Iomaire agus na Sawdoctors a bheidh ag seinm.

Cosnóidh na ticéid fiche euro an ceann. Osclóidh na doirse ar a sé. Críochnóidh sé ar a haon déag. Tá bac ar alcól agus daoine faoi cheathair déag. Díoltar ticéid sa siopa ceoil nó is féidir iad a cheannach ach glao a chur ar an uimhir 091 67845. Bíodh do chárta creidmheasa réidh agat.

● **Ceisteanna**

1 Cad a bheidh ar siúl ar a seacht?
2 Cathain a osclóidh na doirse?
3 Cé a bheidh ag seinm?
4 Cathain a chríochnóidh sé?
5 Cá bhfuil na ticéid ar díol?
6 Má tá tú deich mbliana d'aois, an féidir leat dul ann?

● **Obair bheirte**

Cuir na ceisteanna thuas ar do chara agus líon isteach na freagraí sa ghreille.

1 Cén grúpa is fearr leat? _____
2 Cé mhéad daoine atá sa ghrúpa sin? _____
3 Cad is ainm don amhránaí sa ghrúpa? _____
4 Cén t-amhrán is fearr leat? _____
5 Cén t-albam is fearr leat? _____
6 An raibh tú riamh ag ceolchoirm? _____

Cárta Poist

A Sheosaimh,

Máire anseo. Táim anseo i Luimneach ag an gceolchoirm. Táim lánsásta anseo. Tá an lóistín in aice na habhann agus tá radharc álainn uaidh. Tá an aimsir go deas. Tá sé te, tirim agus grianmhar faoi láthair. Tá an áit measartha mór agus tá gach áis ann. Bhí an ceol ar fheabhas inné. Bhí an aimsir go hiontach. Nuair a tháinig an grúpa amach ar an stáitse, thosaigh gach duine ag léim agus ag béicíl. Táim beagnach bodhar inniu! Chríochnaigh an ceol thart ar mheán oíche nó mar sin. Anois tá orm críochnú agus imeacht nó beidh mé déanach don bhus abhaile anocht. Scríobh ar ais chugam chomh luath agus is féidir leat.

Slán
Máire

4 Bóthar na hEaglaise
Port Reachrainn
Baile Átha Cliath

● **Ceisteanna**

1. Cé a scríobh an cárta seo?
2. Cé dó é?
3. Cá bhfuil an cailín ag fanacht?
4. An maith léi an áit seo?
5. Conas mar a bhí an aimsir?
6. Cad a tharla nuair a tháinig an grúpa amach ar an stáitse?
7. Cathain a chríochnaigh an ceol?

Gluais			
Luimneach	*Limerick*	abhainn	*river*
ceolchoirm	*concert*	radharc	*view*
measartha mór	*quite big*	grianmhar	*sunny*
lóistín	*accommodation*	faoi láthair	*at present*
ag béicíl	*shouting*	beagnach bodhar	*almost deaf*
meán oíche	*midnight*	imeacht	*to go*

● Cárta Poist

Líon isteach na bearnaí leis na focail sa bhosca thíos.

A Shorcha,

Lorcán anseo. Táim ___1___ i mBaile Átha Cliath ag an gceolchoirm. Táim lánsásta anseo. Is cathair mhór é. Tá an t-óstán in __2__ na habhann. Tá an aimsir scamallach ___3___ láthair. Bhí an cheolchoirm ar siúl aréir agus bhí sé ___4___. Bhí an Point plódaithe le daoine. Nuair a _____5__ an grúpa amach ar an stáitse, thosaigh gach duine ____6___ agus ___7___. Táim beagnach ____8____ inniu. __9__ an ceol thart ar a haon déag nó mar sin. Anois tá orm críochnú agus imeacht nó beidh mé déanach don tacsaí abhaile anocht. Scríobh ar ais __10__ chomh luath agus is féidir leat.

Slán
Lorcán

Sorcha de Staic
18 An Corrán
Dún Droma
Baile Átha Cliath

chríochnaigh	faoi
ar fheabhas	bodhar
anseo	tháinig
ag béicíl	chugam
aice	ag canadh

● Bain triail as!

Obair duitse

Tá tú ag ceolchoirm i gCorcaigh. Déan cur síos ar na himeachtaí go léir. Scríobh cárta poist chuig do chara.

Luaigh –
1. An áit
2. An aimsir
3. An bhfuil tú sásta?
4. Rud faoin ngrúpa ceoil
5. An slua a bhí ann

Cluastuiscint

Éist go cúramach leis an téip seo. Cloisfidh tú gach píosa faoi dhó.

● **Píosa 1**
1. Ainmnigh an stáisiún teilifíse seo?
2. Cathain a thosóidh an comórtas ceoil?

● **Píosa 2**
1. Ainm an stáisiúin raidió seo?
2. Cathain a chríochnaíonn na cláir?

● **Píosa 3**
1. Cad tá ar siúl i Scoil na mBráithre?
2. Cathain a bheidh na ranganna ag tosú?

Dán

Ualach Rúin
le Pádraig Mac Suibhne

Bhí ceol agus ól san óstán,
is an chuideachta go hard,
daoine ag múchadh a gcuimhní,
is daoine ag múchadh tart.

Ach bhí aghaidh ansin san óstán
is an aghaidh sin bhí i bpéin,
is an t-amharc ins na súile
bhí an t-amharc san imigéin.

Cén brón tá i mbroinn na cruinne
a luíonn chomh trom ar chroí
go scarann sé duine ó dhuine
is go gcuireann an ghrian a luí?

Ceisteanna

Fíor nó bréagach

		Fíor	Bréagach
1	Tá an file sa teach tábhairne.	☐	☐
2	Bhí ceol san óstán.	☐	☐
3	Bhí daoine ag ól.	☐	☐
4	Bhí gach duine sásta.	☐	☐
5	Bhí pian ar dhuine amháin.	☐	☐
6	Bhí athás ar gach duine san óstán.	☐	☐
7	Bhí duine amháin brónach.	☐	☐

8 Cá raibh an file?
9 Cad a chonaic sé?
10 Cad a bhí daoine a dhéanamh?
11 I véarsa a dó cá raibh an duine i bpéin?
12 Cén chuma a bhí air?
13 Cén cheist a chuireann an file i véarsa a trí?
14 Conas a mhothaigh na daoine i véarsa a haon?
15 Conas a mhothaigh an duine i véarsa a dó?
16 Tá pictiúir dhifriúla sa dán seo; daoine ag ól agus ag ceol, duine brónach i véarsa a dó agus daoine scartha óna chéile i véarsa a trí. Cén ceann is fearr leat?

Scéal

An cheolchoirm

Bí réidh roimh ré!

Tá na focail thíos go léir sa scéal 'An cheolchoirm'. Faigh iad roimh ré sa lúbra.

ar siúl	*happening*	**go hiontach**	*wonderful*
deifir	*hurry*	**ag cur allais**	*sweating*
go fóill	*yet*	**i measc an tslua**	*amongst the crowd*
sceitimíneach	*excited*	**an glór**	*the noise*
go corraitheach	*movingly*	**dochreidte**	*unbelievable*
amhrán	*song*	**rírá agus ruaille buaille**	*commotion*
níos láidre	*stronger*	**uair go leith**	*an hour and a half*
ag pocléim	*jumping about*	**thar cionn**	*brilliant*
anonn is anall	*over and back*	**spíonta**	*exhausted*

R	N	N	O	I	C	R	A	H	T	E	T	U	I	O	P	L	B	N	M	D	S
E	Í	A	C	B	N	M	L	U	I	O	R	S	E	S	D	F	G	H	O	I	I
O	O	R	E	S	D	U	I	O	P	R	P	E	A	S	C	B	N	M	L	C	D
E	S	A	Á	I	S	C	E	I	T	Í	M	E	A	C	H	E	O	E	N	H	E
U	L	S	Í	A	E	E	E	A	O	E	S	E	N	E	I	S	E	D	E	R	S
C	Á	U	Ú	L	G	A	A	N	E	A	G	P	O	C	L	É	I	M	S	E	A
B	I	I	É	L	O	U	T	T	A	A	P	U	N	T	I	A	E	O	L	I	E
M	D	P	E	A	H	A	S	U	S	S	T	I	N	U	U	U	M	P	O	D	S
L	R	M	G	R	I	U	E	R	D	D	U	A	I	R	G	O	L	E	I	T	H
I	E	P	H	U	O	I	R	A	U	U	N	O	S	I	A	I	E	A	E	E	O
O	Ó	H	I	C	N	O	I	M	E	A	S	C	A	N	T	S	L	U	A	U	P
P	E	N	O	G	T	P	O	H	Ó	I	I	P	N	O	S	O	M	E	R	T	L
R	A	M	R	A	A	L	P	R	Í	O	O	L	A	P	E	P	L	D	D	L	M
E	S	B	S	O	C	B	L	Á	D	P	P	U	L	L	I	L	P	B	E	P	N
T	H	C	A	I	H	N	P	N	S	T	I	I	L	E	R	U	O	N	S	O	C
U	S	C	E	I	T	I	M	Í	N	E	A	C	H	R	B	M	I	S	L	I	D
I	L	L	N	D	I	M	H	O	I	C	T	O	U	T	O	U	U	A	E	R	S
O	T	O	M	E	G	G	O	C	O	R	R	A	I	T	H	E	A	C	H	N	A
E	E	P	M	I	N	R	L	P	O	B	H	O	R	L	E	O	A	I	E	M	E
S	A	G	O	F	Ó	I	L	L	P	E	D	B	N	M	L	A	N	G	L	Ó	R
B	R	E	T	I	E	S	U	I	O	A	R	S	I	Ú	L	P	I	U	E	L	P
N	C	G	E	R	A	S	D	F	H	I	L	O	P	E	R	F	G	H	I	O	E

Caibidil 6

An cheolchoirm

An Domhnach a bhí ann. Dhúisigh mé thart ar mhéan lae. Ba é mo dara lá de mo laethanta saoire é. Bhí idir leisce agus shuaimhneas orm. D'fhéach mé amach an fhuinneog. Lá breá te a bhí ann. Bhí an ghrian ag taitneamh go cumhachtach sa spéir ghorm agus scamaill bheaga bhídeacha ag gluaiseacht go mall. Nigh mé m'aghaidh agus mo lámha go mall agus chuir mé mo chuid éadaigh orm; léine chadáis, bríste géine, buataisí móra agus geansaí corcra. Rug mé ar m'uaireadóir agus chuir mé mo spéaclaí gréine i mo phóca. Síos staighre liom go gasta agus isteach sa chistin liom. Bhí Bran – mo mhadra – romham. Bhí ocras an domhain orm. Thóg mé amach an friochtán agus ar aghaidh liom. Chuir mé uibheacha, slisíní, ispíní, beacáin, trátaí agus arán ar an bhfriochtán. Chuir mé an citeal leictreach ar siúl. Chuardaigh mé na málaí tae. Tar éis deich nóiméad bhí sé réidh. Chaith mé daichead nóiméad ag ithe mo bhricfeasta ar mo shuaimhneas. Chnag duine éigin ar an doras. Ba é mo chara Nuala í. Bhí deifir uirthi. 'An bhfuil tú réidh go fóill?' a d'fhiafraigh sí díom. Ní raibh mé. Bhrostaigh mé. Thóg sé seal. Ar a dó ghabh mé slán leis an teaghlach agus amach an doras liom. Shroich mé stad an bhus agus bhí mé beagáinín sceitimíneach ag smaoineamh ar an gceolchoirm mhór.

Nuair a tháinig sé bhí an bus leathlán le déagóirí. Chuamar ar bord. 'Beimid réidh i gceann tamaillín,' a dúirt an tiománaí go borb liom. Shuigh mé in aice le Nuala. Thiomáin sé muid go dtí an ceolárás. Bhí an grúpa ann cheana féin agus iad ag ullmhú don cheolchoirm. Chuaigh mé suas go dtí an stáitse. 'Beidh an cheolchoirm ar a cúig' a dúirt Nuala liom. 'Daichead nóiméad fágtha' a smaoinigh mé. D'fhéach mé ar an slua. Chuaigh caitheamh san aimsir. D'oscail an bainisteoir na cúirtíní agus thosaigh siad ag ceol. Sheinn siad an chéad amhrán go corraitheach. Bhí sé tapa. Léim an slua suas is anuas. Phléasc an dara hamhrán níos láidre fós. Thosaigh an slua ag pocléim anonn is anall. Bhí cúrsaí ag dul ar aghaidh go hiontach. Lean an ceol ar aghaidh. Ní fhaca mé a leithéid riamh. Bhreathnaigh mé ar an ngrúpa. Bhí áthas orthu. Bhí siad ag cur allais. Léim an t-amhránaí i measc an tslua. Éinne a rith in aice leis fuair sé buille san aghaidh. Léim sé ar ais ar an stáitse. Bhí an glór dochreidte. Lean an rírá agus ruaille buaille ar feadh uair go leith. Ansin tháinig deireadh le cúrsaí leis an amhrán deireanach. Chiúnaigh gach rud. Tháinig mé amach le Nuala. Bhí an oíche thar cionn. Tháinig muid abhaile ar an mbus. Shiúil mé abhaile agus mé spíonta ach fós lán le hionadh ag na heachtraí seo.

● **A Ceisteanna**

Fíor nó bréagach

		Fíor	Bréagach
1	Dhúisigh sé an-luath	☐	☐
2	Ceolchoirm a bhí ar siúl	☐	☐
3	D'ullmhaigh a athair bricfeasta dó	☐	☐
4	Bhí an aimsir go dona	☐	☐
5	Bhí an cheolchoirm ar fheabhas	☐	☐

● **B Ceisteanna**

1. Déan cur síos ar an aimsir.
2. Déan cur síos ar éadach an bhuachalla.
3. Déan cur síos ar an mbricfeasta.
4. Cén chaoi a ndeachaigh sé chuig an gceolchoirm?
5. Cén t-am a dhúisigh sé?
6. Cé a bhí ag an doras?
7. Cén t-am a shroich siad an cheolchoirm?
8. Cad a tharla ag an gceolchoirm?
9. Conas ar thaitin an cheolchoirm leo?
10. Cá fhad a mhair an cheolchoirm?
11. An dóigh leat go raibh an slua go léir sásta leis an gceol? Cuir cúis le do fhreagra.

● **C Cuir lipéad ar gach pictiúr atá thíos:**

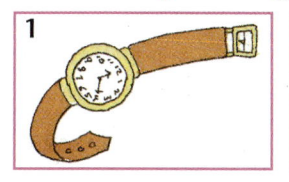

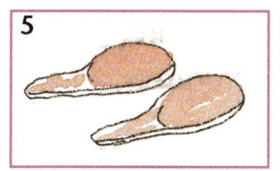

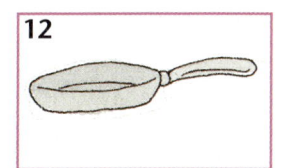

slisíní	trátaí	aghaidh	beacáin
buataisí móra	na malaí tae	friochtán	uibheacha
spéaclaí gréine	buille	ispíní	uaireadóir

● **D Meaitseáil**

1	beagáinín	A	small tiny clouds	1 =
2	thart ar	B	slowly	2 =
3	laethanta saoire	C	powerfully	3 =
4	leisce	D	peace	4 =
5	suaimhneas	E	my hand	5 =
6	go cumhachtach	F	laziness	6 =
7	scamaill bheaga bhídeacha	G	holidays	7 =
8	aghaidh	H	face	8 =
9	mo lámh	I	clothes	9 =
10	go mall	J	around	10 =
11	éadaí	K	a little	11 =

● **E Meascán Mearaí**

Críochnaigh na focail seo a leanas

Sampla l*in* ch**áis = *cotton shirt* = léine chadáis

1	l*in* chadá**	A	cotton shirt	1 =
2	bríst* g*in*	B	jeans	2 =
3	g**ns*í c*rcr*	C	purple jumper	3 =
4	g* g*st*	D	quickly	4 =
5	*cr*s*ch	E	hungry	5 =
6	*n cit**l l*ictr**ch	F	electric kettle	6 =
7	d*ich**d nóim**d	G	40 minutes	7 =
8	*r m* sh**imhn**s	H	at my ease	8 =
9	i gc**nn t*m*illín	I	in a short while	9 =
10	ch**n* f*in	J	already	10 =
11	*n b*inist**ir	K	the manager	11 =
12	n* c*irtíní	L	the curtains	12 =
13	Ní fh*c* m* * l*ith*id ri*mh.	M	I never saw the likes	13 =
14	*inn*.	N	anyone	14 =

● **F Meaitseáil**

1	déagóirí	A	D'imigh an t-am	1 =
2	Chuaigh caitheamh san aimsir	B	ardán	2 =
3	stáitse	C	grúpa mór daoine	3 =
4	slua	D	daoine idir 11 agus 19	4 =
5	ceolárás	E	duine a thiomáineann carr nó bus	5 =
6	an tiománaí	F	ionad ceoil	6 =

Gluais

Dhúisigh mé	I woke	Ghabh mé slán	I said goodbye
D'fhéach mé	I saw	Shroich mé	I reached
Nigh mé	I washed	Chuamar	We went
Chuir mé	I put	Shuigh mé	I sat
Rug mé	I grabbed	Thiomáin sé	He drove
Chuir mé	I put	Smaoinigh mé	I thought
Mhothaigh mé	I felt	D'fhéach mé	I looked
Thóg mé	I took	D'oscail mé	I opened
Chuardaigh mé	I searched	Phléasc sé	It exploded
Chaith mé	I threw	Lean sé	It continued
Chnag mé	I knocked	Bhreathnaigh mé	I looked
D'fhiafraigh sí	she enquired	Léim sé	He jumped
Bhrostaigh mé	I rushed	Chiúnaigh sé	It quietened
Thóg sé seal	It took time	Tháinig muid	We came

● G **Bain triail as!**

Scríobh do scéal féin:

Tosaigh mar seo:

'An Luan a bhí ann. Bhí an cheolchoirm ag tosú ag a cúig………………………'

● **An cuimhin leat!**

Cá bhfuil na focail sa lúbra thíos? Bí cinnte go bhfuil an bhrí agus an litriú ar eolas agat sula leanann tú ar aghaidh!

S	I	L	R	I	U	L	O	E	C
A	T	L	A	G	I	O	T	A	R
C	G	O	C	O	U	U	Ó	M	Á
S	B	E	C	E	L	E	Í	H	L
A	O	H	H	S	T	Í	Ó	R	H
F	D	C	E	N	R	A	P	Á	C
Ó	H	P	O	I	U	M	I	N	R
N	R	O	L	A	M	U	A	A	A
A	Á	P	E	B	P	R	N	Í	É
A	N	F	H	E	A	D	Ó	G	M

uirlis
méarchlár
an fheadóg
sacsafón
drumaí
pianó
popcheol
rac-cheol
amhránaí
bodhrán
bainseo
trumpa

Cluastriail

Éist go cúramach leis an téip seo. Cloisfidh tú gach duine den triúr seo faoi thrí.

● **An chéad chainteoir** Éibhlín Ní Thuathail

1 Is maith léi Altan. Cén fáth?
2 Stáisiún raidió is maith léi:
3 Ní maith léi na drumaí. Cén fáth?
4 An t-aisteoir is fearr léi?

● **An dara cainteoir** Sinéad Bhreathnach

1 Cumadóir is maith léi:
2 Is maith léi ríomhairí. Cén fáth?
3 Cén t-am a thosaíonn na ranganna ceoil gach lá?
4 Cén lá a chríochnaíonnn na ranganna go luath?

● **An tríú cainteoir** Conán Mac Cárthaigh

1 Clár teilifíse is maith leis:
2 Is maith leis spórt. Cén fáth?
3 Ní maith leis an pianó. Cén fáth?
4 An uirlis cheoil is fearr leis?

Éist go cúramach leis an téip seo. Cloisfidh tú gach fógra faoi dhó.

● Fógra 1

1. Cén t-am a bheidh an cluiche ar siúl?
2. Cá bhfuil an pháirc suite?

● Fógra 2

1. Ainmnigh an cúl báire?
2. Ainmnigh beirt imreoirí ar an bhfoireann.

● Fógra 3

1. Cá bhfuil an lá spraoi ar siúl?
2. Cathain a thosóidh sé?

Éist go cúramach leis an téip seo. Cloisfidh tú gach comhrá faoi thrí.

● Comhrá 1

1. Cad a bhí Nuala ag déanamh?
2. Cad a cheap Nóra faoi cheol MP3?
3. Cad a bheidh ar siúl ag Nuala anocht?

● Comhrá 2

1. Cad a bhí Fiachra ag déanamh?
2. Cá raibh Fiachra?
3. Cén t-am é?

● Comhrá 3

1. Cad a bhí Bríd ag iarraidh a dhéanamh?
2. Cad a dúirt an bainisteoir fúithi?
3. Cad a bheidh ar siúl ag Bríd anocht?

Éist go cúramach leis an téip seo. Cloisfidh tú gach píosa faoi dhó.

● Píosa 1

1. Cá bhfuil an comórtas ceoil seo?
2. Ainmnigh uirlis amháin a bheidh sa chomórtas ceoil.

● Píosa 2

1. Cá bhfuil an stáisiún raidió seo?
2. Ainmnigh clár amháin a bheidh sa stáisiún raidió seo.

● Píosa 3

1. Cá bhfuil na ranganna ar siúl?
2. Ainmnigh uirlis a bheidh ann?

Caibidil 7

Féilte

- **Lá Fhéile Bríde**

Cros Bhríde

An Litir

An Grianán
Loch Garman
1 Feabhra 02

A Eimhir, a chara,

Beatha agus sláinte! Tá súil agam go bhfuil tú go maith. Maidir liomsa, bhuel táim ar mhuin na muice!

Inniu Lá Fhéile Bríde agus bhí an-spórt go deo againn ar scoil. Ar maidin, d'inis an múinteoir scéalta dúinn. Is í Naomh Bríd ban-naomh na hÉireann. Nuair a bhí sí óg bhí sí an-fhlaithiúil leis na daoine bochta.

Ba nós le muintir na tuaithe fadó Cros Bhríde a dhéanamh as tuí nó as luachra. Chrochtaí sa teach í an lá sin. Chreid na daoine go mbeadh siad slan ó thinneas i rith na bliana dá bharr sin. Rinneamar go léir Cros Bhríde tar éis lóin. Bhain mé an-taitneamh as. Ansin chuamar amach le chéile sa 'Bhrídeog'. Sin nós eile! Chuamar ó theach go teach lenár mbábóga, sin iad na Brídeoga, agus fuaireamar airgead nó féirín i ngach teach. Nach againn a bhí an spraoi!

Céard fútsa? An ndearna tú aon rud ar Lá Fhéile Bríde? Scríobh chugam go luath.

Slán go fóill,
Bríd.

Meaitseáil

1	beatha agus sláinte!	A	very generous	1 =
2	maidir liomsa	B	we had great fun	2 =
3	tá mé ar mhuin na muice	C	long ago	3 =
4	bhí an-spórt go deo againn	D	Bridget's Cross	4 =
5	ban-naomh na hÉireann	E	from straw	5 =
6	an-fhlaithiúil	F	greetings!	6 =
7	fadó	G	as for me…	7 =
8	Cros Bhríde	H	it was hung	8 =
9	chrochtaí	I	I'm on the pig's back	9 =
10	as tuí	J	female saint of Ireland	10 =
11	as luachra	K	country folk	11 =
12	muintir na tuaithe	L	it was the custom	12 =
13	ba nós	M	from rushes	13 =

Meaitseáil

1	chreid siad	A	together	1 =
2	slán ó thinneas	B	I really enjoyed it	2 =
3	i rith na bliana	C	custom	3 =
4	bhain mé an-taitneamh as	D	how about you	4 =
5	nós	E	we had some fun	5 =
6	ó theach go teach	F	protected from illness	6 =
7	féirín	G	during the year	7 =
8	le chéile	H	they believed	8 =
9	céard fútsa?	I	present	9 =
10	nach againn a bhí an spraoi	J	from house to house	10 =

● **Ceisteanna**

1. Cá bhfuil Eimhir ina cónaí?
2. Cén fhéile a bhíonn ar siúl ar an chéad lá de mhí Feabhra?
3. Cad a rinne an múinteoir ar maidin?
4. Cad a rinne na páistí ar scoil tar éis lóin?
5. Cad a rinne Bríd i ndiaidh na scoile Lá Fhéile Bríde?

● **Bain triail as!**

Tusa Eimhir. Líon isteach na bearnaí agus scríobh ar ais chuig Bríd.

7 Bóthar na hEaglaise
Cill na Mártra
Corcaigh
8 Feabhra 02

A Bhríd, ___1___

Beatha agus ___2___. Fuair mé an litir inné. Go raibh ___3___ agat. Conas ___4___ tú? Táim féin __5__ mhuin __6___.

Bhain mé an- ___7___ as Lá Fhéile Bríde. Rinneamar ____8____ as __9_ ar maidin agus san iarnóin, chuamar ó __10___ go __11___ sa Bhrídeog. Fuair mé a lán __12___ agus ___13__. Nach agam a bhí an __14___!

Bhí cóisir againn an __15___ sin i _16_ theach féin. Bhí __17__ agus __18___, spórt agus __19___ againn. Rinne mamaí __20___ agus ___21____ oráiste agus cóc. ___22____ gach duine ___23__ timpeall a ____24____ a chlog.

Scríobh ar ___25_ chugam go _26____.

Slán go _27___,
Eimhir.

Gluais

A	luath	H	airgead	O	taitneamh	V	deoch
B	chuaigh	I	spraoi	P	atá	W	an bia
C	oíche	J	spraoi	Q	na muice	X	ar
D	mo	K	Cros Bhríde	R	d'ólamar	Y	sláinte
E	bia	L	tuí	S	ais	Z	haon déag
F	maith	M	féirín	T	fóill	AA	a chara
G	dhoras	N	doras	U	abhaile		

218

Fógra

Céilí Mór
Lá Fhéile Bríde

Aoine 1 Feabhra

Ceol…..Muintir Uí Neachtain

Halla an Pharóiste

8.00 i.n.

Ticéad €3.00

Páistí €1.00

Fear an Tí: Jimí Sheáinín.

1. Cad tá ar siúl ar Lá Fhéile Bríde?
2. Cá mbeidh sé ar siúl?
3. Cén t-am a thosaíonn sé?
4. Cé atá mar fhear an tí?
5. Cén praghas atá ar na ticéid do na páistí?

LÁ FHÉILE VAILINTÍN

Fógra

Dioscó Mór
Lá Fhéile Vailintín

Scoil Naomh Eoin

7.30 i.n.

Ticéid €2.00 ag an doras.

Fear an Tí: Cathal Ó Duinn

1. Cad tá ar siúl?
2. Cén praghas atá ar na ticéid?
3. Cathain a thosaíonn an dioscó?
4. Cé hé fear an tí?
5. Cá mbeidh an dioscó ar siúl?

Cómhra

Máire: A Laoise, an bhfuair tú cárta Vailintín ar maidin?

Laoise: Faraor, ní bhfuair. Céard fútsa?

Máire: Bhuel, fuair mé ceann amháin.

Laoise: Ó, nach bhfuil an t-ádh leat. Cé uaidh é?

Máire: A óinseach, nach bhfuil a fhios agat nach mbíonn ainm ar bith ar chárta Vailintín!

Laoise: Ach tomhais! Nach bhfuil nod ar bith ar an gcárta?

Máire: Bhuel b'fhéidir…Tá an scríbhneoireacht go deas néata. Ó, a Thiarna!

Laoise: Cad é?

Máire: Tomás Ó Neachtain!

Laoise: Céard faoi?

Máire: Eisean a sheol an cárta seo chugam, táim cinnte!

Laoise: Ó go hiontach, nach agamsa a bheidh an spraoi sa rang Dé Luain!

● **Fíor nó Bréagach**

		Fíor	Bréagach
1	Tá Laoise agus Máire ag caint.	☐	☐
2	Fuair Laoise cárta Vailintín ar maidin.	☐	☐
3	Fuair Máire cárta Vailintín.	☐	☐
4	Tá ainm ar an gcárta.	☐	☐
5	Tá an scríbhneoireacht go deas néata.	☐	☐
6	Sheol Tomás Ó Neachtain an cárta.	☐	☐

Meaitseáil

1	faraor	A	don't you know	1 =
2	céard fútsa	B	aren't you the lucky one?	2 =
3	bhuel	C	who is it from?	3 =
4	nach bhfuil a fhios agat?	D	guess	4 =
5	nach bhfuil an t-ádh leat	E	unfortunately	5 =
6	cé uaidh é?	F	what about you?	6 =
7	a óinseach	G	you fool!	7 =
8	tomhais	H	well	8 =

1	nod	A	perhaps	1 =
2	b'fhéidir	B	great!	2 =
3	go hiontach	C	fun	3 =
4	scríbhneoireacht	D	It was he who sent	4 =
5	go deas néata	E	I'm certain	5 =
6	eisean a sheol	F	oh no!	6 =
7	táim cinnte	G	writing	7 =
8	spraoi	H	nice and neat	8 =
9	a Thiarna!	I	a clue	9 =

Comhrá

Líon isteach na bearnaí

Lisa: An bhfuair tú cárta Vailintín ar ___1____?

Síle: Faraor ___ 2_____. Céard __3___?

Lisa: Bhuel _4__ mé ceann amháin.

Síle: Ó, taispeáin dom é. Cé ___5__ é?

Lisa: Ó, a óinseach! Nach __6___ a fhios __7___! Ní bhíonn __8__ ar bith ar chárta Vailintín.

Síle: Nach ___9__ nod ar bith ar an ___10___?

Lisa: Bhuel ___11___. Féach ar an scríbhneoireacht. Tá sí __ 12___.

Síle: Ó, a Thiarna. Tá a fhios _13____. ___14___ Seán Ó Broin an cárta seo. Táim __15____.

Lisa: Seán Ó Broin!

Síle: Go __16___! Nach agamsa ___17___ an spraoi ___18____ Dé Luain!

Caibidil 7

Stór Focal

hiontach	fuair	bhfuil	a bheidh	ainm
sa rang	maidin	sheol	agat	bhfuil
go deas néata	fútsa	agam	b'fhéidir	
uaidh	ní bhfuair	cinnte	gcárta	

● **Bain triail as!**

Fuair Aisling cárta Vailintín ar maidin. Ní bhfuair Ciara cárta ar bith. Scríobh an comhrá.

LÁ FHÉILE PÁDRAIG

Fógra

Céilí Mór
Lá Fhéile Pádraig
8.00 i.n.
Óstán na Mara
Ceol, Craic agus Damhsa
Ticéid: Daoine fásta – €4.00. Páistí – €1.00
Bí ann!

1. Cad tá ar siúl?
2. Cá mbeidh sé ar siúl?
3. Cén t-am a thosaíonn sé?
4. Cé mhéad ar thicéad do dhaoine fásta?
5. Cé mhéad ar thicéad do pháistí?

● **Triail tuisceana**

An seachtú lá déag de mhí an Mhárta, sin Lá Fhéile Pádraig. Is é Naomh Pádraig éarlamh na hÉireann agus gach bliain ar an lá sin bíonn ceiliúradh mór ar siúl, anseo in Éirinn agus ar fud an domhain. Bíonn mórshiúl i ngach cathair, baile mór agus baile beag. Bíonn céilí ar siúl. Seinntear ceol Gaelach agus canann daoine amhráin. Téann daoine ag Aifreann ar maidin agus bíonn féasta mór acu sa bhaile. Bíonn aonach spraoi ar siúl i mBaile Átha Cliath agus san oíche bíonn taispeántas tinte ealaíne. Bíonn spraoi agus spórt, ceol agus craic ag gach duine idir óg is aosta.

● **Meaitseáil**

1	éarlamh na hÉireann	A	parade	1 =
2	ceiliúradh	B	mass	2 =
3	ar fud an domhain	C	fireworks display	3 =
4	mórshiúil	D	fun	4 =
5	Aifreann	E	both young and old	5 =
6	aonach spraoi	F	city	6 =
7	taispeántas tinte éalaine	G	patron saint of Ireland	7 =
8	spraoi	H	celebrate	8 =
9	idir óg agus aosta	I	funfair	9 =
10	cathair	J	all around the world	10 =

● **Cur tic sa bhosca ceart:**

1. Lá Fhéile Pádraig: ☐ An chéad lá de mhí Feabhra. ☐ An cúigiú lá de mhí na Nollag. ☐ An seachtú lá déag de mhí an Mhárta.
2. Is é Naomh Pádraig: ☐ Rí na hÉireann. ☐ Ceannaire na hÉireann. ☐ Éarlamh na hÉireann.
3. Bíonn ceiliúradh ar siúl: ☐ In Éirinn. ☐ Ar fud an domhain. ☐ I Sasana.
4. Bíonn: ☐ Maraton. ☐ Mórshiúil. ☐ Cluiche peil. Ar siúl i ngach cathair agus baile.
5. Seinntear: ☐ Ceol Gaelach. ☐ Rac-cheol. ☐ Popcheol.
6. Téann daoine: ☐ Ag siopadóireacht. ☐ Chuig aifreann. ☐ Ag rith.
7. Bíonn: ☐ Rásaíocht chapall. ☐ Aonach spraoi. ☐ Cispheil.
8. San oíche, bíonn: ☐ Aifreann. ☐ Cluiche sacair. ☐ Taispéantas tine éalaíne.
9. Bíonn: ☐ Spraoi agus spórt. ☐ Brón agus uaigneas. ☐ Craic agus ceol.

Naomh Pádraig

Tháinig Naomh Pádraig anseo ar dtús nuair a bhí sé an-óg. Tógadh é mar sclábhaí go Sliabh Mis i gCo. Aontroma. Chaith sé sé bliana ar na sléibhte sin go huaigneach, ag tabhairt aire do mhuca. Faoi dheireadh, d'éalaigh sé agus chuaigh sé abhaile go dtí an Bhreatain. Rinneadh sagairt de agus chuaigh sé go dtí an Róimh. Tháinig sé ar ais go hÉirinn timpeall 460 A.D. Mhúin sé an creideamh Críostaí do mhuintir na hÉireann. Bhain sé úsáid as an tseamróg nuair a bhí sé ag múineadh. Thaispeáin an gas seamróige go raibh triúr pearsa in aon dia amháin agus mhínigh sé rúndiamhair na Tríonóide.

● **Meaitseáil**

1	ar dtús	A	he was made a priest	1 =
2	an-óg	B	slave	2 =
3	tógadh é	C	he spent	3 =
4	sclábhaí	D	minding pigs	4 =
5	chaith sé	E	he escaped	5 =
6	go huaigneach	F	finally	6 =
7	ag tabhairt aire do mhuca	G	he was taken	7 =
8	faoi dheireadh	H	at first	8 =
9	d'éalaigh sé	I	very young	9 =
10	rinneadh sagart de	J	lonely	10 =
11	na sléibhte	K	mountains	11 =

● **Meaitseáil**

1	Mhuin sé	A	shamrock	1 =
2	an creideamh Críostaí	B	he used	2 =
3	bhain sé úsáid as	C	christian faith	3 =
4	an tseamróg	D	he taught	4 =
5	ag múineadh	E	he showed	5 =
6	thaispeáin	F	three persons in one God	6 =
7	gas seamróige	G	sprig of shamrock	7 =
8	triúr pearsa in aon dia amháin	H	teaching	8 =

Cluastuiscint

Éist go cúramach leis an téip seo. Cloisfidh tú gach duine den triúr faoi thrí.

● **An chéad chainteoir**

1. Ainm an duine seo _____ de Bhál.
2. Áit chónaithe:
3. Is aoibhinn leí_____.
4. Cad a dhéanann sí ar scoil gach bliain?

● **An dara cainteoir**

1. Ainm an duine seo _____ Ní Threasaigh.
2. Áit chónaithe
3. Cá bhfuil an scoil?
4. Cá mbíonn an dioscó ar siúl?
5. An bhfuair sí cárta i mbliana?

● **An tríú cainteoir**

1. Ainm an duine seo: _____ Ó Loinsigh.
2. Áit chónaithe:
3. Ní maith leis_____ _____ ____.
4. Luaigh rud amháin a tharla sa chathair.

SAOIRE NA CÁSCA

● **Pancóga, Uibheacha Cásca.**

Máirt na hInide: Itheann daoine pancóga ar an lá seo.

An Carghas: Tosaíonn an Carghas ar Chéadaoin an Luaithrigh. Críochnaíonn an Carghas le Domhnach Cásca, daichead lá go hiomlán. Uaireanta staonann daoine ó mhilseáin i rith an Charghais.

Aoine an Chéasta: Lá saoire bainc. Dúntar go leor siopaí ar an lá seo. Staonann a lán daoine ón bhfeoil. Téann siad chuig seirbhísí eaglaise chomh maith.

Domhnach Cásca: Téann daoine ag Aifreann. Itheann daoine uibheacha Cásca. Bíonn an-áthas ar na páistí ag ithe seacláide.

Luan Cásca: Lá saoire bainc.

Stór Focal	
Uaireanta	sometimes
staon ó	to avoid
seirbhísí eaglaise	church services

● **Meaitseáil**

1	Máirt na hInide	A	staonann daoine ó mhilseáin	1 =
2	An Carghas	B	staonann a lán daoine ón bhfeoil	2 =
3	Aoine an Chéasta	C	itear uibheacha Cásca	3 =
4	Domhnach Cásca	D	itear pancóga	4 =
5	Luan Cásca	E	lá saoire bainc	5 =

Lúbra

E	N	C	N	E	N	I	O	A
N	I	A	A	C	A	E	S	T
P	Á	R	U	I	L	M	C	N
A	E	G	L	L	E	Á	B	A
N	S	H	R	A	S	É	I	E
C	L	A	Í	C	I	E	Á	R
Ó	I	S	A	O	I	R	E	I
G	M	L	L	I	O	E	F	A
A	H	C	A	E	H	B	I	U
O	N	N	A	N	O	A	T	S

Stór Focal

pancóga
uibheacha
Cásca
Carghas
uaireanta
staonann
Aoine
saoire
milseáin
Luan
feoil

Cárta Poist

A Shíle,

Tá mé anseo i gCiarraí ar mo laethanta saoire. Tá an aimsir go hálainn. Bhí an-spórt againn ar maidin ag ithe uibheacha Cásca. Ansin chuamar amach ag siúl, ach bhí mé róthinn! D'ith mé an-iomarca seacláide. Feicfidh mé thú ar an gCéadaoin.

Slán go fóill,
Culainn.

Síle Ní Bhroin
5 An Corrán
Cill Easra
Baile Átha Cliath

- **Ceisteanna**

Cur tic sa bhosca ceart.

1. Bhí Culainn:
   - ☐ i gCiarraí
   - ☐ i gCorcaigh
   - ☐ i Sligeach

Caibidil 7

2 Bhí an-spórt aige:
- ☐ ag ithe pancóg
- ☐ ag rothaíocht
- ☐ ag ithe uibheacha Cásca

3 Chuaigh sé:
- ☐ ag siopadóireacht
- ☐ ag siúl
- ☐ go dtí an phictiúrlann

4 Bhí sé róthinn mar:
- ☐ d'ith sé a dhinneár
- ☐ d'ith sé an-iomarca seacláide

5 Beidh sé ar ais sa bhaile:
- ☐ ar an Luan
- ☐ ar an gCeádaoin
- ☐ ar an Aoine

● **Bain triail as!**

Tá tú i Sligeach ar laethanta saoire na Cásca. Scríobh cárta poist chuig do chara sa bhaile. Bain úsáid as na pointí seo:

1 Cá bhfuil tú?
2 An aimsir.
3 Rud amháin a rinne tú.
4 Cathain a bheidh tú ar ais.

Cluastuiscint

Éist go cúramach leis an téip seo. Cloisfidh tú gach fógra faoi dhó.

- **Fógra 1**
1. Cathain a bheidh an comórtas ar siúl?
2. Cén duais atá le buachan?
3. Gach eolas ón uimhir_____.

- **Fógra 2** 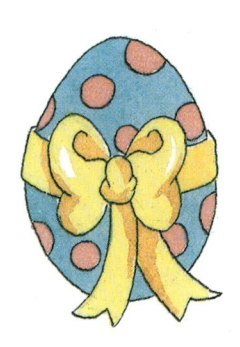
1. Cad is ainm don ollmhargadh?
2. Cá bhfuil an t-ollmhargadh?
3. Cén praghas atá ar na huibheacha?

- **Fógra 3**
1. Cá bhfuil an cheolchoirm ar siúl?
2. Cén t-am a thosóidh sí?
3. Cá bhfuil ticéid ar fáil?

OÍCHE SHAMHNA

An t-aonú lá is tríocha de mhí Dheireadh Fómhair.

úlla

óráistí

cnónna

an Bairín Breac

Maisc

Éadaí Bréige

ag dul ó dhoras go doras

an Chailleach

Púca / Taibhse

Puimcín

Dialann Mháire

- **Meaitseáil**

1	an-spórt go deo	A	to begin with	1 =
2	ar dtús	B	to recognise	2 =
3	ghléasamar suas	C	fancy dress	3 =
4	éadaí bréige	D	dark	4 =
5	gléasta mar	E	dressed as	5 =
6	ó dhoras go doras	F	we dressed up	6 =
7	dorcha	G	great fun	7 =
8	aithin	H	from door to door	8 =
9	comharsana	I	neighbours	9 =
10	fuaireamar	J	we got	10 =

- **Meaitseáil**

1	cóisir	A	with our mouths	1 =
2	d'imríomar cluichí	B	from the ceiling	2 =
3	ar crochadh	C	very difficult	3 =
4	as an tsíleáil	D	we played games	4 =
5	greim a bhaint as	E	soaked to the skin	5 =
6	an-deacair	F	to take out	6 =
7	a thógáil amach	G	to take a bite	7 =
8	lenár mbeál	H	hanging	8 =
9	fliuch go craiceann	I	we really enjoyed the night	9 =
10	bhaineamar an-taitneamh as an oíche	J	party	10 =

1 Samhain

Inné Oíche Shamhna. Bhí an-spórt go deo againn. Ar dtús, ghléasamar suas in éadaí bréige. Cailleach a bhí ionam féin! Bhí masc orm agus hata mór dubh. Bhí mo chara Emma gléasta suas mar thaibhse. Chuamar ó dhoras go doras nuair a bhí sé dorcha san oíche. Níor aithin na comharsana muid. Nach orainn a bhí an spraoi! Fuaireamar cnónna, bairín breac, úlla agus oráistí. Ansin chuamar go teach Shíle. Bhí cóisir ar siúl. D'imríomar cluichí. Bhí úll ar crochadh as an tsíleáil. Bhí orainn greim a bhaint as. Bhí sé an-deacair! Ansin, bhí airgead i mbáisín uisce. Bhí orainn an t-airgead a thógáil amach lenár mbeál. Bhíomar fliuch go craiceann! Bhaineamar an-taitneamh as an oíche.

Cur na habairtí in ord:

A	Fuair siad cnónna agus torthaí.	1 =
B	Chuaigh siad ó dhoras go doras.	2 =
C	Ghléas siad suas in éadaí bréige.	3 =
D	Chuir Máire hata mór dubh uirthi.	4 =
E	D'imir siad cluiche le húll.	5 =
F	D'imir siad cluiche le báisín uisce.	6 =
G	Níor aithin na comharsana iad.	7 =
H	Bhí siad fliuch go craiceann.	8 =
I	Bhain siad an-taitneamh as an oíche.	9 =
J	Chuaigh siad go teach Shíle.	10 =
K	Bhí cóisir acu.	11 =

Obair duitse

Anois, athscríobh na habairtí san ord ceart.

Bain triail as!

Scríobh do dhialann féin ag baint úsáid as na pictiúir seo a leanas

1 éadaí bréige
2 ag dul ó dhoras go doras 
3 cóisir, cluichí 
4 cóisir, ag ithe agus ag ól 

Caibidil 7

231

Lúbra

Í	E	D	E	I	R	E	A	D	H
A	S	B	N	I	B	R	E	A	C
H	H	C	N	B	R	Ú	L	L	A
T	B	I	I	A	O	Í	C	H	E
R	I	B	Á	I	S	Í	N	D	L
O	A	O	F	R	N	P	E	O	L
T	T	M	C	Í	Í	Ú	A	R	I
C	N	Ó	N	N	A	C	B	A	A
D	G	R	E	I	M	A	I	S	C

bairín	cnónna
breac	taibhse
báisín	úlla
torthaí	deireadh
púca	oíche
cailleach	doras
maisc	greim
fáinne	

Cluastuiscint

Éist go cúramach leis an téip seo. Cloisfidh tú gach comhrá faoi thrí.

● **Comhrá 1**
1. Cad is ainm don aiste?
2. Cén t-ábhar atá i gceist?
3. Cad a bheidh Seán a dhéanamh roimh a naoi?

● **Comhrá 2**
1. Cé atá ag caint?
2. Cathain a bheidh an chóisir ann?
3. Cé atá ag maisiú an tí?

● **Comhrá 3**
1. Cé atá ag caint le Noirín?
2. Cén spórt a thaitníonn le Lúc?
3. Cén bronntannas a gheobhaidh Lúc i gcomhair na Nollag?

AN NOLLAIG

Bí réidh roimh ré

Meaitseáil

1	stábla	A	baby	1 =
2	asal	B	star	2 =
3	réalta	C	the angels	3 =
4	leanbh	D	stable	4 =
5	rugadh	E	Mary and Joseph	5 =
6	na n-aingeal	F	they followed	6 =
7	lean siad	G	the shepherds	7 =
8	na haoirí	H	was born	8 =
9	sa mhainséar	I	in the manger	9 =
10	Muire agus Iósaf	J	donkey	10 =

An Chéad Nollaig

Bhí Muire agus Iósaf ag dul go Beithil. Bhí asal acu. Chuaigh siad isteach i stábla. Rugadh Íosa. Chuir Muire an leanbh Íosa sa mhainséar. Chuala na haoirí ar an gcnoc ceol na n-aingeal sa spéir. Chuaigh siad go dtí an stábla. Chonaic siad an leanbh. Cúpla lá ina dhiaidh sin chonaic na Trí Ríthe réalta sa spéir. Lean siad an réalta. Tháinig siad go dtí an stábla. Thug siad bronntanais don leanbh Íosa: ór, túis agus miorr.

Líon isteach na bearnaí

1. Bhí Muire agus Iósaf ag dul go ___1___.
2. Ní raibh aon áit le dul acu, mar sin chuaigh siad isteach i ___2___.
3. Rugadh ___3___.
4. Chuir Muire an leanbh sa ___4___.
5. Chuala ___5___ ceol na n-aingeal.
6. Chuaigh siad go dtí an stábla agus ___6___ siad an leanbh.
7. Chonaic na Trí Ríthe ___7___ sa spéir.
8. ___8___ siad an réalta.
9. Thug siad ___9___ don leanbh.

Stór Focal

chonaic
bronntanais
stábla
na haoirí
Beithil
mhainséar
lean
réalta
Íosa

Laethanta saoire na Nollag

24 Nollaig:	Oíche Nollag	5 Eanair:	Oíche Nollag na mBan
25 Nollaig:	Lá Nollag	6 Eanair:	Nollaig na mBan. Tháinig na Trí Ríthe go dtí an stábla.
26 Nollaig:	Lá Fhéile Stiofáin (Lá an Dreoilín)		
31 Nollaig:	Oíche Chinn Bliana		
1 Eanair:	Lá Caille		

Ag Ullmhú i gcomhair na Nollag

- **Maisiúcháin na Nollag:**

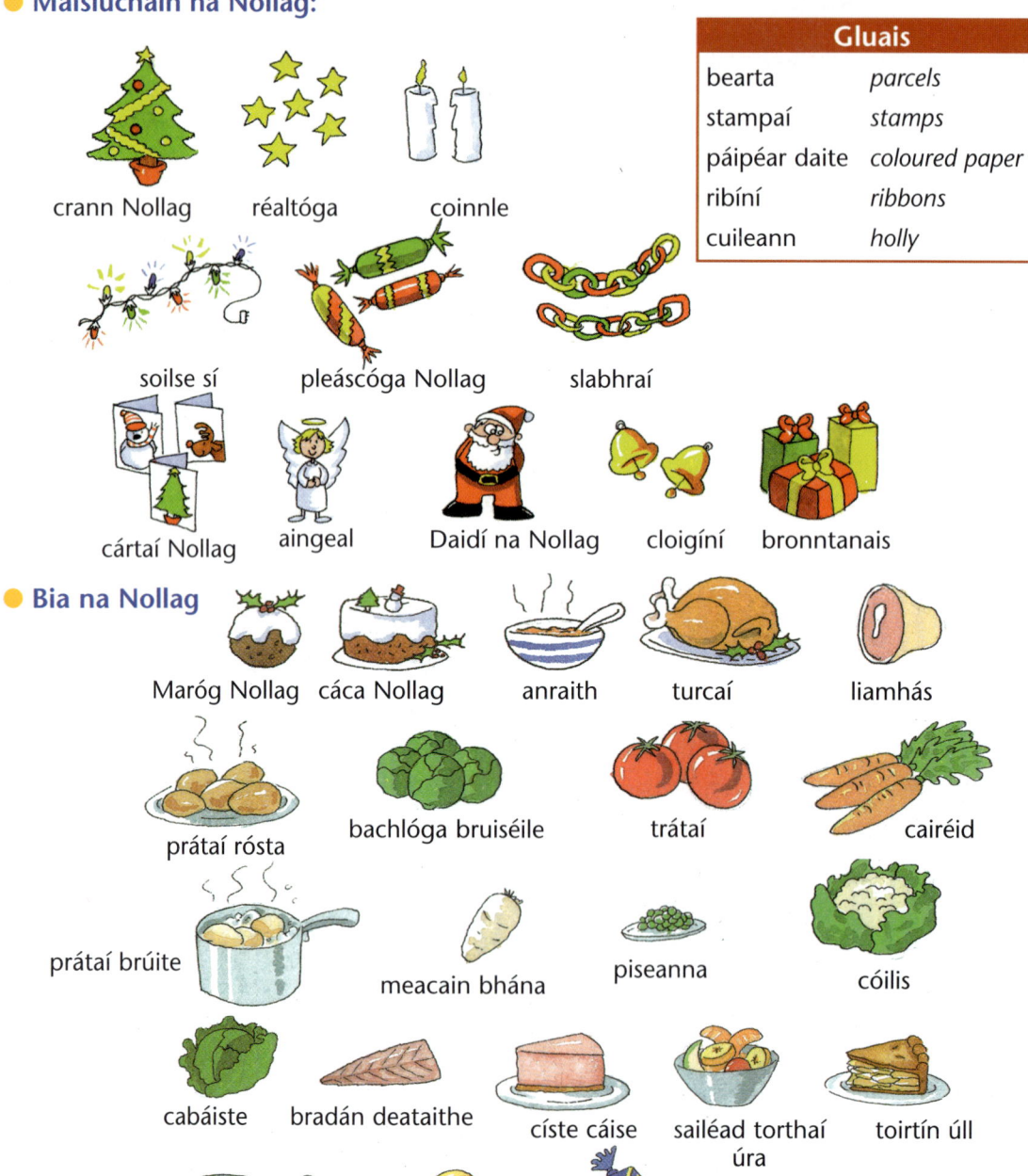

crann Nollag · réaltóga · coinnle

Gluais	
bearta	*parcels*
stampaí	*stamps*
páipéar daite	*coloured paper*
ribíní	*ribbons*
cuileann	*holly*

soilse sí · pleáscóga Nollag · slabhraí

cártaí Nollag · aingeal · Daidí na Nollag · cloigíní · bronntanais

- **Bia na Nollag**

Maróg Nollag · cáca Nollag · anraith · turcaí · liamhás

prátaí rósta · bachlóga bruiséile · trátaí · cairéid

prátaí brúite · meacain bhána · piseanna · cóilis

cabáiste · bradán deataithe · císte cáise · sailéad torthaí úra · toirtín úll

uachtar · uachtar reoite · milseáin

Dialann: Ag ullmhú i gcomhair na Nollag

1 Nollaig

Rinne Mamaí an cáca Nollag agus an mharóg Nollag inniu. Thug mé cabhair di. Bhain mé an-taitneamh as.

3 Nollaig

Cheannaigh Dadaí na cártaí Nollag inniu. Thug mé cabhair dó. Ghreamaigh mé na stampaí de na clúdaigh. Chuamar síos go hoifig an phoist. Chuir mé na cártaí sa phost. Bhí oifig an phoist plódaithe le daoine!

6 Nollaig

Thosaigh an teaghlach go léir ag glanadh an tí inniu. Nigh Daidí na fuinneoga. Ghlan mé na cófraí sa chistin. Ghlan Mamaí agus Seán an seomra suí. Bhíomar tuirseach traochta ag am tae! Bhí béile blasta againn agus chuaigh mé a chodladh go luath.

8 Nollaig

Chuamar amach ag siopadóireacht. Cheannaíomar na bronntanais go léir. Bhí sé go hiontach.

10 Nollaig

Thosaíomar ag maisiú an tí inniu. Cheannaigh Mamaí crann Nollag agus chuir sí suas sa seomra suí é. Chuireamar réaltóga, soilse sí, coinnle, cloigíní agus slabhraí ar an gcrann. Chuir mo dheartháir Seán an t-aingeal ar bharr an chrainn. Chuir mé cuileann agus slabhraí ar fud an tí.

13 Nollaig

Tháinig cártaí Nollag agus bearta sa phost inniu. Bhí gliondar orm!

15 Nollaig

Bhí dráma ar siúl ar scoil inniu. An Chéad Nollaig! Ghlac mé páirt ann mar aingeal. Ach Seán bocht! Ghlac seisean páirt an asail!

22 Nollaig

Thosaigh na laethanta saoire inniu. Bhíomar ar bís ag fágáil na scoile.

23 Nollaig

Chuir mé na bronntanais faoin gcrann.

24 Nollaig

Chuamar go léir go dtí Aifreann meán oíche. Chanamar carúl Nollag. Bhí sé go hálainn.

25 Nollaig

Lá Nollaig faoi dheireadh! D'éiríomar go luath. Fuaireamar go leor bronntanas. Bhí dinnéar blasta againn; turcaí, prátaí rósta, liamhás, cairéid, bachlóga bruiséile agus maróg Nollag agus uachtar mar mhilseog. Bhí mé lán go béal!

● **Meaitseáil**

#				#
1	thug mé cabhair di	A	on top	1 =
2	bhain mé an-taitneamh as	B	envelopes	2 =
3	clúdaigh	C	cupboards	3 =
4	sa phost	D	I played the part of	4 =
5	ag glanadh an tí	E	all around the house	5 =
6	cófraí	F	carol	6 =
7	ag máisiú an tí	G	full up	7 =
8	ar bharr	H	in the post	8 =
9	ar fud an tí	I	tasty	9 =
10	ghlac mé páirt	J	to decorate the house	10 =
11	ar bís	K	leaving	11 =
12	ag fágáil	L	we sang	12 =
13	carúl	M	excited	13 =
14	blasta	N	I enjoyed it	14 =
15	lán go béal	O	I helped her	15 =
16	gliondar	P	I stuck	16 =
17	chanamar	Q	finally	17 =
18	go dtí Aifreann meán oíche	R	to midnight Mass	18 =
19	faoi dheireadh	S	to clean the house	19 =
20	ghreamaigh mé	T	delighted	20 =

● Líon isteach na bearnaí

1. Rinne Mamaí an_____1_____ agus an _____2_____.
2. Thug mé ___3___ di.
3. ___4___ mé ___5_____ as.
4. Cheannaigh Daidí na _____6_____ inniu.
5. ___7___ mé na stampaí ar na __8____.
6. Cheannaíomar na bronntanais agus bhí _____9____ orm.
7. Tháinig ___10____ agus ____11___ sa phost.
8. ___12___ mé páirt mar aingeal sa dráma ar scoil.
9. Bhíomar ___13____ ag fágáil na scoile.
10. Chuamar go dtí Aifreann meán oíche agus ____14____ carúl Nollag.
11. Bhí dinneár ___15___ againn Lá Nollag.

Stór Focal

ghlac
cártaí Nollag
cabhair
blasta
bearta
cártaí
gliondar
ar bís
chanamar
ghreamaigh
clúdaigh
maróg Nollag
bhain
cáca Nollag
an-taitneamh

● Bain triail as!

Mo dhialann: ag ullmhú i gcomhair na Nollag.

ag cócaireacht

ag glanadh an tí

ag maisiú an tí

Aifreann meán oíche

dinnéar na Nollag

Scríobh do dhialann Nollag féin ag baint úsáid as na pictiúir seo a leanas.

Cártaí Nollag

- **Déan amach do chárta féin! Bain úsáid as na samplaí thíos.**

Nollaig Shona!

Do Mhamó agus Daideo, le grá ó Bhríd, Seán agus Síle.

Nollaig Shona!

D'Aintín Áine, Nollag shona duit, le grá mór ó Chulainn agus Eimhir

- **Cárta buíochais**

A Liam,

Nollaig shona duit. Fuair mé an bronntanas. Go raibh míle maith agat. Tá sé go hálainn. Bhí fáinní cluaise nua uaim le fada an lá! Feicfidh mé thú Oíche Chinn Bliana.

Le grá, Síle.

6 Bóthar na Naomh
Rath Eanaigh
Baile Átha Cliath

Gluais	
Cé dó?	Who is it for?
Cé uaidh é?	Who sent it?
Fáinní cluaise	earrings
Le fada an lá	For a long time

1. Cé dó an cárta?
2. Cé uaidh an cárta?
3. Cén bronntanas a fuair Síle?

● Cuireadh

A Shíle,

Nollaig shona daoibh go léir. Beidh cóisir agam Oíche Nollag. An dtiocfaidh tú? Beidh bia, ceol agus damhsa againn. Beidh sé go hiontach! Cuir glao orm.

Le grá, Rebecca.

An Grianán
Bóthar na Mara
Co. na Gaillimhe

1. Cé dó an cuireadh?
2. Cé uaidh é?
3. Cad a bheidh ar siúl Oíche Nollag?

● Iarratas

A Phóil, a chara
Nollaig shona duit. An seinnfeá Oíche Chiúin do Mhamó? Tá sí ina cónaí i Ros Muc, Co. na Gaillimhe.

Le grá ó Neasa, Lúc agus na páistí.

5 Bóthar na Farraige
Cluain Tarbh
Baile Átha Cliath

1. Cé dó an t-iarratas?
2. Cé uaidh é?
3. Cá bhfuil Mamó ina cónaí?

● Bain triail as!

Scríobh amach do chártaí féin

1. Cárta buíochais
2. Cuireadh
3. Iarratas

Lúbra

Í	N	Í	G	I	O	L	C	E	B
C	O	Í	A	C	R	U	T	O	E
R	L	E	L	O	B	M	D	I	A
A	L	R	L	I	E	Í	E	L	R
N	A	É	O	N	A	S	D	L	T
N	G	A	N	N	R	E	I	A	A
I	C	L	G	L	T	S	É	E	N
N	Á	T	Ó	E	A	L	R	G	N
O	C	Ó	R	A	N	I	I	N	A
B	A	G	A	S	N	O	A	I	H
L	I	A	M	H	Á	S	C	A	L

Crann
Bearta
Cairéid
Cáca
Aingeal
Liamhás
Turcaí
Maróg Nollag
Cloigíní
Soilse sí
Coinnle
Réaltóga

Biachlár

ÓSTÁN NA MARA
DINNEÁR NA NOLLAG

Anraith Glasraí
Anraith Trátaí
✦

Turcaí
Liamhás
Prátaí Rósta
Bachlóga Bruiséile, Cairéid, Meacain Bhána.
✦

Cáca Nollag
Císte Cáise
Maróg Nollag agus uachtar
✦

Tae nó Caife
€20.00 an duine

Gluais

milseog	dessert
glasraí	vegetables
feoil	meat
deoch	drink

● **Ceisteanna**
1 Cad is ainm don Óstán seo?
2 Cén sórt anraith atá ann?
3 Cén sórt feola atá ann?
4 Cén mhilseog atá ann?
5 Cén deoch a bheidh agat?

● **Bain triail as!**
Déan amach do bhiachlár féin do dhinneár Lá Nollag.

Cluastuiscint

Éist go cúramach leis an téip seo. Cloisfidh tú gach píosa faoi dhó.

● **Píosa 1**
1 Cathain a bheidh an t-aonach ar siúl?
2 Cé mhéad atá ar na cártaí Nollag?
3 Cathain a chríochnóidh sé?

● **Píosa 2**
1 Cad is ainm don óstán?
2 Uimhir ghutháin?

● **Píosa 3**
1 Cá mbeidh an taispeántas tine ealaíne ar siúl?
2 Cathain a bheidh deireadh le seirbhísí an *Dart*?

Dán

● **Cárta Nollag**

le Pádraig Mac Suibhne

Gan do chárta, a Bhráthair,
Ní bheadh Nollaig ann,
Ná ciall leis na bearta
Ina luí faoin chrann,
Ná le stábla
Is a mháthair gan choir,
Is ní bheadh ins na cuimhní
Ach gríosach an toir

Ach tháinig do chárta
Mar na saoithe anoir,
Is d'fhág ar mo thábla
Ór, túis agus miorr.

● **Meaitseáil**

1	gan	A	child	1 =
2	a Bhráthair	B	myrrh	2 =
3	ciall	C	his pure mother	3 =
4	bearta	D	frankincense	4 =
5	ina luí	E	like the wise men	5 =
6	leanbh	F	gold	6 =
7	stábla	G	meaning	7 =
8	a mháthair gan coir	H	without	8 =
9	ins na cuimhní	I	stable	9 =
10	mar na saoithe	J	lying	10 =
11	anoir	K	brother	11 =
12	mo thábla	L	parcels	12 =
13	ór	M	my table	13 =
14	túis	N	from the east	14 =
15	miorr	O	in the memory	15 =

● **Líon isteach na bearnaí**

1. Tá an t-údar ag fanacht ar _____ _____.
2. Bíonn _____ ina luí faoin gcrann de ghnáth.
3. Bhí an _____ ina luí sa stábla.
4. Muire ab ainm don _____.
5. Faoi dheireadh, _____ an cárta.
6. Tháinig an cárta agus bhí sé cosúil le _____, _____ agus _____ don údar.
7. Cé na mothúcháin atá sa dán seo? Cuir tic sa bhosca ceart.
   Brón ☐
   Áthas ☐
   Eagla ☐

Oíche Chinn Bliana

Beannachtaí na hAthbhliana

Do Stephanie,
Athbhliain faoi mhaise duit
Le grá,
Ó Antaine

Cárta Poist

A Antaine,

Fuair mé do chárta athbhliana. Go raibh míle maith agat. Bhí cóisir againn Oíche Chinn Bliana. Bhí an-spórt go deo againn. Bhí ceol agus damhsa, bia agus deoch againn. D'imigh gach duine abhaile timpeall a dó a chlog ar maidin. Feicfidh mé thú ar do bhreithlá.

Le grá,
Stephanie.

Antaine Ó Laoire
3 Bóthar na hEaglaise
Baile Átha Luain
Co. na hIarmhí

● Ceisteanna

1. Cé dó an cárta?
2. Cé uaidh é?
3. Bhí an-spórt ag Stephanie Oíche Chinn Bliana. Cén fáth?
4. Cathain a fheicfidh sí Antaine arís?
5. Cá bhfuil Antaine ina chónaí?

Bain triail as!
Scríobh do chárta féin sa bhosca thíos.

CLUASTUISCINT

Cuid A

Éist go cúramach leis an téip seo. Cloisfidh tú gach duine den triúr seo faoi thrí.

● An Chéad chainteoir

1 Cad is ainm di? Bríd de Bhál.
2 Cén aois í?
3 Cineál scoile:
4 Faigheann siad _____ nó _____ i ngach teach.

● An Dara Cainteoir

1 Cad is ainm di? Siobhán Ní Threasaigh.
2 Cén aois í?
3 Cineál scoile:
4 Is maith léi ____ _____ ____.
5 Cén fath?

● An Tríú Cainteoir

1 Cad is ainm dó? Pól Ó Loinsigh.
2 Cén aois é?
3 Cineál scoile:
4 Cá ndeachaigh sé ar an lá sin?
5 Cad a bhí ar siúl ann?

Cuid B

Éist go cúramach leis an téip seo. Cloisfidh tú gach fógra faoi dhó.

● Fógra a hAon

1 Cad tá ar siúl ann?
2 Cén lá a bheidh sé ar siúl?
3 Cá mbeidh sé ar siúl?

● Fógra a Dó

1 Cad a bheidh dúnta Aoine an Chéasta?
2 Cathain a bheidh sé ar oscailt arís?
3 Cén sórt bia atá ann i gcaitheamh na saoire?

● Fógra a Trí

1 Cad tá ar siúl?
2 Cathain a bheidh sé ar siúl?
3 Cé mhéad atá ar na ticéid?

Cuid C

Éist go cúramach leis an téip seo. Cloisfidh tú gach comhrá faoi thrí.

- **Comhrá a hAon**
1 Cé atá ag caint?
2 Cén sórt obair bhaile atá acu?
3 Cá mbeidh sé ag dul?
4 Cathain a bheidh sé ag dul ann?

- **Comhrá a Dó**
1 Cé a bheidh ag an gcóisir
2 Cé atá ag ullmhú an bhia?
3 Cén t-am a thosóidh an chóisir?

- **Comhrá a Trí**
1 Cá mbeidh Nóirín ag dul amárach?
2 Tá fadhb aici le duine amháin. Cén duine?
3 Rachaidh siad ar an _____.
4 Cén t-am?

Cuid D

Éist go cúramach leis an téip seo. Cloisfidh tú gach píosa faoi dhó.

- **Píosa a hAon**
1 Cá mbeidh an t-aonach ar siúl?
2 Cad a bheidh ar díol ann?

- **Píosa a Dó**
1 Ainmnigh dhá rud atá ar an mbiachlár.
2 Cén praghas atá ar an mbiachlár seo?

- **Píosa a Trí**
1 Cathain a bheidh an taispeántas ar siúl?
2 Cén t-am a thosóidh gach rud?

Caibidil 8
Aimsir Chaite

Grúpa a haon

- **Samplaí**

caol le caol

Caith	Throw	1	+'h'	Chaith	mé	I threw	Chaitheamar		We threw
				Chaith	tú	You threw	Chaith	sibh	You threw
				Chaith	sé	He threw	Chaith	siad	They threw
				Chaith	sí	She threw			

caol le caol

Bris	Break	1	+'h'	Bhris	mé	I broke	Bhriseamar		We broke
				Bhris	tú	You broke	Bhris	sibh	You broke
				Bhris	sé	He broke	Bhris	siad	They broke
				Bhris	sí	She broke			

leathan le leathan

Féach	Look	1	+'D'fh'	D'fhéach	mé	I looked	D'fhéachamar		We looked
				D'fhéach	tú	You looked	D'fhéach	sibh	You looked
				D'fhéach	sé	He looked	D'fhéach	siad	They looked
				D'fhéach	sí	She looked			

leathan le leathan

Dún	Close	1	+'h'	Dhún	mé	I closed	Dhúnamar		We closed
				Dhún	tú	You closed	Dhún	sibh	You closed
				Dhún	sé	He closed	Dhún	siad	they closed
				Dhún	sí	She closed			

leathan le leathan

Ól	Drink	1	+'D'	D'ól	mé	I drank	D'ólamar		We drank
				D'ól	tú	You drank	D'ól	sibh	You drank
				D'ól	sé	He drank	D'ól	siad	They drank
				D'ól	sí	She drank			

● **Líon isteach na bearnaí**

caol le caol

1 Blais	Taste	1 +'h'	_____ mé	I	_____ _____ eamar	We _____
			_____ tú	you	_____ sibh	You _____
			_____ sé	He	_____ siad	They _____
			_____ sí	She	_____	

caol le caol

2 Tuig	Understand	1 +'h'	_____ mé	I	_____ _____ eamar	We _____
			_____ tú	you	_____ sibh	You _____
			_____ sé	He	_____ siad	They _____
			_____ sí	She	_____	

leathan le leathan

3 Fág	Leave	1 +'D'fh'	_____ mé	I	_____ _____ amar	We _____
			_____ tú	you	_____ sibh	You _____
			_____ sé	He	_____ siad	They _____
			_____ sí	She	_____	

leathan le leathan

4 Fan	Wait	1 +'D'fh'	_____ mé	I	_____ _____ amar	We _____
			_____ tú	you	_____ sibh	You _____
			_____ sé	He	_____ siad	They _____
			_____ sí	She	_____	

leathan le leathan

5 Íoc	Pay	1 +'D'	_____ mé	I	_____ _____ amar	We _____
			_____ tú	you	_____ sibh	You _____
			_____ sé	He	_____ siad	They _____
			_____ sí	She	_____	

● **Scríobh na habairtí seo a leanas san aimsir chaite**

1. [ól] mé an tae inné.
2. [bris] mé an buidéal inné.
3. [Craol] TG4 an clár sin an tseachtain seo caite.
4. [Múch] [muid] an solas inné.
5. [Buail] sí Seán ar a shrón inné.
6. [Tréig] an fear an madra an tseachtain seo caite.
7. [Glan] siad an teach inné.
8. [Cuir] sibh an mála sa chófra inné.

9   [Can] [muid] Amhrán na bhFiann ag an gcluiche an tseachtain seo caite.
10 [Fan] sé sa seomra suí ag féachaint ar an teilifís aréir.
11 [Rith] sé ar scoil mar bhí sé déanach ar maidin.
12 [Fág] tú an teach ródhéanach don bhus aréir.
13 [Scríobh] [muid] an litir chuige aréir.
14 [Díol] [muid] an carr leis anuraidh.
15 [Fás] na plandaí go maith an samhradh seo caite.

Gluais			
Ól	Drink	Lean	Follow
Bris	Break	Lig	Allow
Craol	Broadcast	Scairt	Shout
Múch	Turn off (lights)	Bain (+tuisle as)	Trip
Tréig	Abandon	Seas	Stand
Buail	Hit (meet with le)	Mol	Praise
Glan	Clean	Iarr	Ask (demand)
Cuir	Put	Éist	Listen
Can	Sing	Siúil	Walk
Fan	Stay (wait)	Gearr	Cut
Rith	Run	Geall	Promise
Fág	Leave	Doirt	Pour
Scríobh	Write	Tóg	Take
Díol	Sell	Roinn	Divide
Fás	Grow	Baist	Baptise
Scuab	Brush	Céas	Torment
Caill	Loose	Íoc	Pay
Dún	Close	Blais	Taste

● **Aistrigh go Gaeilge**

1   Yesterday we closed the door.
2   This morning they lost the book.
3   Last year we payed the bills.
4   The day before yesterday you (*sibh*) tormented the dog.
5   Before this we tasted the drink.
6   Last week they swept the floor.
7   A while ago we grew a plant.
8   Lately you (*sibh*) wrote a book.
9   A month ago we divided the room.
10 Yesterday we sold a book.
11 This morning they left.

12 Last year you (*sibh*) broke the window.
13 The day before yesterday he promised to leave.
14 Before this we ran home.
15 Last week you (*sibh*) waited.

\	Gluais		
Yesterday	Inné	*The programme*	An clár
A month ago	Mí ó shin	*The presents*	Na bronntannais
A week ago	Seachtain ó shin	*The plant*	An planda
Before this	Roimhe seo	*The paper*	An nuachtán
Last night	Aréir	*The man*	An fear
Last week	An tseachtain	*The light*	An solas
	seo caite	*The floor*	An t-urlár
Last year	Anuraidh	*The drink*	An deoch
Recently	Le déanaí	*The dog*	An madra
The day before yesterday	Arú inné	*The book*	An leabhar
This morning	Ar maidin	*The Bills*	Na billí
yesterday	inné	*Tea*	Tae
The door	An doras	*Out*	Amach
The work	An obair	*Home*	Abhaile
The window	An fhuinneog	*Him*	é
The table	An bord	*Coffee*	Caife
The son	An mac	*By himself*	Ina aonar
The room	An seomra		

Grúpa a dó

● **Samplaí**

leathan le leathan

Beannaigh	Greet	2	+'h'	Bheannaigh	mé	I greeted	Bheannaíomar		We greeted
				Bheannaigh	tú	You greeted	Bheannaigh	sibh	You greeted
				Bheannaigh	sé	He greeted	Bheannaigh	siad	They greeted
				Bheannaigh	sí	She greeted			

caol le caol

Deisigh	Repair	2	+'h'	Dheisigh	mé	I repaired	Dheisíomar		We repaired
				Dheisigh	tú	You repaired	Dheisigh	sibh	You repaired
				Dheisigh	sé	He repaired	Dheisigh	siad	They repaired
				Dheisigh	sí	She repaired			

Feabhsaigh	Improve	2	+'D'fh'	D'fheabhsaigh mé	I improved	D'fheabhsaíomar		We improved
				D'fheabhsaigh tú	You improved	D'fheabhsaigh	sibh	You improved
				D'fheabhsaigh sé	He improved	D'fheabhsaigh	siad	They improved
				D'fheabhsaigh sí	She improved			

leathan le leathan

Iompaigh	Turn	2	+'D'	D'iompaigh	mé	I turned	D'iompaíomar		We turned
				D'iompaigh	tú	You turned	D'iompaigh	sibh	You turned
				D'iompaigh	sé	He turned	D'iompaigh	siad	They turned
				D'iompaigh	sí	She turned			

leathan le leathan

● **Líon isteach na bearnaí**

caol le caol

1 Dúisigh	Wake	2	+'h'	____	mé	I	____	____ íomar	We	____
				____	tú	you	____	____ sibh	You	____
				____	sé	he	____	____ siad	They	____
				____	sí	she	____			

caol le caol

2 Feistigh	Arrange	2	+'D'fh	____	mé	I	____	____	We	____
				____	tú	you	____	____ sibh	You	____
				____	sé	he	____	____ siad	They	____
				____	sí	she	____			

leathan le leathan

3 Faobhraigh	Sharpen	2	+'D'fh'	____	mé	I	____	____ aíomar	We	____
				____	tú	you	____	____ sibh	You	____
				____	sé	he	____	____ siad	They	____
				____	sí	she	____			

leathan le leathan

4 Cabhraigh	Help	2	+'h'	____	mé	I	____	____	We	____
				____	tú	you	____	____ sibh	You	____
				____	sé	he	____	____ siad	They	____
				____	sí	she	____			

5 Críochnaigh	Finish	2	+'h'	_____	mé	I	_____	_____		We	_____
				_____	tú	you	_____	_____	sibh	You	_____
				_____	sé	he	_____	_____	siad	They	_____
				_____	sí	she	_____				

leathan le leathan

● **Samplaí**

Oscail	Open	2	+'D'	D'oscail	mé	I opened	D'osclaíomar		We opened
				D'oscail	tú	You opened	D'oscail	sibh	You opened
				D'oscail	sé	He opened	D'oscail	siad	They opened
				D'oscail	sí	She opened			

leathan le leathan

Inis	Tell	2	+'D'	D'inis	mé	I told	D'insíomar		We told
				D'inis	tú	You told	D'inis	sibh	You told
				D'inis	sé	He told	D'inis	siad	They told
				D'inis	sí	She told			

caol le caol

Seachain	Avoid	2	+'h'	Sheachain	mé	I avoided	Sheachnaíomar		We avoided
				Sheachain	tú	You avoided	Sheachain	sibh	You avoided
				Sheachain	sé	He avoided	Sheachain	siad	They avoided
				Sheachain	sí	She avoided			

leathan le leathan

Imir	Play	2	+'D'	D'imir	mé	I played	D' imríomar		We played
				D'imir	tú	You played	D'imir	sibh	You played
				D'imir	sé	He played	D'imir	siad	They played
				D'imir	sí	She played			

caol le caol

● **Ná déan dearmad!**

Cailltear an 'i' nó an 'ai' sa chéad pearsa, uimhir iolra:

D'osc**ai**l = D'osclaíomar

D'in**i**s = D'insíomar

Sheach**ai**n = Sheachnaíomar.

D'im**i**r = D'imríomar

● **Líon isteach na bearnaí**

caol le caol

1 Cuimil	Rub	2 +'h'	____ mé	I ____	____	íomar	We ____
			____ tú	you ____	____	sibh	You ____
			____ sé	he ____	____	siad	They ____
			____ sí	she ____			

leathan le leathan

2 Iompair	Carry	2 +'D'	____ mé	I ____	____		We ____
			____ tú	you ____	____	sibh	You ____
			____ sé	he ____	____	siad	They ____
			____ sí	she ____			

caol le caol

3 Eitil	Fly	2 +'D'	____ mé	I ____	____		We ____
			____ tú	you ____	____	sibh	You ____
			____ sé	he ____	____	siad	They ____
			____ sí	she ____			

caol le caol

4 Feighil	Mind	2 +'D'fh'	____ mé	I ____	____		We ____
			____ tú	you ____	____	sibh	You ____
			____ sé	he ____	____	siad	They ____
			____ sí	she ____			

● **Líon isteach na bearnaí**

1 [bailigh] [muid] na leabhair an tseachtain seo caite.

2 [dúisigh] siad an gasúr ar maidin.

3 [ceartaigh] mé an obair bhaile aréir.

4 [ullmhaigh] sé an scéal roimhe seo.

5 [tosaigh] [muid] an scéal an lá roimhe sin.

6 [aontaigh] siad le chéile ar maidin.

7 [gríosaigh] mé an gasúr arú inné.

8 [ceistigh] sí an fear an tseachtain seo caite.

9   [aimsigh] [muid] na leabhair aréir.
10 [bunaigh] mé an club roimhe seo.
11 [ionsaigh] sé an gasúr an lá roimhe sin.
12 [mínigh] mé na leabhair ar maidin.
13 [triomaigh] sí a cuid éadaí aréir.
14 [éalaigh] siad abhaile an tseachtain seo caite.

Gluais

inis	tell	maisigh	decorate
eitil	fly	gortaigh	injure
seachain	avoid	réitigh	solve
cuimil	rub	clúdaigh	cover
foghlaim	learn	brostaigh	hurry
lorg	follow	fáiltigh	welcome
aithin	recognise	rothaigh	cycle
ardaigh	raise	mínigh	explain
Ísligh	lower	triomaigh	dry
foilsigh	publish	éalaigh	escape
coinnigh	keep	aontaigh	agree
fostaigh	employ	bunaigh	found
fuadaigh	kidnap	ionsaigh	attack
greamaigh	stick	maraigh	kill
mothaigh	feel	scanraigh	frighten
Bailigh	collect	ceansaigh	tame
dúisigh	waken	aimsigh	locate (find)
ceartaigh	correct	ceistigh	question
ullmhaigh	prepare	gríosaigh	encourage
tosaigh	start	aontaigh	agree

● **Aistrigh go Gaeilge**

1   Yesterday they started the work.
2   This morning you (*sibh*) prepared the work.
3   Last year she agreed.
4   Yesterday we encouraged the boy.
5   The day before yesterday you (*sibh*) corrected the boy.
6   Before this we located the boy.
7   Last week he tamed the horse.
8   A week ago you (*sibh*) frightened the boy.
9   A while ago we collected the paper.
10 Lately they started the lessons.

11 A month ago you (*sibh*) found the horse.
12 The day before yesterday I agreed.
13 Yesterday we escaped.
14 This morning you (*sibh*) dried the clothes.
15 Last year they collected the clothes.

Gluais

yesterday	inné	the boy	an buachaill
last week	an tseachtain seo caite	the horse	an capall
last night	aréir	the clothes	na héadaí
this morning	ar maidin	the work	an obair
last year	anuraidh	the presents	na bronntannais
the day before yesterday	arú inné	well	go maith
before this	roimhe seo	the man	an fear
recently	le déanaí	quiet	ciúin
a month ago	mí ó shin	the book	an leabhar
a week ago	seachtain ó shin	the flag	an brat
yesterday	inné	the story	an scéal
a while ago	tamall ó shin	the plane	an t-eitleán
the teacher	an múinteoir	the hands	na lámha
		the lesson	an ceacht
		the room	an seomra
		the problem	an fhadhb
		home	abhaile

AIMSIR CHAITE

Grúpa a trí

● **Briathra neamhrialta**

Abair	Say	Dúirt	mé	I	said	Dúramar		We	said
		Dúirt	tú	you	said	Dúirt	sibh	You	said
		Dúirt	sé	he	said	Dúirt	siad	They	said
		Dúirt	sí	she	said				

Beir	Catch	Rug	mé	I	caught	Rugamar		We	caught
		Rug	tú	you	caught	Rug	sibh	You	caught
		Rug	sé	he	caught	Rug	siad	They	caught
		Rug	sí	she	caught				

Bí	Be	Bhí	mé	I	was	Bhíomar		We	were
		Bhí	tú	you	were	Bhí	sibh	You	were
		Bhí	sé	he	was	Bhí	siad	They	were
		Bhí	sí	she	was				
Clois	Hear	Chuala	mé	I	heard	Chualamar		We	heard
		Chuala	tú	you	heard	Chuala	sibh	You	heard
		Chuala	sé	he	heard	Chuala	siad	They	heard
		Chuala	sí	she	heard				
Déan	Make/ Do	Rinne	mé	I	made	Rinneamar		We	made
		Rinne	tú	you	made	Rinne	sibh	You	made
		Rinne	sé	he	made	Rinne	siad	They	made
		Rinne	sí	She	made				
Ith	Eat	D'ith	mé	I	ate	D'itheamar		We	ate
		D'ith	tú	you	ate	D'ith	sibh	You	ate
		D'ith	sé	he	ate	D'ith	siad	They	ate
		D'ith	sí	she	ate				
Feic	See	Chonaic	mé	I	saw	Chonaiceamar		We	saw
		Chonaic	tú	You	saw	Chonaic	sibh	You	saw
		Chonaic	sé	He	saw	Chonaic	siad	They	saw
		Chonaic	sí	She	saw				
Faigh	Receive	Fuair	mé	I	received	Fuaireamar		We	received
		Fuair	tú	You	received	Fuair	sibh	You	received
		Fuair	sé	He	received	Fuair	siad	They	received
		Fuair	sí	She	received				
Tabhair	Give	Thug	mé	I	gave	Thugamar		We	gave
		Thug	tú	You	gave	Thug	sibh	You	gave
		Thug	sé	He	gave	Thug	siad	They	gave
		Thug	sí	She	gave				
Tar	Come	Tháinig	mé	I	came	Thángamar		We	came
		Tháinig	tú	You	came	Tháinig	sibh	You	came
		Tháinig	sé	He	came	Tháinig	siad	They	came
		Tháinig	sí	She	came				

Téigh	Go	Chuaigh mé	I	went	Chuamar		We	went
		Chuaigh tú	You	went	Chuaigh	sibh	You	went
		Chuaigh sé	He	went	Chuaigh	siad	They	went
		Chuaigh sí	She	went				

● **Líon isteach na bearnaí**
1 [téigh] [muid] ar scoil ar maidin.
2 [tar] mé abhaile an lá roimhe sin.
3 [clois] [muid] an drochscéal arú inné.
4 [téigh] sí ar an rothar aréir.
5 [tar] mé díreach anseo an lá roimhe sin.
6 [clois] siad an fear ag béicíl inné.
7 [abair] [muid] léi dul amach aréir.
8 [beir] mé ar an madra an tseachtain seo caite.
9 [ith] siad na ceapairí ar maidin.
10 [tar] [muid] anseo anuraidh.
11 [clois] mé an Nuacht roimhe seo.
12 [abair] sí leis dul ag siopadóireacht inné.
13 [beir] siad ar an ngadaí aréir.
14 [ith] mé an t-arán inné.
15 [feic] [muid] an carr arú inné.

● **Aistrigh go Gaeilge**
1 A week ago you (*sibh*) said that.
2 A while ago we caught the man.
3 Lately we were happy.
4 A month ago they said a lot.
5 Yesterday we caught the horse.
6 This morning you (*sibh*) heard the news.
7 Last year we went to school.
8 The day before yesterday we gave presents.
9 Before this you (*sibh*) were sad.
10 Last week we ate a sandwich.
11 A week ago they made a sandwich.
12 Yesterday we saw a horse.
13 This morning you (*sibh*) ate breakfast.
14 Last year we said enough.
15 The day before yesterday he went.

Gluais

This morning	Ar maidin	The man	An fear
Last year	Anuraidh	Happy	Sona
The day before yesterday	Arú inné	A lot	Go leor
Before this	Roimhe seo	The horse	An capall
Recently (lately)	Le déanaí	The news	An Nuacht
A month ago	Mí ó shin	To school	Ar scoil
A week ago	Seachtain ó shin	The presents	Na bronntannais
Yesterday	Inné	Sad	Brónach
The sandwich	An ceapaire	The lunch	An lón
The breakfast	An bricfeasta	Nothing	Tada
The dinner	An dinnéar	Shopping	Ag siopadóireacht
Home	Abhaile	Here	Anseo
The story	An scéal	There	Ansin
A while ago	Tamall ó shin	That	Sin

AIMSIR GHNÁTHLÁITHREACH

Grúpa a haon

- **Samplaí**

Caith	Throw	1	+'im'	Caithim		I throw	Caithimid		We throw
			+'eann'	Caitheann	tú	You throw	Caitheann	sibh	You throw
			+'imid'	Caitheann	sé	He throws	Caitheann	siad	They throw
				Caitheann	sí	She throws			

caol le caol

Bris	Break	1	+'im'	Brisim		I break	Brisimid		We break
			+'eann'	Briseann	tú	You break	Briseann	sibh	You break
			+'imid'	Briseann	sé	He breaks	Briseann	siad	They break
				Briseann	sí	She breaks			

caol le caol

Féach	Look	1	+'aim'	Féachaim		I look	Féachaimid		We look
			+'ann'	Féachann	tú	You look	Féachann	sibh	You look
			+'aimid	Féachann	sé	He looks	Féachann	siad	They look
				Féachann	sí	She looks			

leathan le leathan

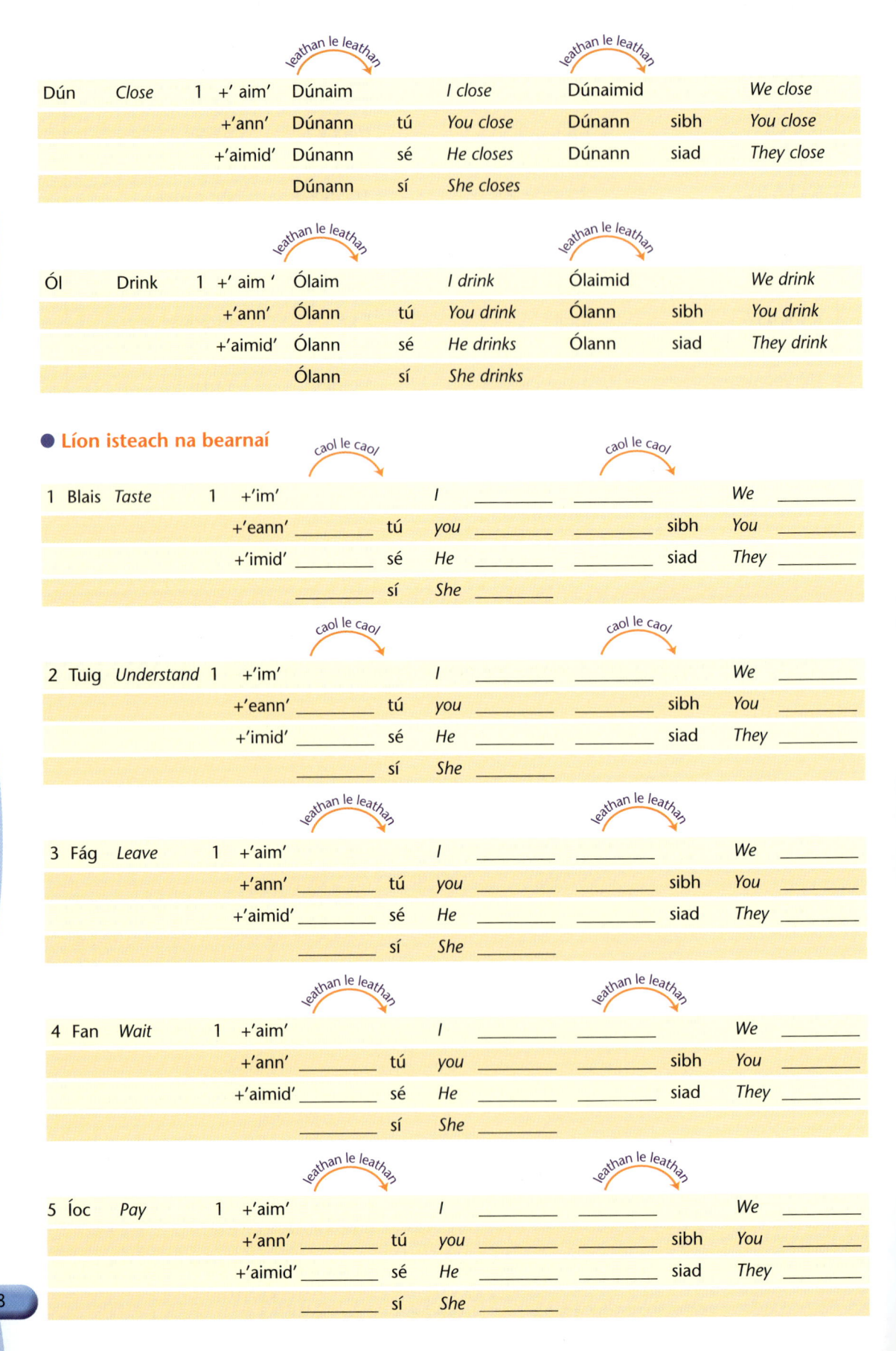

Dún	Close	1	+'aim'	Dúnaim		I close	Dúnaimid		We close
			+'ann'	Dúnann	tú	You close	Dúnann	sibh	You close
			+'aimid'	Dúnann	sé	He closes	Dúnann	siad	They close
				Dúnann	sí	She closes			

leathan le leathan

Ól	Drink	1	+'aim'	Ólaim		I drink	Ólaimid		We drink
			+'ann'	Ólann	tú	You drink	Ólann	sibh	You drink
			+'aimid'	Ólann	sé	He drinks	Ólann	siad	They drink
				Ólann	sí	She drinks			

● **Líon isteach na bearnaí**

caol le caol

1 Blais	Taste	1	+'im'	_____		I _____	_____		We _____
			+'eann'	_____	tú	you _____	_____	sibh	You _____
			+'imid'	_____	sé	He _____	_____	siad	They _____
				_____	sí	She _____			

caol le caol

2 Tuig	Understand	1	+'im'	_____		I _____	_____		We _____
			+'eann'	_____	tú	you _____	_____	sibh	You _____
			+'imid'	_____	sé	He _____	_____	siad	They _____
				_____	sí	She _____			

leathan le leathan

3 Fág	Leave	1	+'aim'	_____		I _____	_____		We _____
			+'ann'	_____	tú	you _____	_____	sibh	You _____
			+'aimid'	_____	sé	He _____	_____	siad	They _____
				_____	sí	She _____			

leathan le leathan

4 Fan	Wait	1	+'aim'	_____		I _____	_____		We _____
			+'ann'	_____	tú	you _____	_____	sibh	You _____
			+'aimid'	_____	sé	He _____	_____	siad	They _____
				_____	sí	She _____			

leathan le leathan

5 Íoc	Pay	1	+'aim'	_____		I _____	_____		We _____
			+'ann'	_____	tú	you _____	_____	sibh	You _____
			+'aimid'	_____	sé	He _____	_____	siad	They _____
				_____	sí	She _____			

- **Scríobh na habairtí seo a leanas san aimsir ghnáthláithreach**

1. [ól] mé an tae gach lá.
2. [bris] mé an buidéal gach lá.
3. [Craol] TG4 an clár sin gach seachtain.
4. [Múch] [muid] an solas gach lá.
5. [Buail] sí Seán ar a shrón gach lá.
6. [Glan] siad an teach gach lá.
7. [Cuir] sibh an mála sa chófra gach lá.
8. [Can] [muid] Amhrán na bhFiann ag an gcluiche gach seachtain.
9. [Fan] sé sa seomra suí ag féachaint ar an teilifís gach oíche.
10. [Rith] sé ar scoil mar bíonn sé déanach gach maidin.
11. [Fág] tú an teach ródhéanach don bhus gach oíche.
12. [Scríobh] [muid] an litir chuige gach oíche.
13. [Díol] [muid] an carr dó gach bliain.
14. [Fás] na plandaí go maith gach samhradh.

- **Aistrigh go Gaeilge**

1. Everyday we close the door.
2. Every morning they loose the book.
3. Every year we pay the bills.
4. Every other day you (*sibh*) torment the dog.
5. All the time we taste the drink.
6. Every week they sweep the floor.
7. All the time we grow plants.
8. Lately you (*sibh*) write books.
9. Everyday we sell a book.
10. Every morning they leave.
11. Every year you (*sibh*) break the window.
12. Every other day he promises to leave.
13. Sometimes we run home.
14. Some weeks you (*sibh*) wait.
15. Every other week they sing.

Gluais	
Everyday	Gach lá
Each week	Gach seachtain
Every night	Gach oíche
Every morning	Gach maidin
Year after year	Bliain i ndiaidh a chéile
Annually	Gach bliain
Week after week	Seachtain i ndiaidh a chéile
Usually	Go hiondúil
Every other day	Gach ré lá
All the time	An t-am go léir
Sometimes	Uaireanta

Grúpa a dó

- **Samplaí**

				leathan le leathan			*leathan le leathan*		
Beannaigh	Greet	2	+'aím'	Beannaím		I greet	Beannaímid		We greet
			'aímid'	Beannaíonn	tú	You greet	Beannaíonn	sibh	You greet
			'aíonn'	Beannaíonn	sé	He greets	Beannaíonn	siad	They greet
			~~aigh~~	Beannaíonn	sí	She greets			

				caol le caol			*caol le caol*		
Deisigh	Repair	2	+'ím'	Deisím		I repair	Deisímid		We repair
			'ímid'	Deisíonn	tú	You repair	Deisíonn	sibh	You repair
			'íonn'	Deisíonn	sé	He repairs	Deisíonn	siad	They repair
			~~igh~~	Deisíonn	sí	She repairs			

				leathan le leathan			*leathan le leathan*		
Feabhsaigh	Improve	2	+'aím'	Feabhsaím		I improve	Feabhsaímid		We improve
			'aímid'	Feabhsaíonn	tú	You improve	Feabhsaíonn	sibh	You improve
			'aíonn'	Feabhsaíonn	sé	He improves	Feabhsaíonn	siad	They improve
			~~aigh~~	Feabhsaíonn	sí	She improves			

				leathan le leathan			*leathan le leathan*		
Iompaigh	Turn	2	+'aím'	Iompaím		I turn	Iompaímid		We turn
			'aímid'	Iompaíonn	tú	You turn	Iompaíonn	sibh	You turn
			'aíonn'	Iompaíonn	sé	He turns	Iompaíonn	siad	They turn
			~~aigh~~	Iompaíonn	sí	She turns			

- **Líon isteach na bearnaí**

				caol le caol			*caol le caol*		
1 Dúisigh	Wake	2	+'ím'	_____		I _____	_____		We _____
			'ímid'	_____	tú	You _____	_____	sibh	You _____
			'íonn'	_____	sé	He _____	_____	siad	They _____
			~~igh~~	_____	sí	She _____			

				caol le caol			*caol le caol*		
2 Feistigh	Arrange	2	+'ím'	_____		I _____	_____		We _____
			'ímid'	_____	tú	You _____	_____	sibh	You _____
			'íonn'	_____	sé	He _____	_____	siad	They _____
			~~igh~~	_____	sí	She _____			

3 Faobhraigh	Sharpen	2	+ 'aím'	_____		I	_____	_____	We	_____
			'aímid'	_____	tú	You	_____	_____	sibh	You _____
			'aíonn'	_____	sé	He	_____	_____	siad	They _____
			~~aigh~~	_____	sí	She	_____			

leathan le leathan … *leathan le leathan*

4 Cabhraigh	Help	2	+ 'aím'	_____		I	_____	_____	We	_____
			'aímid'	_____	tú	You	_____	_____	sibh	You _____
			'aíonn'	_____	sé	He	_____	_____	siad	They _____
			~~aigh~~	_____	sí	She	_____			

leathan le leathan … *leathan le leathan*

5 Críochnaigh	Finish	2	+ 'aím'	_____		I	_____	_____	We	_____
			'aímid'	_____	tú	You	_____	_____	sibh	You _____
			'aíonn'	_____	sé	He	_____	_____	siad	They _____
			~~aigh~~	_____	sí	She	_____			

leathan le leathan … *leathan le leathan*

● **Samplaí**

Oscail	Open	2	+'aím'	Osclaím		I open		Osclaímid		We open
			'aímid'	Osclaíonn	tú	You open		Osclaíonn	sibh	You open
			'aíonn'	Osclaíonn	sé	He opens		Osclaíonn	siad	They open
			~~ai~~	Osclaíonn	sí	She opens				

leathan le leathan … *leathan le leathan*

Inis	Tell	2	+'ím'	Insím		I tell		Insímid		We tell
			'ímid'	Insíonn	tú	You tell		Insíonn	sibh	You tell
			'íonn'	Insíonn	sé	He tells		Insíonn	siad	They tell
			~~i~~	Insíonn	sí	She tells				

caol le caol … *caol le caol*

Seachain	Avoid	2	+'aím'	Seachnaím		I avoid		Seachnaímid		We avoid
			'aímid'	Seachnaíonn tú		You avoid		Seachnaíonn	sibh	You avoid
			'aíonn'	Seachnaíonn sé		He avoids		Seachnaíonn	siad	They avoid
			~~ai~~	Seachnaíonn sí		She avoids				

leathan le leathan … *leathan le leathan*

Caibidil 8

Imir	Play	2 +	+'ím'	Imrím		I play	Imrímid		We play
			'ímid'	Imríonn	tú	You play	Imríonn	sibh	You play
			'íonn'	Imríonn	sé	He plays	Imríonn	siad	They play
			í	Imríonn	sí	She plays			

caol le caol (above both Imrím/Imrímid columns)

● **Líon isteach na bearnaí**

1 Cuimil Rub 2 + 'ím' _____ I _____ _____ We _____
'ímid' _____ tú You _____ _____ sibh You _____
'íonn' _____ sé He _____ _____ siad They _____
í _____ sí She _____

caol le caol

2 Iompair Carry 2 + 'aím' _____ I _____ _____ We _____
'aímid' _____ tú You _____ _____ sibh You _____
'aíonn' _____ sé He _____ _____ siad They _____
aí _____ sí She _____

leathan le leathan

3 Eitil Fly 2 + 'ím' _____ I _____ _____ We _____
'ímid' _____ tú You _____ _____ sibh You _____
'íonn' _____ sé He _____ _____ siad They _____
í _____ sí She _____

caol le caol

4 Feighil Mind 2 + 'ím' _____ I _____ _____ We _____
'ímid' _____ tú You _____ _____ sibh You _____
'íonn' _____ sé He _____ _____ siad They _____
í _____ sí She _____

caol le caol

● **Líon isteach na bearnaí**

1 [bailigh] [muid] na leabhair gach seachtain.
2 [dúisigh] siad an gasúr gach maidin.
3 [ceartaigh] mé an obair bhaile gach oíche.
4 [ullmhaigh] sé an scéal i gcónaí.
5 [tosaigh] [muid] ar an scéal gach dara lá.
6 [aontaigh] siad le chéile gach maidin.

7 [gríosaigh] mé an gasúr chuile lá.
8 [aimsigh] [muid] na leabhair gach oíche.
9 [mínigh] mé na leabhair gach maidin.

● **Aistrigh go Gaeilge**
1 Everyday they start the work.
2 Every morning you (*sibh*) prepare the work.
3 Year after year she agrees.
4 Everyday we encourage the boy.
5 Every morning you (*sibh*) question the teacher.
6 Year after year they start.
7 Everyday you (*sibh*) correct the boy.
8 Annually you (*sibh*) find the horse.
9 Everyday I agree.
10 Every morning you (*sibh*) dry the clothes.

Gluais	
Everyday	Gach lá
Each week	Gach seachtain
Every night	Gach oíche
Every morning	Gach maidin
Year after year	Bliain i ndiaidh a chéile
Annually	Gach bliain
Week after week	Seachtain i ndiaidh a chéile
Usually	Go hiondúil
Every other day	Gach ré lá
All the time	An t-am go léir
Sometimes	Uaireanta

AIMSIR GHNÁTHLÁITHREACH

Grúpa a trí

● **Briathra neamhrialta**

Abair	Say	Deirim		I	say	Deirimid		We	say
		Deir	tú	You	say	Deir	sibh	You	say
		Deir	sé	He	says	Deir	siad	They	say
		Deir	sí	she	says				

Beir	Catch	Beirim		I	catch	Beirimid		We	catch
		Beireann	tú	You	catch	Beireann	sibh	You	catch
		Beireann	sé	He	catches	Beireann	siad	They	catch
		Beireann	sí	she	catches				

Bí	Be	Táim		I	am	Táimid		We	are
		Tá	tú	You	are	Tá	sibh	You	are
		Tá	sé	He	is	Tá	siad	They	are
		Tá	sí	she	is				

Clois	Hear	Cloisim		I	hear	Cloisimid		We	hear
		Cloiseann	tú	You	hear	Cloiseann	sibh	You	hear
		Cloiseann	sé	He	hears	Cloiseann	siad	They	hear
		Cloiseann	sí	she	hears				

Déan	Make/Do	Déanaim		I	make	Déanaimid		We	make
		Déanann	tú	You	make	Déanann	sibh	You	make
		Déanann	sé	He	makes	Déanann	siad	They	make
		Déanann	sí	She	makes				

Ith	Eat	Ithim		I	eat	Ithimid		We	eat
		Itheann	tú	You	eat	Itheann	sibh	You	eat
		Itheann	sé	He	eats	Itheann	siad	They	eat
		Itheann	sí	She	eats				

Feic	See	Feicim		I	see	Feicimid		We	see
		Feiceann	tú	You	see	Feiceann	sibh	You	see
		Feiceann	sé	He	sees	Feiceann	siad	They	see
		Feiceann	sí	She	sees				

Faigh	Receive	Faighim		I	receive	Faighimid		We	receive
		Faigheann	tú	You	receive	Faigheann	sibh	You	receive
		Faigheann	sé	He	receives	Faigheann	siad	They	receive
		Faigheann	sí	She	receives				

Tabhair	Give	Tugaim		I	give	Tugaimid		We	give
		Tugann	tú	You	give	Tugann	sibh	You	give
		Tugann	sé	He	gives	Tugann	siad	They	give
		Tugann	sí	She	gives				

Tar	Come	Tagaim		I	come	Tagaimid		We	come
		Tagann	tú	You	come	Tagann	sibh	You	come
		Tagann	sé	He	comes	Tagann	siad	They	come
		Tagann	sí	She	comes				

Téigh	Go	Téim		I	go	Téimid		We	go
		Téann	tú	You	go	Téann	sibh	You	go
		Téann	sé	He	goes	Téann	siad	They	go
		Téann	sí	She	goes				

● **Líon isteach na bearnaí**

1. [tar] sí abhaile gach lá.
2. [téigh] [muid] ar scoil gach lá.
3. [bí] [muid] ag obair gach seachtain.
4. [déan] m'obair bhaile chuile oíche.
5. [abair] léi dul abhaile chuile oíche.
6. [beir] [muid] ar ár málaí chun dul abhaile chuile oíche.
7. [ith] mo bhricfeasta gach seachtain.
8. [faigh] an obair bhaile gach lá.
9. [tabhair] sí bronntannas dom gach seachtain.
10. [déan] siad an obair chuile oíche.
11. [bí] [muid] sásta gach lá.
12. [téigh] sí abhaile gach lá.
13. [tar] [muid] abhaile gach bliain.
14. [clois] sí an scéal gach seachtain.

● **Aistrigh go Gaeilge**

1. Every week you (*sibh*) say that.
2. Often we catch the ball.
3. Always we are happy.
4. Every month they say a lot.
5. Everyday we catch the horse.
6. Every morning you (*sibh*) hear the news.
7. Every year we go to school.
8. Everyday we give presents.
9. Often you (*sibh*) are sad.
10. Every week they make a sandwich.
11. Everyday we see a horse.
12. This morning you (*sibh*) eat breakfast.
13. Everyday he goes.
14. Often we eat dinner.

Gluais	
Every morning	Gach maidin
Every year	Gach bliain
Often	Go minic
Recently	Le déanaí
Every month	Gach mí
Every week	Gach seachtain
Everyday	Gach lá
Always	I gcónaí

AIMSIR FHÁISTINEACH

Grúpa a haon

- **Samplaí**

Caith	Throw	1	-'fidh'	Caithfidh	mé	I will throw	Caithfimid		We will throw
			-'fimid'	Caithfidh	tú	You will throw	Caithfidh	sibh	You will throw
				Caithfidh	sé	He will throw	Caithfidh	siad	They will throw
				Caithfidh	sí	She will throw			

caol le caol

Bris	Break	1	-'fidh'	Brisfidh	mé	I will break	Brisfimid		We will break
			-'fimid'	Brisfidh	tú	You will break	Brisfidh	sibh	You will break
				Brisfidh	sé	He will break	Brisfidh	siad	They will break
				Brisfidh	sí	She will break			

caol le caol

Féach	Look	1	-'faidh'	Féachfaidh	mé	I will look	Féachfaimid		We will look
			-'faimid'	Féachfaidh	tú	You will look	Féachfaidh	sibh	You will look
				Féachfaidh	sé	He will look	Féachfaidh	siad	They will look
				Féachfaidh	sí	She will look			

leathan le leathan

Dún	Close	1	-'faidh'	Dúnfaidh	mé	I will close	Dúnfaimid		We will close
			-'faimid'	Dúnfaidh	tú	You will close	Dúnfaidh	sibh	You will close
				Dúnfaidh	sé	He will close	Dúnfaidh	siad	They will close
				Dúnfaidh	sí	She will close			

leathan le leathan

Ól	Drink	1	-'faidh'	Ólfaidh	mé	I will drink	Ólfaimid		We will drink
			-'faimid'	Ólfaidh	tú	You will drink	Ólfaidh	sibh	You will drink
				Ólfaidh	sé	He will drink	Ólfaidh	siad	They will drink
				Ólfaidh	sí	She will drink			

leathan le leathan

● **Líon isteach na bearnaí**

				caol le caol			caol le caol				
1	Blais	Taste	1	-'fidh' _____	mé	I	_____	_____	We	_____
				-'fimid' _____	tú	you	_____	_____	sibh	You	_____
				_____	sé	He	_____	_____	siad	They	_____
				_____	sí	She					

				caol le caol			caol le caol				
2	Tuig	Understand	1	-'fidh' _____	mé	I	_____	_____	We	_____
				-'fimid' _____	tú	you	_____	_____	sibh	You	_____
				_____	sé	He	_____	_____	siad	They	_____
				_____	sí	She					

				leathan le leathan			leathan le leathan				
3	Fág	Leave	1	-'faidh' _____	mé	I	_____	_____	We	_____
				-'faimid' _____	tú	you	_____	_____	sibh	You	_____
				_____	sé	He	_____	_____	siad	They	_____
				_____	sí	She					

				leathan le leathan			leathan le leathan				
4	Fan	Wait	1	-'faidh' _____	mé	I	_____	_____	We	_____
				-'faimid' _____	tú	you	_____	_____	sibh	You	_____
				_____	sé	He	_____	_____	siad	They	_____
				_____	sí	She					

				leathan le leathan			leathan le leathan				
5	Íoc	Pay	1	-'faidh' _____	mé	I	_____	_____	We	_____
				-'faimid' _____	tú	you	_____	_____	sibh	You	_____
				_____	sé	He	_____	_____	siad	They	_____
				_____	sí	She					

● **Scríobh na habairtí seo a leanas san aimsir fháistíneach**

1. [ól] mé an tae amárach.
2. [bris] mé an buidéal amárach.
3. [Craol] TG4 an clár sin an tseachtain seo chugainn.
4. [Múch] [muid] an solas amárach.
5. [Buail] sí Seán ar a shrón amárach.
6. [Glan] siad an teach amárach.
7. [Cuir] sibh an mála sa chófra amárach.

8 [Can] [muid] amhrán na bhFiann ag an gcluiche an tseachtain seo chugainn.
9 [Fan] sé sa seomra suí ag féachaint ar an teilifís anocht.
10 [Rith] sé ar scoil mar beidh sé déanach maidin amárach.
11 [Fág] tú an teach ródhéanach don bhus anocht.
12 [Scríobh] [muid] an litir chuige anocht.
13 [Díol] [muid] an carr dó an bhliain seo chugainn.
14 [Fás] na plandaí go maith an samhradh seo chugainn.

● **Aistrigh go Gaeilge**

1 Tomorrow we will close the door.
2 Tomorrow morning they will loose the book.
3 Next year we will pay the bills.
4 In future we will taste the drink.
5 Next week they will sweep the floor.
6 In future we will grow plants.
7 Soon you (*sibh*) will write books.
8 In a months time we will divide the room.
9 Tomorrow we will sell a book.
10 Tomorrow morning they will leave.
11 In a few days time he will promise to leave.
12 In future we will run home.

Gluais	
Tomorrow	Amárach
Next week	An tseachtain seo chugainn
Tonight	Anocht
Tomorrow morning	Maidin amárach
Next year	An bhliain seo chugainn
In future	Amach anseo
Eventually	Ar ball
In a week	I gceann seachtaine
In a year	I gceann bliana
Soon	I gceann tamaillín
In a month	I gceann míosa
In a few days	I gceann cúpla lá

Aimsir fháistineach

Grúpa a dó

● **Samplaí**

leathan le leathan

Beannaigh	Greet	2 + 'óidh'	Beannóidh	mé	I will greet	Beannóimid		We will greet
		'óimid'	Beannóidh	tú	You will greet	Beannóidh	sibh	You will greet
		~~aigh~~	Beannóidh	sé	He will greet	Beannóidh	siad	They will greet
			Beannóidh	sí	She will greet			

caol le caol

Deisigh	Repair	2 + 'eoidh'	Deiseoidh	mé	I will repair	Deiseoimid		We will repair
		'eoimid'	Deiseoidh	tú	You will repair	Deiseoidh	sibh	You will repair
		~~igh~~	Deiseoidh	sé	He will repair	Deiseoidh	siad	They will repair
			Deiseoidh	sí	She will repair			

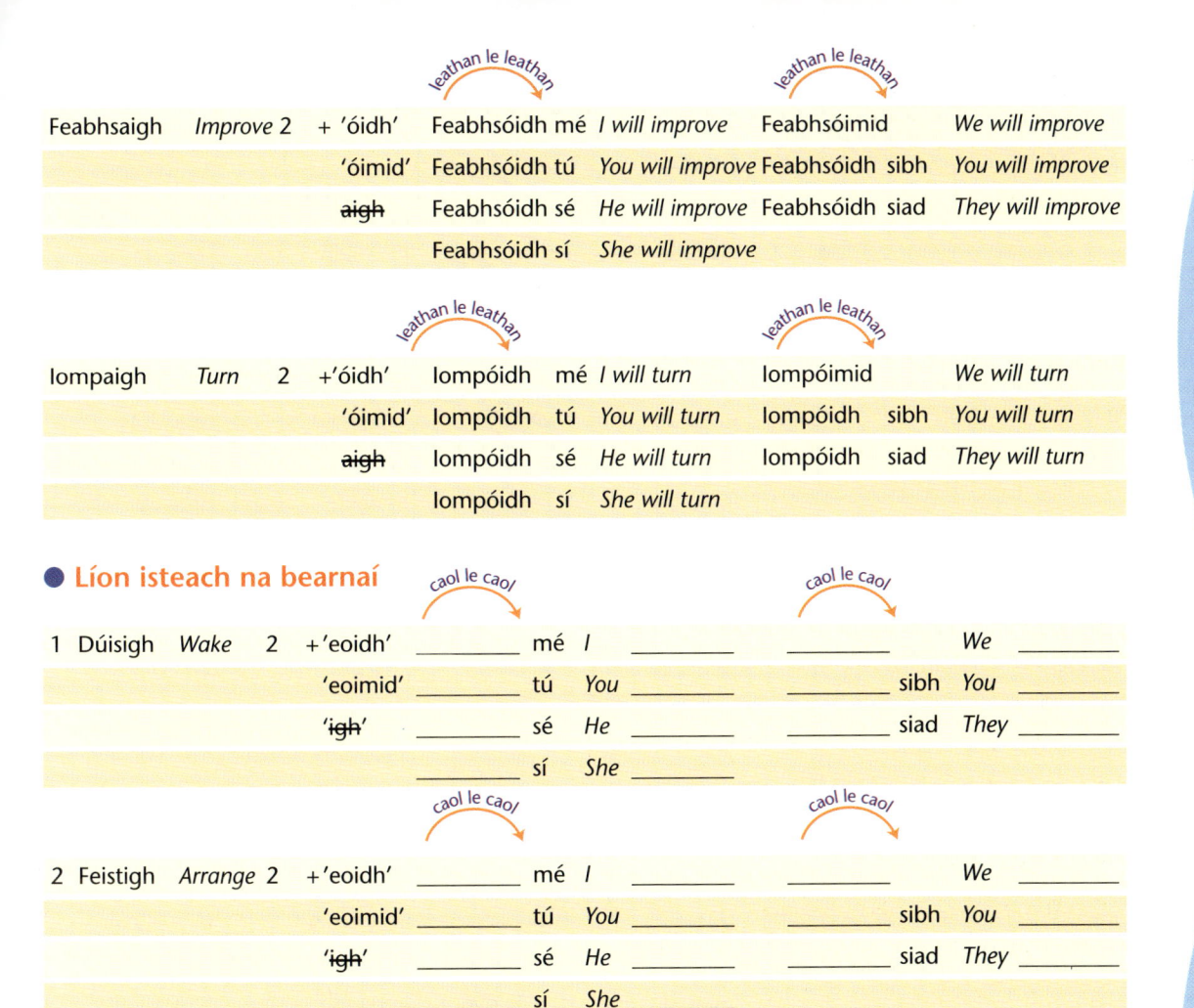

						leathan le leathan			*leathan le leathan*		
Feabhsaigh	*Improve*	2	+ 'óidh'	Feabhsóidh	mé	*I will improve*		Feabhsóimid			*We will improve*
			'óimid'	Feabhsóidh	tú	*You will improve*		Feabhsóidh	sibh		*You will improve*
			~~aigh~~	Feabhsóidh	sé	*He will improve*		Feabhsóidh	siad		*They will improve*
				Feabhsóidh	sí	*She will improve*					

						leathan le leathan			*leathan le leathan*		
Iompaigh	*Turn*	2	+'óidh'	Iompóidh	mé	*I will turn*		Iompóimid			*We will turn*
			'óimid'	Iompóidh	tú	*You will turn*		Iompóidh	sibh		*You will turn*
			~~aigh~~	Iompóidh	sé	*He will turn*		Iompóidh	siad		*They will turn*
				Iompóidh	sí	*She will turn*					

● **Líon isteach na bearnaí**

caol le caol ... *caol le caol*

1. Dúisigh *Wake* 2 +'eoidh' _____ mé *I* _____ _____ We _____
   'eoimid' _____ tú *You* _____ _____ sibh *You* _____
   ~~'igh'~~ _____ sé *He* _____ _____ siad *They* _____
   _____ sí *She* _____

caol le caol ... *caol le caol*

2. Feistigh *Arrange* 2 +'eoidh' _____ mé *I* _____ _____ We _____
   'eoimid' _____ tú *You* _____ _____ sibh *You* _____
   ~~'igh'~~ _____ sé *He* _____ _____ siad *They* _____
   _____ sí *She* _____

leathan le leathan ... *leathan le leathan*

3. Faobhraigh *Sharpen* 2 + 'óidh' _____ mé *I* _____ _____ We _____
   'óimid' _____ tú *You* _____ _____ sibh *You* _____
   ~~'aigh'~~ _____ sé *He* _____ _____ siad *They* _____
   _____ sí *She* _____

leathan le leathan ... *leathan le leathan*

4. Cabhraigh *Help* 2 + 'óidh' _____ mé *I* _____ _____ We _____
   'óimid' _____ tú *You* _____ _____ sibh *You* _____
   ~~'aigh'~~ _____ sé *He* _____ _____ siad *They* _____
   _____ sí *She* _____

leathan le leathan ... *leathan le leathan*

5. Críochnaigh *Finish* 2 + 'óidh' _____ mé *I* _____ _____ We _____
   óimid' _____ tú *You* _____ _____ sibh *You* _____
   ~~'aigh'~~ _____ sé *He* _____ _____ siad *They* _____
   _____ sí *She* _____

● **Samplaí**

Oscail	Open	2	+ 'óidh'	Osclóidh	mé	I will open	Osclóimid		We will open
			'óimid'	Osclóidh	tú	You will open	Osclóidh	sibh	You will open
			ai	Osclóidh	sé	He will open	Osclóidh	siad	They will open
				Osclóidh	sí	She will open			

leathan le leathan (arrows above Osclóidh/Osclóimid columns)

Inis	Tell	2	+ 'eoidh'	Inseoidh	mé	I will tell	Inseoimid		We will tell
			'eoimid'	Inseoidh	tú	You will tell	Inseoidh	sibh	You will tell
			i	Inseoidh	sé	He will tell	Inseoidh	siad	They will tell
				Inseoidh	sí	She will tell			

caol le caol

Seachain	Avoid	2	+ 'óidh'	Seachnóidh	mé	I will avoid	Seachnóimid		We will avoid
			'óimid'	Seachnóidh	tú	You will avoid	Seachnóidh	sibh	You will avoid
			ai	Seachnóidh	sé	He will avoid	Seachnóidh	siad	They will avoid
				Seachnóidh	sí	She will avoid			

leathan le leathan

Imir	Play	2	+ 'eoidh'	Imreoidh	mé	I will play	Imreoimid		We will play
			'eoimid'	Imreoidh	tú	You will play	Imreoidh	sibh	You will play
			i	Imreoidh	sé	He will play	Imreoidh	siad	they will play
				Imreoidh	sí	She will play			

caol le caol

● **Líon isteach na bearnaí**

1	Cuimil	Rub	2	+'eoidh'	_____	mé	I _____	_____		We _____
				'eoimid'	_____	tú	You _____	_____	sibh	You _____
				i	_____	sé	He _____	_____	siad	They _____
					_____	sí	She _____			

caol le caol

2	Iompair	Carry	2	+'óidh'	_____	mé	I _____	_____		We _____
				'óimid'	_____	tú	You _____	_____	sibh	You _____
				ai	_____	sé	He _____	_____	siad	They _____
					_____	sí	She _____			

leathan le leathan

					caol le caol			caol le caol		
3	Eitil	Fly	2	+'eoidh'	_____ mé	I _____	_____	_____ We	_____
				'eoimid'	_____ tú	You _____	_____ sibh	You _____
				↓	_____ sé	He _____	_____ siad	They _____
					_____ sí	She _____		

					caol le caol			caol le caol		
4	Feighil	Mind	2	+'eoidh'	_____ mé	I _____	_____	_____ We	_____
				'eoimid'	_____ tú	You _____	_____ sibh	You _____
				↓	_____ sé	He _____	_____ siad	They _____
					_____ sí	She _____		

● **Líon isteach na bearnaí**
1 [bailigh] [muid] na leabhair an tseachtain seo chugainn.
2 [ceartaigh] mé an obair bhaile anocht.
3 [ullmhaigh] sé an scéal ar ball.
4 [tosaigh] [muid] an scéal i gceann cúpla lá.
5 [aontaigh] siad le chéile maidin amárach.
6 [gríosaigh] mé an gasúr amach anseo.
7 [ceistigh] sí an gasúr an tseachtain seo chugainn.
8 [aimsigh] [muid] na leabhair anocht.
9 [ceansaigh] siad an capall anocht.
10 [bunaigh] mé an club ar ball.

● **Aistrigh go Gaeilge**
1 Tomorrow they will start the work.
2 Tomorrow morning you (*sibh*) will prepare the work.
3 Next year she will agree.
4 Tomorrow we will encourage the boy.
5 Tomorrow morning you (*sibh*) will question the teacher.
6 Next year they will start.
7 Tomorrow you (*sibh*) will correct the boy.
8 Eventually we will locate the boy.
9 Next week he will tame the horse.
10 Next year you (*sibh*) will find the horse.
11 Tomorrow I will agree.
12 Tomorrow morning you (*sibh*) will dry the clothes.

AIMSIR FHÁISTINEACH

Grúpa a trí

- **Briathra neamhrialta**

Abair	Say	Déarfaidh	mé	I will	say	Déarfaimid		We will	say
		Déarfaidh	tú	You will	say	Déarfaidh	sibh	You will	say
		Déarfaidh	sé	He will	say	Déarfaidh	siad	They will	say
		Déarfaidh	sí	She will	say				

Beir	Catch	Béarfaidh	mé	I will	catch	Béarfaimid		We will	catch
		Béarfaidh	tú	You will	catch	Béarfaidh	sibh	You will	catch
		Béarfaidh	sé	He will	catch	Béarfaidh	siad	They will	catch
		Béarfaidh	sí	She will	catch				

Bí	Be	Beidh	mé	I will	be	Beimid		We will	be
		Beidh	tú	You will	be	Beidh	sibh	You will	be
		Beidh	sé	He will	be	Beidh	siad	They will	be
		Beidh	sí	She will	be				

Clois	Hear	Cloisfidh	mé	I will	hear	Cloisfimid		We will	hear
		Cloisfidh	tú	You will	hear	Cloisfidh	sibh	You will	hear
		Cloisfidh	sé	He will	hear	Cloisfidh	siad	They will	hear
		Cloisfidh	sí	She will	hear				

Déan	Make/Do	Déanfaidh	mé	I will	make	Déanfaimid		We will	make
		Déanfaidh	tú	You will	make	Déanfaidh	sibh	You will	make
		Déanfaidh	sé	He will	make	Déanfaidh	siad	They will	make
		Déanfaidh	sí	She will	make				

Ith	Eat	Íosfaidh	mé	I will	eat	Íosfaimid		We will	eat
		Íosfaidh	tú	You will	eat	Íosfaidh	sibh	You will	eat
		Íosfaidh	sé	He will	eat	Íosfaidh	siad	They will	eat
		Íosfaidh	sí	She will	eat				

Feic	See	Feicfidh	mé	I will	see	Feicfimid		We will	see
		Feicfidh	tú	You will	see	Feicfidh	sibh	You will	see
		Feicfidh	sé	He will	see	Feicfidh	siad	They will	see
		Feicfidh	sí	She will	see				

Faigh	Receive	Gheobhaidh	mé	I will	receive	Gheobhaimid		We will	receive
		Gheobhaidh	tú	You will	receive	Gheobhaidh	sibh	You will	receive
		Gheobhaidh	sé	He will	receive	Gheobhaidh	siad	They will	receive
		Gheobhaidh	sí	She will	receive				
Tabhair	Give	Tabharfaidh	mé	I will	give	Tabharfaimid		We will	give
		Tabharfaidh	tú	You will	give	Tabharfaidh	sibh	You will	give
		Tabharfaidh	sé	He will	give	Tabharfaidh	siad	They will	give
		Tabharfaidh	sí	She will	give				
Tar	Come	Tiocfaidh	mé	I will	come	Tiocfaimid		We will	come
		Tiocfaidh	tú	You will	come	Tiocfaidh	sibh	You will	come
		Tiocfaidh	sé	He will	come	Tiocfaidh	siad	They will	come
		Tiocfaidh	sí	She will	come				
Téigh	Go	Rachaidh	mé	I will	go	Rachaimid		We will	go
		Rachaidh	tú	You will	go	Rachaidh	sibh	You will	go
		Rachaidh	sé	He will	go	Rachaidh	siad	They will	go
		Rachaidh	sí	She will	go				

● **Líon isteach na beannaí**

1   [Tar] sí abhaile amárach.
2   [Téigh] [muid] ar scoil amárach.
3   [Bí] [muid] ag obair an tseachtain seo chugainn.
4   [Déan] m'obair bhaile oíche amárach.
5   [abair] [muid] léi dul abhaile oíche amárach.
6   [beir] [muid] ar ár málaí chun dul abhaile oíche amárach.
7   [ith] [mé] mo bhricfeasta an tseachtain seo chugainn.
8   [feic] siad an fear amárach.
9   [faigh] an obair bhaile amárach.
10 [tabhair] sí bronntannas dom an tseachtain seo chugainn.
11 [déan] siad an obair oíche amárach.
12 [bí] [muid] sásta amárach.
13 [téigh] abhaile amárach.
14 [tar] [muid] abhaile an bhliain seo chugainn.
15 [clois] sí an scéal an tseachtain seo chugainn.

- **Aistrigh go Gaeilge**

1. Next week you will (*sibh*) say that.
2. Soon we will be happy.
3. Next month they will say a lot.
4. Tomorrow we will catch the horse.
5. Tomorrow morning you will (*sibh*) hear the news.
6. Next year we will go to school.
7. Tomorrow we will give presents.
8. Soon you will (*sibh*) be sad.
9. Next week we will eat a sandwich.
10. Next week they will make a cake.
11. Tomorrow we will see a horse.
12. Tomorrow morning you will (*sibh*) eat breakfast.
13. The day after tomorrow he will go.

Gluais	
Tomorrow morning	Maidin amárach
Next year	An bhliain seo chugainn
Tomorrow	Amárach
Often	Go minic
Recently	Le déanaí
Next month	An mhí seo chugainn
Next week	An tseachtain seo chugainn
The day after tomorrow	Arú amárach
Soon	Go gairid

MODH COINNÍOLLACH

Grúpa a haon

- **Samplaí**

caol le caol

Caith	Throw	1 -'feadh'	Chaithfinn	I would throw	Chaithfimis		We would throw
			Chaithfeá	You would throw	Chaithfeadh	sibh	You would throw
			Chaithfeadh sé	He would throw	Chaithfidís		They would throw
			Chaithfeadh sí	She would throw			

				caol le caol		caol le caol		
Bris	Break	1 -'feadh'	Bhrisfinn	I would break	Bhrisfimis		We would break
			Bhrisfeá	You would break	Bhrisfeadh	sibh	You would break
			Bhrisfeadh sé	He would break	Brisfidís		They would break
			Bhrisfeadh sí	She would break			

				leathan le leathan		leathan le leathan		
Féach	Look	1 -'fadh'	D'fhéachfainn	I would look	D'fhéachfaimis		We would look
			D'fhéachfeá	You would look	D'fhéachfadh	sibh	You would look
			D'fhéachfadh sé	He would look	D'fhéachfaidís		They would look
			D'fhéachfadh sí	She would look			

				leathan le leathan		leathan le leathan		
Dún	Close	1 -'fadh'	Dhúnfainn	I would close	Dhúnfaimis		We would close
			Dhúnfá	You would close	Dhúnfadh	sibh	You would close
			Dhúnfadh sé	He would close	Dhúnfaidís		they would close
			Dhúnfadh sí	She would close			

				leathan le leathan		leathan le leathan		
Ól	Drink	1 -'fadh'	D'ólfainn	I would drink	D'ólfaimis		We would drink
			D'ólfá	You would drink	D'ólfadh	sibh	You would drink
			D'ólfadh sé	He would drink	D'ólfaidís		They would drink
			D'ólfadh sí	She would drink			

Grúpa a dó

- **Samplaí**

				leathan le leathan		leathan le leathan		
Beannaigh	Greet	2 +'ódh'	Bheannóinn	I would greet	Bheannóimis		We would greet
			Bheannófá	You would greet	Bheannódh	sibh	You would greet
		~~aigh~~	Bheannódh sé	He would greet	Bheannóidís		They would greet
			Bheannódh sí	She would greet			

				caol le caol		caol le caol		
Deisigh	Repair	2 +'eodh'	Dheiseoinn	I would repair	Dheiseoimis		We would repair
			Dheiseofá	You would repair	Dheiseodh	sibh	You would repair
		~~aigh~~	Dheiseodh sé	He would repair	Dheiseoidís		They would repair
			Dheiseodh sí	She would repair			

Feabhsaigh	Improve	2 + 'ódh'	D'fheabhsóinn	I would improve	D'fheabhsóimis	We would improve
			D'fheabhsófá	You would improve	D'fheabhsódh sibh	You would improve
		~~aigh~~	D'fheabhsódh sé	He would improve	D'fheabhsóidís	They would improve
			D'fheabhsódh sí	She would improve		

leathan le leathan

Iompaigh	Turn	2 + 'ódh'	D'iompóinn	I would turn	D'iompóimis	We would turn
			D'iompófá	You would turn	D'iompódh sibh	You would turn
		~~aigh~~	D'iompódh sé	He would turn	D'iompóidís	They would turn
			D'iompódh sí	She would turn		

leathan le leathan

Grúpa a trí

● Briathra neamhrialta

Abair	Say	Déarfainn	I would say	Déarfaimis		We would say
		Déarfá	You would say	Déarfadh	sibh	You would say
		Déarfadh sé	He would say	Déarfaidís		They would say
		Déarfadh sí	She would say			

Beir	Catch	Bhéarfainn	I would catch	Bhéarfaimis		We would catch
		Bhéarfá	You would catch	Bhéarfadh	sibh	You would catch
		Bhéarfadh sé	He would catch	Bhéarfaidís		They would catch
		Bhéarfadh sí	She would catch			

Bí	Be	Bheinn	I would be	Bheimis		We would be
		Bheifeá	You would be	Bheadh	sibh	would be
		Bheadh sé	He would be	Bheidís		would be
		Bheadh sí	She would be			

Clois	Hear	Chloisfinn	I would hear	Chloisfimis		We would hear
		Chloisfeá	You would hear	Chloisfeadh	sibh	You would hear
		Chloisfeadh sé	He would hear	Chloisfidís		They would hear
		Chloisfeadh sí	She would hear			

Déan	Make/Do	Dhéanfainn	I would make	Dhéanfaimis		We would make
		Dhéanfá	You would make	Dhéanfadh	sibh	You would make
		Dhéanfadh sé	He would make	Dhéanfaidís		They would make
		Dhéanfadh sí	She would make			

Ith	Eat	D'íosfainn		I would eat	D'íosfaimis		We would eat
		D'íosfá		You would eat	D'íosfadh	sibh	You would eat
		D'íosfadh	sé	He would eat	D'íosfaidís		They would eat
		D'íosfadh	sí	She would eat			
Feic	See	D'fheicfinn		I would see	D'fheicfimis		We would see
		D'fheicfeá		You would see	D'fheicfeadh	sibh	You would see
		D'fheicfeadh	sé	He would see	D'fheicfidís		They would see
		D'fheicfeadh	sí	She would see			
Faigh	Receive	Gheobhainn		I would receive	Gheobhaimis		We would receive
		Gheobhfá		You would receive	Gheobhadh	sibh	You would receive
		Gheobhadh	sé	He would receive	Gheobhaidís		They would receive
		Gheobhadh	sí	She would receive			
Tabhair	Give	Thabharfainn		I would give	Thabharfaimis		We would give
		Thabharfá		You would give	Thabharfadh	sibh	You would give
		Thabharfadh	sé	He would give	Thabharfaidís		They would give
		Thabharfadh	sí	She would give			
Tar	Come	Thiocfainn		I would come	Thiocfaimis		We would come
		Thiocfá		You would come	Thiocfadh	sibh	You would come
		Thiocfadh	sé	He would come	Thiocfaidís		They would come
		Thiocfadh	sí	She would come			
Téigh	Go	Rachainn		I would go	Rachaimis		We would go
		Rachfá		You would go	Rachadh	sibh	You would go
		Rachadh	sé	He would go	Rachaidís		They would go
		Rachadh	sí	She would go			

Caibidil 8

Na réamhfhocail shimplí

> Ar, ag, as, roimh, thar, idir, chuig, gan, faoi, le, do, de, ó, trí, i.

• Grúpa 1

Ag, as, go, le, dar, chuig

Ní chuireann na réamhfhocail seo thíos séimhiú [h] ar an bhfocal a leanann iad.
[Ach amháin **le chéile**]

• Mar shampla

Tá Emma ag dul **go** Sasana maidin amárach.
Bhí mé **as** láthair inné.
Tá Seán ag dul **chuig** cóisir anocht.

Cuireann **le** agus **go** 'h' roimh ghuta [vowel]

• Mar shampla

ó áit **go h**áit, **go h**Éirinn, Thosaigh sí ag béicíl **le h**áthas.

• Grúpa 2

Thar, roimh, ar, faoi, de, do, ó, idir, um, gan, trí, mar

Cuireann na réamhfhocail seo **séimhiú** ar an bhfocal a leanann iad.
[Ach amháin na heisceachtaí [exceptions] seo a leanas: ar maidin, gan dabht, ar bord loinge, thar farraige, ar ball, thar bráid, idir maidin agus oíche].

• Mar shampla

Chuaigh an teach trí thine.
Tá hata ar Shíle.
Thosaigh sí ag obair mar mhúinteoir ansin.
Thug mé bronntanas do Mháire.

• Grúpa 3

i

Cuireann an réamhfhocal seo **urú** ar an bhfocal a leanann é.

• Mar shampla

Tá cónaí orm i **g**Ciarraí.
Bhí mé i **d**trioblóid ar scoil inné.

Roimh guta, aithraíonn **i** go **in**, mar shampla: **in** Éirinn.

	Urú		Litir
Tagann:	m	roimh	B
	g	roimh	C
	n	roimh	D
	bh	roimh	F
	n	roimh	G
	b	roimh	P

● **Athscríobh na habairtí seo a leanas gan na lúibíní:**

1. Bhí fearg ar [Cian].
2. Chuaigh an fear déirce ó [áit] go [áit].
3. Thosaigh Síle ag obair mar [banaltra] anuraidh.
4. Chuaigh an scoil trí [tine] inné.
5. Tháinig sí ó [Sasana] go [Éirinn] i mbliana.
6. Beidh mé críochnaithe ar [ball].
7. Rachaidh mé chuig [cóisir] anocht.
8. Beidh mé ann gan [dabht].
9. Rachaidh mé go [Maigh Eo] ar mo laethanta saoire.
10. Thug sí an litir do [Seán].

● **Na réamhfhocail shimplí agus an t-alt [an]**

Reamhfhocail	Réamhfhocail + **an**	Riail	Sampla
ag	ag an	+ urú	ag an mbuachaill
as	as an	+ urú	as an gcarr
le	leis an	+ urú	leis an mbuachaill
chuig	chuig an	+ urú	chuig an mbuachaill
i	sa/san	+ h	sa charr/san fharraige
thar	thar an	+ urú	thar an gcarr
roimh	roimh an	+ urú	roimh an gcarr
ar	ar an	+ urú	ar an gcarr
faoi	faoin	+ urú	faoin gcarr
de	den	+ h	den charr
do	don	+ h	don charr
ó	ón	+ urú	ón gcarr
idir	idir an	–	idir an buachaill
gan	gan an	–	gan an carr
trí	tríd an	+ urú	tríd an gcarr
go	go dtí an	–	go dtí an seomra

● **Ná déan dearmad!**

Ní chuirtear séimhiú ná urú ar fhocail a thosaíonn le **d** nó **t**. [ar an doirteal, ag an doras].
Ní chuirtear urú ar fhocail a thosaíonn le guta [ag an aisteoir, ar an urlár, roimh an asal].

● **Athscríobh na habairtí seo a leanas gan na lúibíní:**
1. Bhí gruaig fhada ar an [aisteoir].
2. Rachaidh mé ag siúl ar an [trá] inniu.
3. Rith an luch faoin [bord].
4. Tá leanbh óg ag an [bean].
5. Thug sí bileog don [buachaill].
6. Bhí an buachaill ag súgradh sa [gairdín].
7. Léim an buachaill óg thar an [geata].
8. Rachaidh mé chuig an [cóisir] anocht.
9. Chuaigh sí go dtí an [siopa].
10. Chuir Shane an leabhar ar an [bord].

● **Uimhir Iolra** [*plural*]

Réamhfhocail	Réamhfhocail + **na**	Sampla
ag	ag na	ag na fuinneoga
as	as na	as na cairr
go	–	–
le	leis na	leis na héin
dar	–	–
chuig	chuig na	chuig na hamadáin
i	sna	sna húlla
thar	thar na	thar na báid
roimh	roimh na	roimh na cairr
ar	ar na	ar na horáistí
faoi	faoi na	faoi na geataí
de	de na	de na hiascairí
do	do na	do na fir
ó	ó na	ó na cailíní
idir	idir na	idir na buachaillí
gan	gan na	gan na páistí
trí	tríd na	tríd na cairr

● **Ná déan dearmad!**

Ní chuirtear séimhiú ná urú ar fhocail a thosaíonn le consan [ag na fuinneoga].
Cuirtear 'h' ar fhocail a thosaíonn le guta [de na hiascairí].

● **Athscríobh na habairtí seo a leanas gan na lúibíní:**

1. Bhí hataí ar na [iascairí].
2. Fuair sé an bhileog ó na [cailíní].
3. Rith an buachaill óg tríd na [geataí].
4. Thit ceo bán ar na [páirceanna].
5. Bhí hataí ar na [asail] ar an trá.
6. Thug an múinteoir úlla do na [páistí].
7. Thug an feirmeoir bainne do na [uain].
8. Tá bia ag na [ainmhithe].
9. Tá neadacha ag na [éin].
10. Thug na páistí bronntanais do na [múinteoirí].

● **An forainm réamhfhoclach**

Forainm + Réamhfhocail		mé	tú	sé	sí	sinn	sibh	siad
ag	at	agam	agat	aige	aici	againn	agaibh	acu
as	from	asam	asat	as	aisti	asainn	asaibh	astu
go	to							
le	with	liom	leat	leis	léi	linn	libh	leo
dar	by							
chuig	to	chugam	chugat	chuige	chuici	chugainn	chugaibh	chucu
i	in	ionam	ionat	ann	inti	ionainn	iontaibh	iontu
thar	over	tharam	tharat	thairis	thairsti	tharainn	tharaibh	tharstu
roimh	before	romham	romhat	roimhe	roimpi	romhainn	romhaibh	rompu
ar	on	orm	ort	air	uirthi	orainn	oraibh	orthu
faoi	under	fúm	fút	faoi	fúithi	fúinn	fúibh	fúthu
de	from	díom	díot	de	di	dínn	díbh	díobh
do	to	dom	duit	dó	di	dúinn	daoibh	dóibh
ó	from	uaim	uait	uaidh	uaithi	uainn	uaibh	uathu
idir	between					eadrainn	eadraibh	eatarthu
gan	without							
trí	through	tríom	tríot	tríd	tríthi	trínn	tríbh	tríothu
um	about	umam	umat	uime	uimpi	umainn	umaibh	umpu

● **Athscríobh na habhairtí seo a leanas gan na lúibíní:**
1. Tá gruaig fhionn [ar: mé].
2. Tá súile gorma [ag: Seán].
3. Bhain mé mo chóta [de: mé].
4. 'An bhfuil ocras _____, a Phóil?'
5. Bhain siad geit [as: sinn].
6. Bhí mé ag dul chuig bainis agus bhí éadaí nua ag teastáil _____.
7. 'Tar isteach, a Shíle, tá fáilte _____.'
8. Ní maith [le: sinn] obair bhaile.
9. Thug mé bronntanas [do: sí].
10. 'An maith _____ tae nó caife, a Mháire?'